UWE RADANT / DR. JETTE SCHÖNIG

Zughunde Sport

CANICROSS
BIKEJÖRING
DOGSCOOTER

MIT KOSMOS MEHR ENTDECKEN
VOM 3 FACHEN
WELT-MEISTER
SEIT 1822

KOSMOS

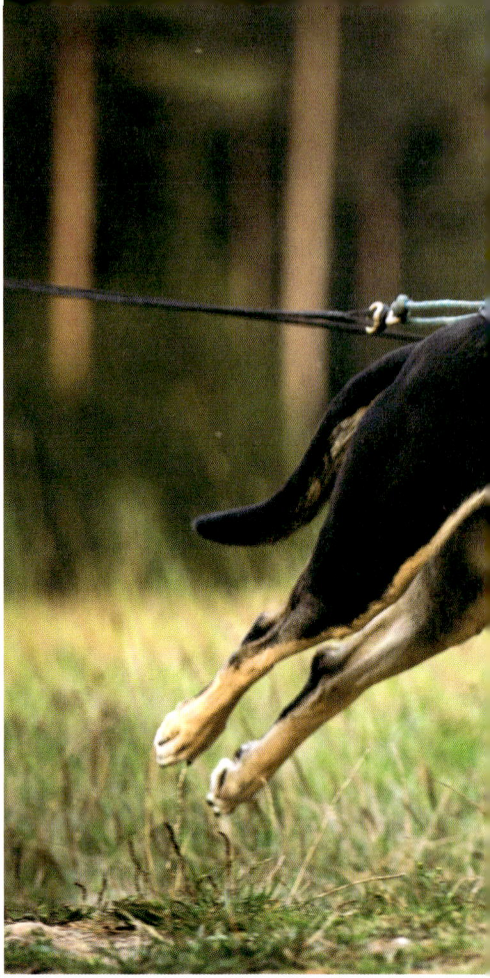

Inhalt

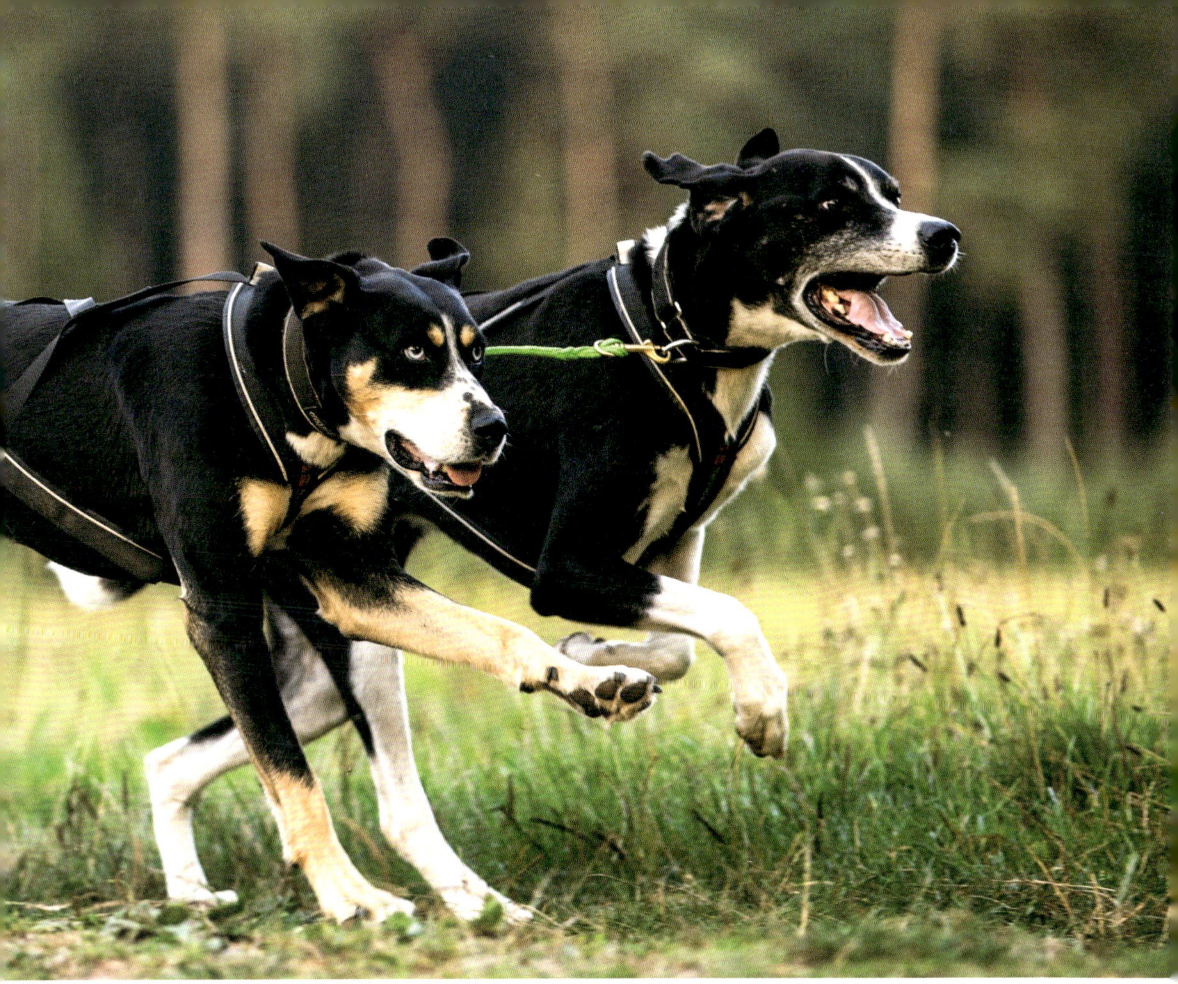

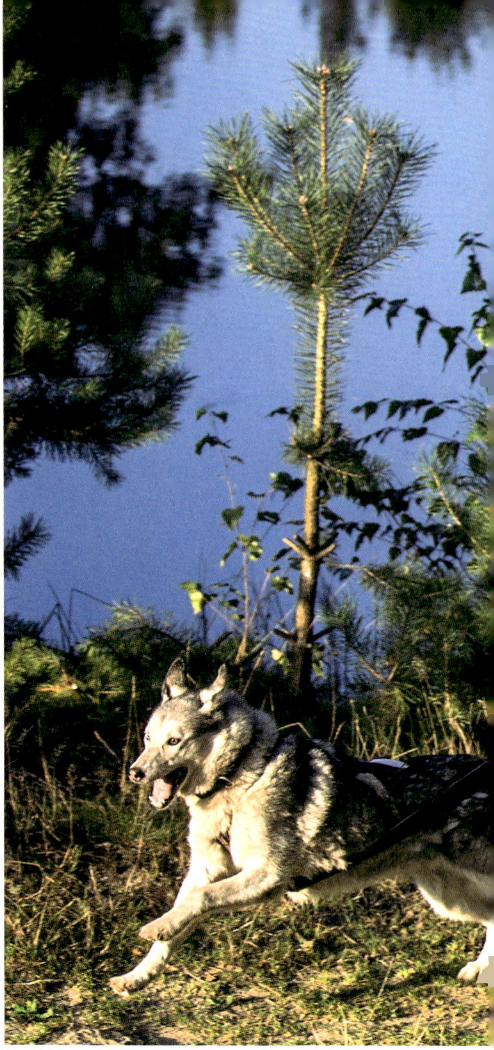

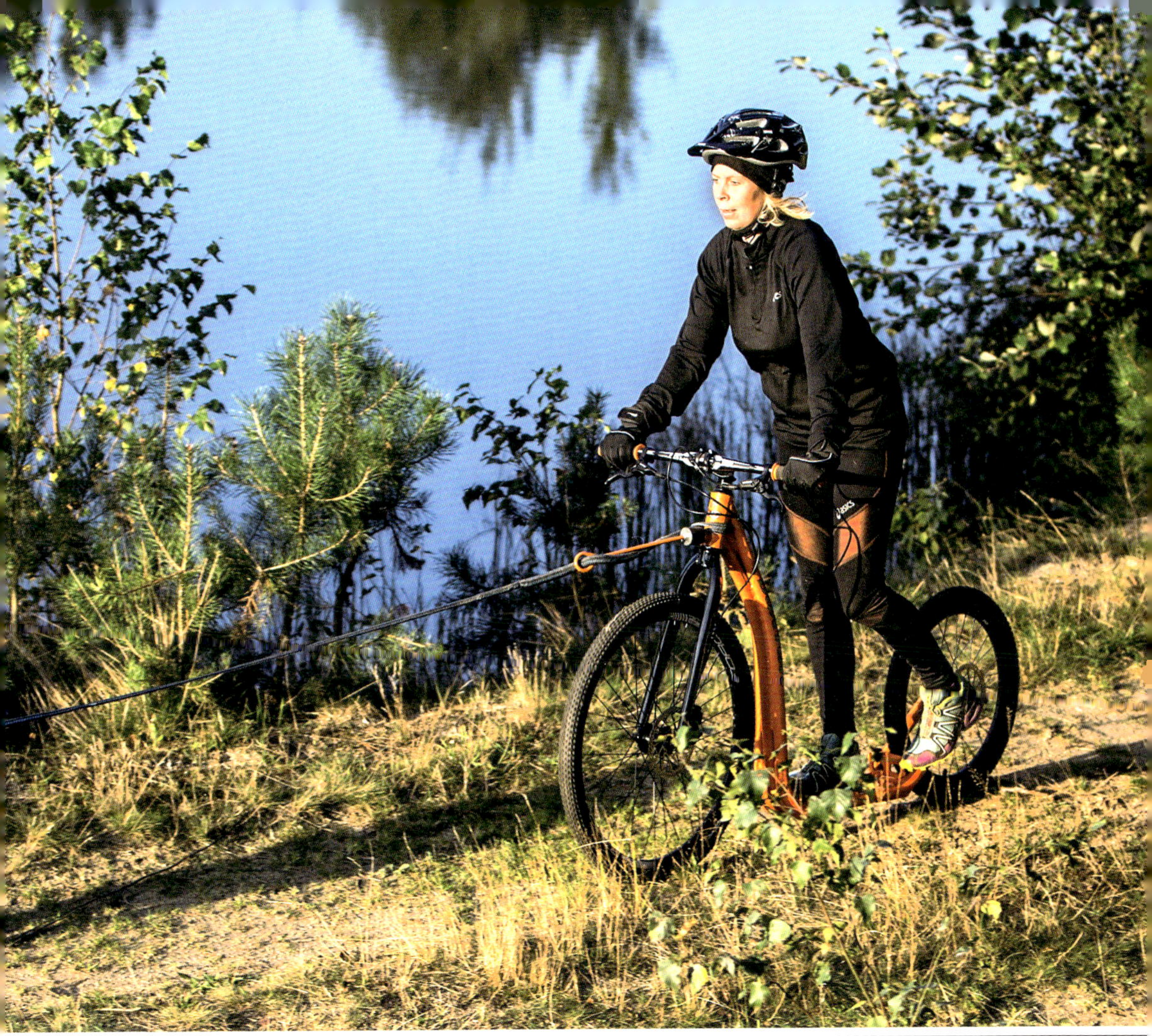

ZU DIESEM BUCH

Der Schlitten- oder Zughundesport erfreut sich seit einigen Jahren großer Beliebtheit. Er hat in den letzten Jahren zunehmend an Popularität gewonnen. Sich von einem oder mehreren vorauslaufenden Hunden ziehen zu lassen, sei es auf Waldwegen oder im Schnee, sei es beim Joggen, Wandern oder auf dem Fahrrad oder Tretroller, bietet Hunden und Besitzern die Gelegenheit, gemeinsam die Natur zu erleben. Zughundesport ist eine hervorragende Möglichkeit für unsere lauffreudigen Hunde, ihren arttypischen Lauf- und Hetztrieb zivilisiert auszuleben. Die Mensch-Hund-Beziehung wird dadurch gefestigt, und nach getaner Arbeit in der freien Natur stellt sich an beiden Enden der Leine ein Wohlgefühl ein.
Die Teambildung wird gefördert – das Team Mensch-Hund wird harmonischer, ausgeglichener und zufriedener. Unser Familienhund kann sein natürliches Laufbedürfnis befriedigen, wir werden sportlich gefordert – beide profitieren von gemeinsamen positiven Erlebnissen.

DIE SPORTARTEN

Canicross — der Geländelauf mit Hund im Zuggeschirr ist sehr gut auch für kleine/leichte Hunde und sportliche Besitzer geeignet.

Bikejöring — der Hund zieht ein Fahrrad und wird durch seinen Besitzer unterstützt.

Dogscooter — der Tretroller eignet sich besonders für Einsteiger und etwas kräftigere Hunde.

AN WEN RICHTET SICH DAS BUCH?

Über viele Jahre haben sich unterschiedliche Varianten des Zughundesports herausgebildet – vom Familienhund bis hin zum Hochleistungssportler gibt es viele Zwischenstufen. Dieses Buch ist den Einsteigern in unseren wunderbaren Sport gewidmet. Es soll gleichwohl ein Leitfaden sein für Ausrüstung, für die ersten Schritte beim Anlernen des Hundes, für den fairen Umgang mit dem vierbeinigen Partner, als auch ein Einblick in den organisierten Sport. Wir sind uns sicher, einige von euch mit dem Virus Zughundesport zu infizieren ... egal ob sportlich orientiert in einem organisierten Verein oder einfach nur, um eurem laufbegierigen Hund die Möglichkeit zu geben, sich einmal richtig auszutoben. Oder auch einfach um „nur“ Gassi zu fahren. Neben der Eignung des Familienhundes zum Zughund, möchten wir euch in diesem Buch das Equipment und die einzelnen Zughundesportarten detailliert vorstellen.

FÜR JEDEN WAS DABEI

Bei allem steht immer der Spaß im Vordergrund, ob der Hund später mehr Lust am Joggen (Canicross) oder Wandern im Zuggeschirr hat – oder doch lieber mit Vollspeed über Feld- und Waldwege kurvt, hängt ganz individuell vom Mensch-Hund-Team ab! Und sollte man sich später für eine intensivere Ausübung entscheiden – die Grundlagen bleiben immer gleich. **Doch Vorsicht: Zughundesport macht süchtig ...**
Nicht wenige der heute erfolgreichen Schlittenhundeführer haben sich vom Einhundebesitzer zum begeisterten Musher mit einem ganzen Rudel entwickelt.

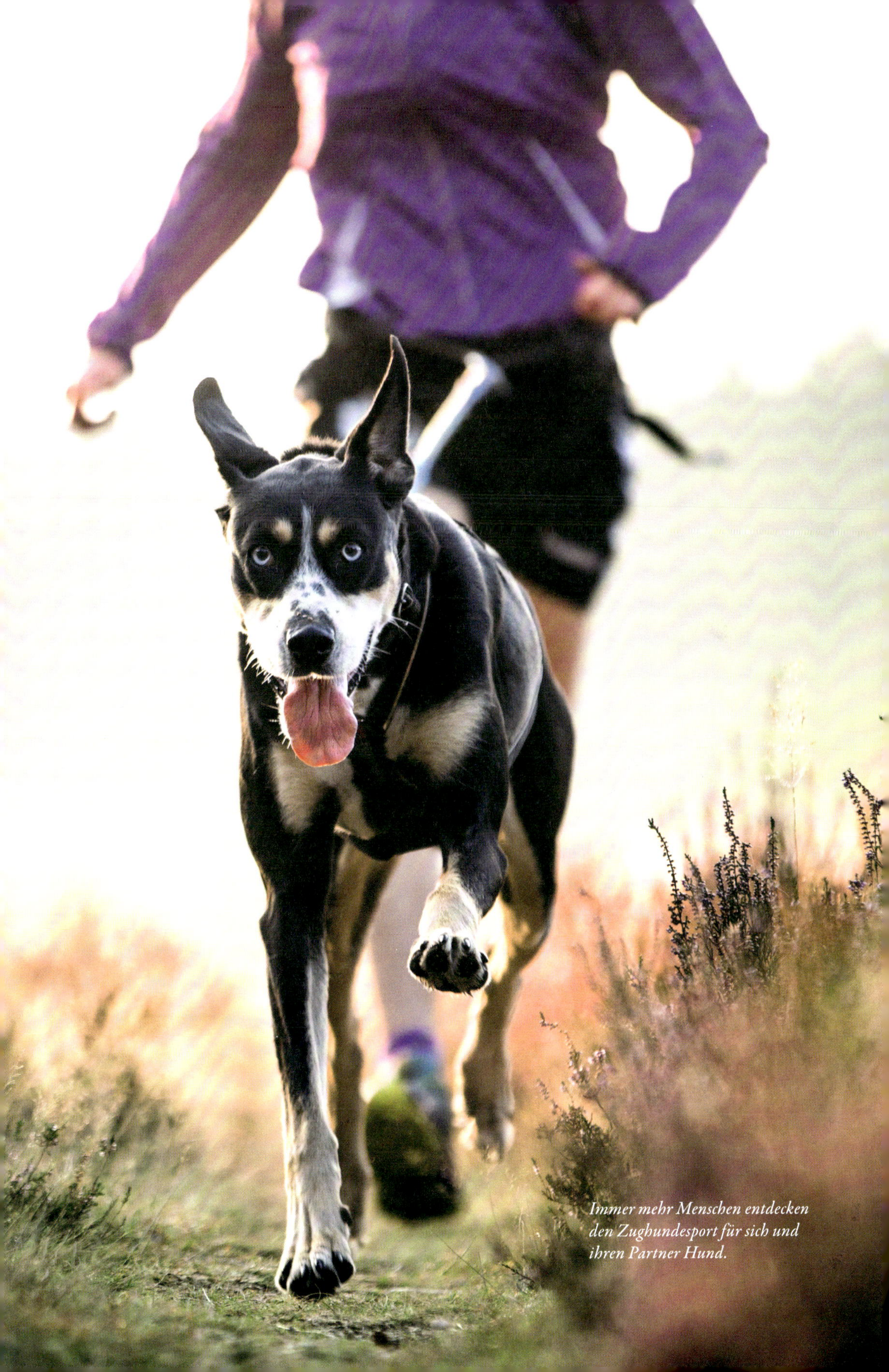

Immer mehr Menschen entdecken den Zughundesport für sich und ihren Partner Hund.

GESCHICHTE

— *Woher kommt der heutige Zughundesport?*

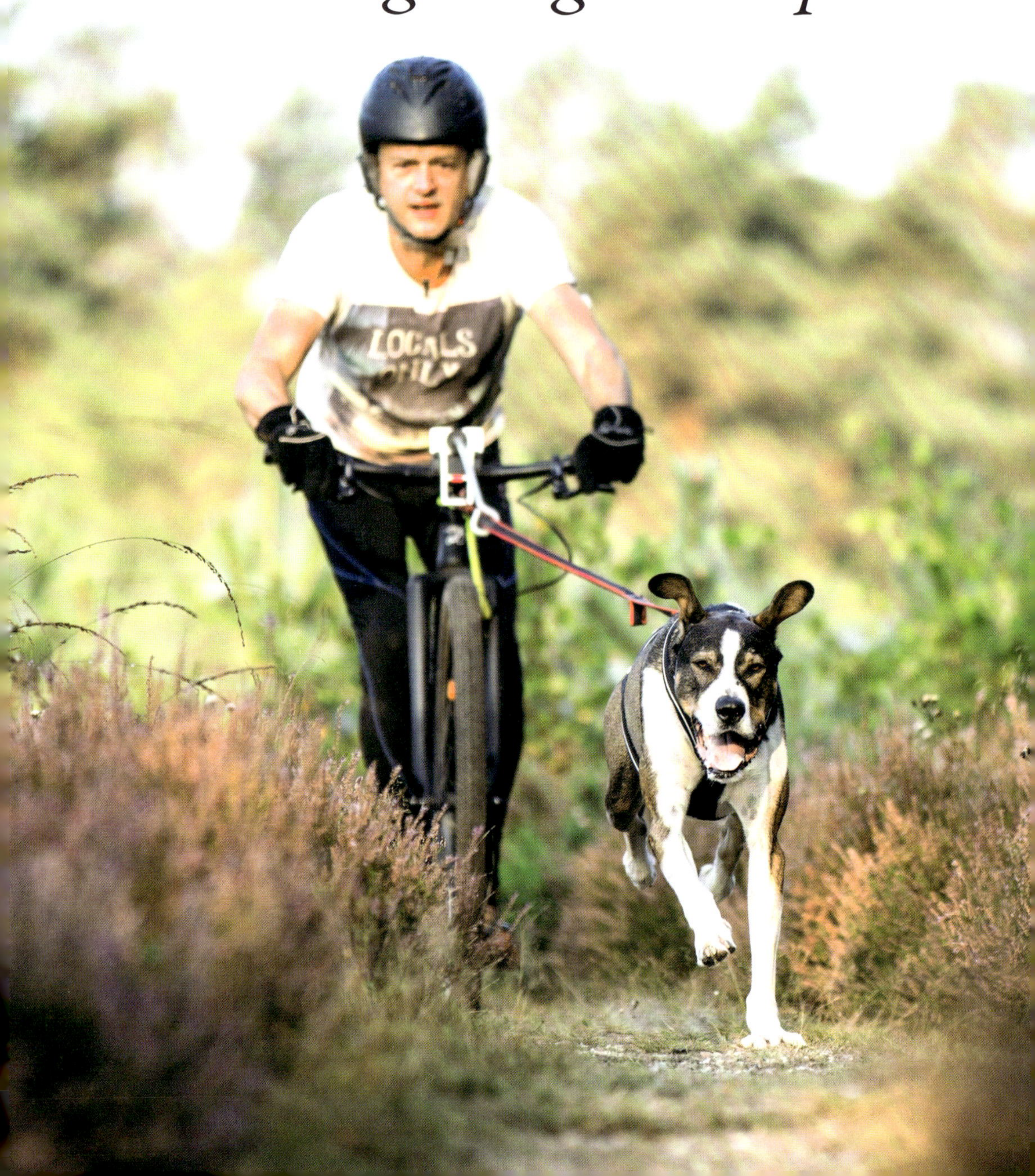

SEINE WURZELN LIEGEN IN ALASKA

Die zarten Anfänge unseres modernen Zughundesports entspringen der Zeit nach dem großen Goldrausch in Alaska um 1910. Es herrschten eine gewisse Langeweile und ein enormer Überschuss an Hunden aller Couleur. Die Goldminen waren ausgebeutet und durch die damit verbundene Abwanderung der Goldgräber und Glücksritter der damaligen Zeit wurden diese Hunde mehr und mehr ihrer Aufgabe des Lastentransports entbunden. An Lagerfeuern in geselliger Runde wird aus alten Zitaten überliefert, dass es eine Gruppe von 12 Jungs war, die in dieser Zeit auf die Idee kamen, mit ihren Hunden ein Rennen zu veranstalten. Dazu bastelten sie sich aus alten Skiern und Stühlen oder Kisten einen Schlitten zusammen. Schnell entwickelte sich aus diesem ersten Kinderrennen eine gewisse Euphorie, die auch die Erwachsenen ergriff und so entstanden Rennen mit Wetteinsätzen.
Das erste größere Rennen dieser Zeit war das **All Alaska Sweepstakes**-Rennen im Jahr 1908. Bei dieser Art von Rennen zahlen alle Starter einen gewissen Betrag in eine Kasse, der dann an die Sieger und Platzierten ausgeschüttet wird. Das All Alaska Sweepstakes führte von Nome entlang der Beringstraße nach Candle und zurück nach Nome – eine 650 km lange Strecke unter eisigen Bedingungen. Da das Rennen ein großer Erfolg war, wurde es jährlich bis ins Jahr 1917 fortgeführt. Die Idee zu den Schlittenhunderennen war hiermit geboren!

ETABLIERUNG IN DEUTSCHLAND

Verbunden mit viel Trapperidealismus gelangten Jahrzehnte später Siberian Huskys nach Deutschland. Als ich (Uwe) Anfang der achtziger Jahre in die Szene schnupperte, bildeten sich unter Führung des DCNH (Deutscher Club für Nordische Hunde) die ersten Landesverbände. Zu jener Zeit durfte dieser Sport ausschließlich mit nordischen Hunden mit FCI-Papieren ausgeübt werden (FCI = Fédération Cynologique Internationale).
Seitdem hat sich in den Abläufen der Gespannklassen technisch nichts geändert. Lediglich die Rassebeschränkung wurde aufgehoben. In den Köpfen reifte der Gedanke, dass bei Olympischen Spielen auch jeder Mensch – egal welchen Geschlechts, Hautfarbe oder ethnischer Zugehörigkeit – das Grundrecht auf die Teilnahme hat.
Für die Musher ging es darum, sportliche Anerkennung zu finden. So durften die Rennen nicht nur auf reinrassige nordische Hunde beschränkt bleiben.
Der DCNH als Zuchtverband trat die sportliche Kompetenz an spezielle Sportverbände ab. Zum einen die AGSD (Arbeitsgemeinschaft Schlittenhunde Deutschlands), in der sich auch weiterhin Musher mit reinrassigen Siberian Huskys trafen und der DSSV (Deutscher Schlittenhunde Sport Verband), in dem alle Hunde laufen dürfen, die physisch dazu in der Lage sind und keine Aggressionen zeigen.

VOM SIBERIAN HUSKY ZUR GROSSEN VIELFALT

Schnell drängten Hunde aus Nordamerika, die Alaskan Huskys und später nach Lockerung der Quarantänebestimmungen, auch Jagdhunde und Jagdhundmischlinge aus den skandinavischen Ländern in den Sport. Diese Zuchtverbandsunabhängigen Importhunde ohne FCI-Papiere hatten überwiegend eines gemeinsam: Sie waren schneller als ihre nordischen Artgenossen und brachten ein großes Genpotential nach Deutschland und Mitteleuropa.

Diese Mitte der 80er Jahre eingeführten Hunde bilden noch heute das Fundament unserer Hunde im Schlittenhundesport und somit auch den Grundstein des Zughundesports. Die Hunde im Schlittenhundesport und im Zughundesport sind identisch. Das Hauptaugenmerk dieser Gebrauchskreuzungen liegt in erster Linie auf sportlicher Leistung und – ganz wichtig – darauf, sozialverträgliche Rudelhunde zu züchten. Die jeweilige Verwendung – Gespann oder Monozughundesport – gibt die Zuchtrichtung vor.

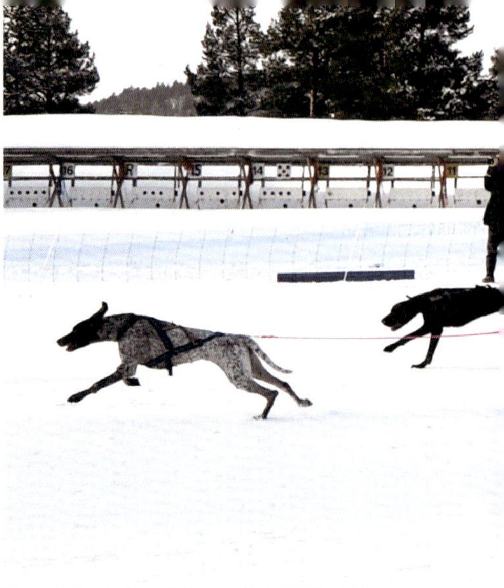

Skijöring Massenstart 2016 Savallen/Norwegen

01 Die Pulka ist eine geschlossene Box auf zwei Langlaufskiern. In dieser Box wird ein festgelegtes Gewicht transportiert.

02 Diese Pulka ist mit einem festen Gestänge mit dem Hund verbunden.

03 Rollpulka, die hier von einem Hund gezogen wird.

04 In der schneelosen Zeit konnten die Sportler sich und ihre Hunde mit der Rollpulka fit halten. Sie joggten hinter der Pulka und einem oder zwei Hunden her.

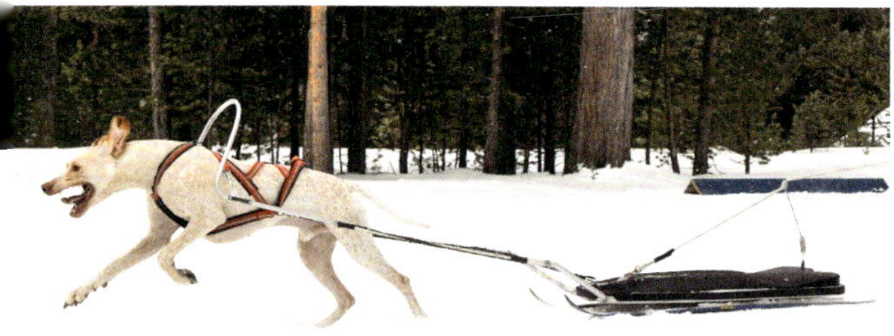

01

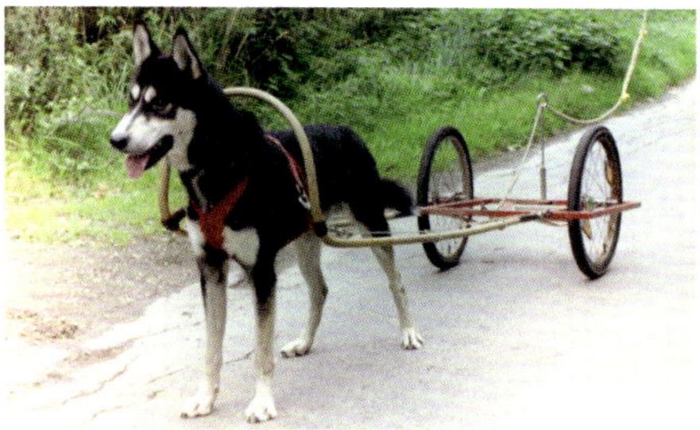

03

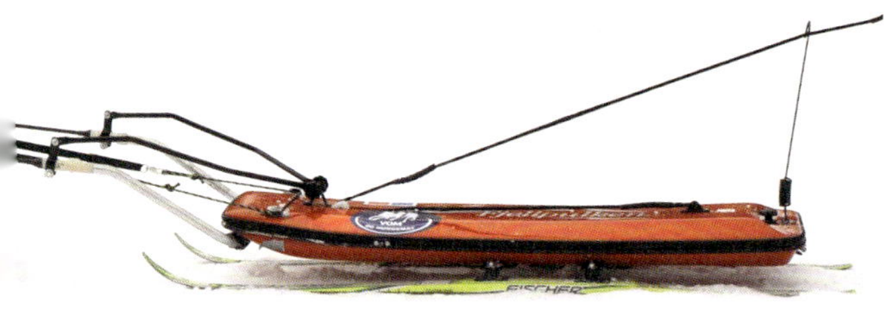

02

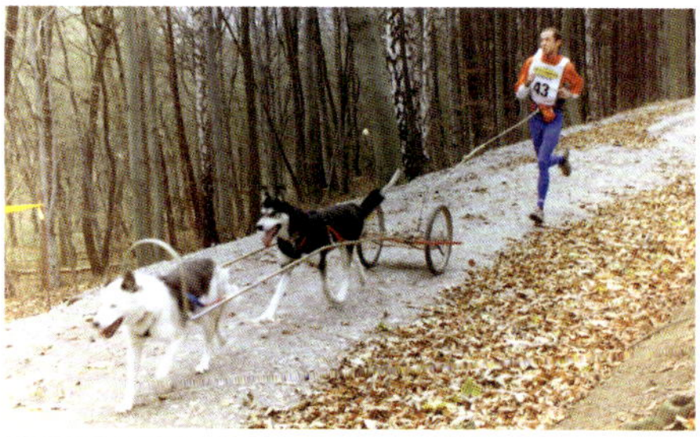

04

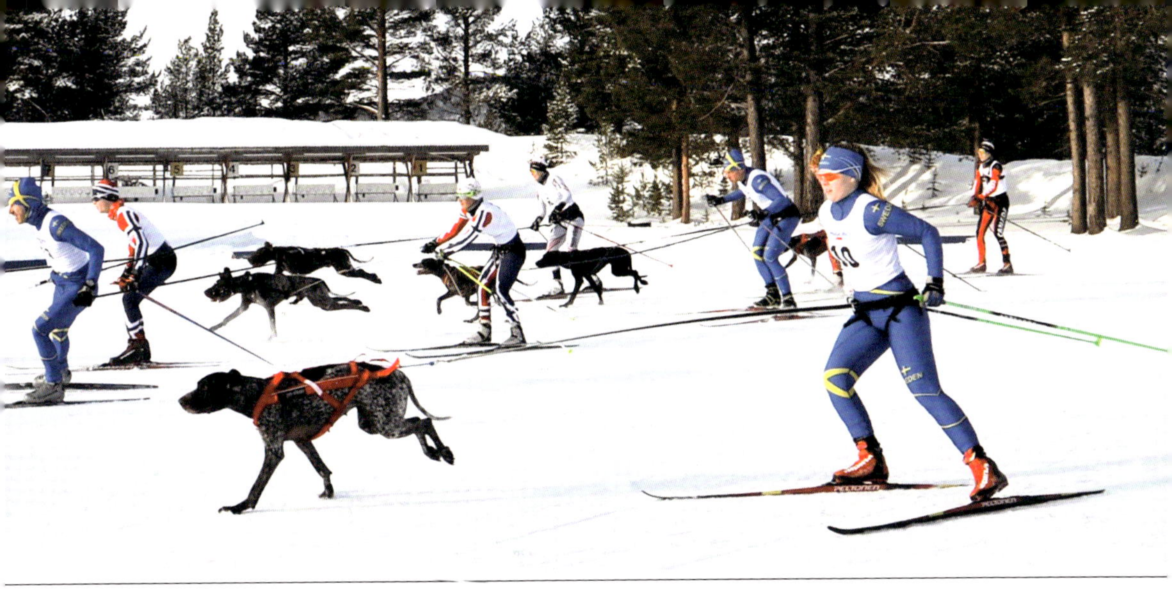

An Äußerlichkeiten ist die sportliche Leistung der Hunde oft nicht zu erkennen. Sie verbergen ihr Potenzial oft im Innern, zwischen den Ohren: das **Desire to Run**, den unbändigen Willen zu laufen, den Drang nach vorn (siehe S. 106)!

SCHLITTENHUNDESPORT

Mit Schlittenhundesport bezeichnen wir hier den Gespannsport, also Schlittenhundegespanne mit 4, 6, 8 oder mehr Hunden. Der Anspruch im Gespannsport liegt darin, die sportlichen Highlights im Schnee zu finden.

ZUGHUNDESPORT

Für den Zughundesport werden kräftigere, stark bemuskelte Hunde mit 30 kg und mehr auf den Rennen bevorzugt. Dieser Umstand ist abhängig von der Renndistanz. Zughundesport ist vor allem der „Monozughundesport", ausgeübt mit einem oder zwei Hunden – hauptsächlich auf „Dreck", wie wir die meist dreckigen Off-Snow-Rennen nennen.

DIE PULKAKLASSE

In den 1- bis 2-Hundeklassen hat sich das Bild stark gewandelt. In den 80er Jahren gab es die heutigen Kategorien wie Canicross, Bikejöring, Dogscooting und Skijöring nicht. Für die Nichtgespannfahrer gab es lediglich die Pulkaklasse.

Auf den damaligen Schlittenhundewagenrennen stellten diese Pulkasportler lediglich ein kleines Grüppchen dar. Die große Masse auf den Rennen waren Gespannfahrer. Ich (Uwe) kann mich an Schneerennen der 80er Jahre in Kötschach-Mauthen/Kärnten mit 220 Schlittenhundeteams erinnern. Davon waren vielleicht 15 Pulkafahrer.

VON DER PULKA ZUM SKIJÖRING

Jahre später verdrängte die neue Skatingtechnik mehr und mehr den deutlich langsameren Parallelschritt mitsamt der kleinen Pulkagruppe. Das Skijöring löste die Pulkafahrer ab. Nun mussten die Hunde keine Last mehr ziehen und konnten, sofern der begleitende Skijörer keine Behinderung darstellte, frei laufen. Es ist immer wieder erstaunlich, wie überwiegend die skandinavischen Skijörer es fertigbringen, die gleiche Geschwindigkeit gegenüber den besten 6-Hunde-Teams zu laufen. Dieser Umstand resultiert wohl aus dem hohen Ansehen sämtlicher Skiveranstaltungen im skandinavischen Raum. Während in Skandinavien die Schlittenhundegespannklassen häufig im Outback ohne nennenswerten Publikumszuspruch ausgetragen werden, erweisen sich Skijöringevents als Zuschauermagneten. Man kann sagen: Skilaufen/Skijöring rangiert in den drei nordeuropäischen Ländern vor dem Fußball.

HUNDETYPEN

— *Welche Hunde eignen sich?*

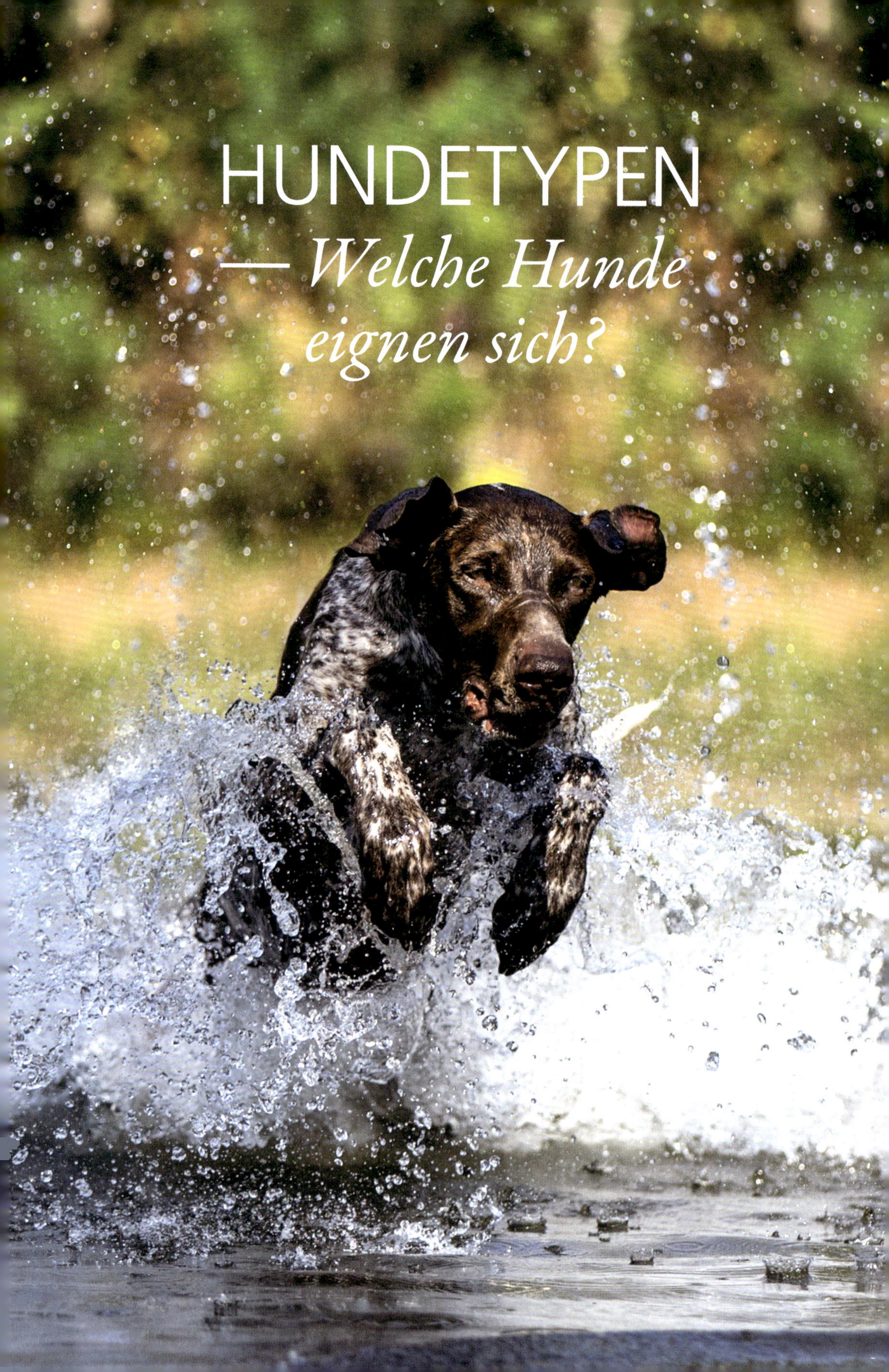

VORAUSSETZUNGEN DES HUNDES

Jeder Hund, der sich gern bewegt, ist prinzipiell zur Zugarbeit geeignet. Selbstverständlich hängt die tatsächliche Leistung deutlich von Kraft, Größe, Gebäude, Muskeltyp, Trainingsstand und vielen anderen Faktoren ab. Solange jedoch Besitzer und Hund im Einklang miteinander arbeiten, ist das gemeinsame Erlebnis unabhängig vom Hundetyp. Das angestrebte Leistungsniveau sollten wir immer an unseren Hund und natürlich auch an uns selbst anpassen. Zudem kann ein Hund sportliche Höchstleisung nur über wenige Jahre erbringen, das müssen wir besonders beachten.

Wie schon erwähnt, steht auf beiden Seiten der Leine immer ein positives Erlebnis im Vordergrund – der Spaßfaktor!

Gewisse Grundvoraussetzungen müssen jedoch für den Einsatz im Zughundesport gegeben sein. Der Hund muss

— gesund sein, sowohl aus orthopädischer Sicht als auch was das Herz-Kreislauf-System betrifft.

— ausgewachsen sein, was rasseabhängig sehr unterschiedlich zwischen ca. 6 und 12 Monaten (bei Riesenrassen ca. 18 Monaten) ist.

— der geforderten Leistung gewachsen sein, das Hund-Mensch-Team muss zueinander passen. Ein 10-kg-Hündchen kann seinen 100-kg-Menschen nicht am Dogscooter ziehen, sehr wohl kann so ein Team aber zusammen wandern/walken, canicrossen oder bikejören und gemeinsam fit werden.

— gern laufen. Eine Couchpotato, die auch beim Spazierengehen lieber hinterher schlurft, wird sehr wahrscheinlich kein begeisterter Zughund werden. Hier sollte der menschliche Ehrgeiz niemals auf den Hund übertragen werden.

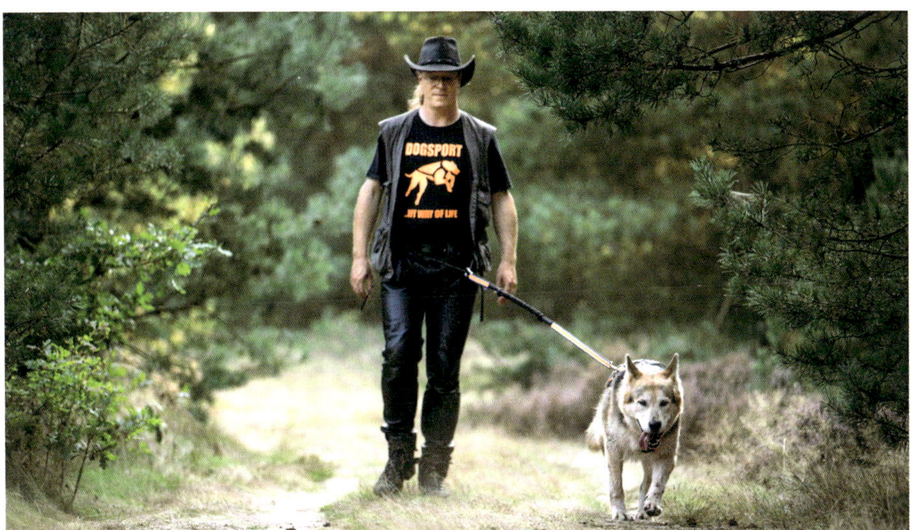

Marc und Tante Luise gehen entspannt durch die Heide – völlig ohne Wettkampfgedanken.

GESUNDHEITLICHE VORAUSSETZUNGEN

Da wir hier vom Zughundesport ausgehen, sollte ein Hund grundsätzlich körperlich gesund sein. Dazu gehören ein einwandfreies Gangbild, normale Ausdauer und Freiheit von Herz-Kreislauf- oder Lungenerkrankungen. Bei bekannten Vorerkrankungen, wie zum Beispiel Fehlbildungen von Knochen und Gelenken oder des Herzens, muss die Belastung unbedingt mit dem behandelnden Tierarzt abgesprochen werden.

ALTER DER HUNDE

Die Entwicklung des knöchernen Skeletts eines Hundes ist stark vom Typ und der Rasse abhängig. Bevor mit intensiver Zugarbeit und den damit einhergehenden starken mechanischen Kräften, die auf den Körper des Zughundes einwirken, begonnen wird, sollten die Wachstumsfugen der Röhrenknochen geschlossen und das knöcherne Skelett des Hundes ausgebildet sein. Dies ist in der Regel mit dem 12. Monat abgeschlossen – bei den Riesenrassen erst mit etwa 18 Monaten. Entgegen der weitläufigen Meinung empfehlen wir jedoch nicht, erst mit dem ausgewachsenen Hund mit dem Training zu beginnen, wenn der Hund früh Interesse am Zughundesport zeigt. Es ist durchaus möglich, schon mit einem jungen Hund (ca. 6 – 8 Monate) mit ersten Übungen zu beginnen. Hierbei sollte es sich um spielerische kleine Einheiten handeln, bei denen nur mit geringem Gewicht gearbeitet wird und der Junghund erst einmal lernt, worin seine Aufgabe besteht. So können beispielsweise kurze Laufintervalle mit leichter Zugarbeit geübt werden. Vorrangig können das Line-out (Stehen an gespannter Leine, siehe S. 106) oder Richtungssignale (siehe S. 104) trainiert werden. Mit dem stetigen Training wächst unser Junghund weiter, Körper und Geist reifen und wenn er das richtige Alter erreicht hat, kann mit dem regulären Zugtraining begonnen werden.

LAUFWILLE

Die eigenen Erwartungen an die Erfolge im Sport müssen sich immer am Hund orientieren. Es erscheint zunächst selbstverständlich, dass sich die vom Hund geforderte Leistung an dessen Potenzial orientieren muss. Wer jedoch erst einmal vom Zughundevirus angesteckt wurde, lässt sich häufig leicht vom eigenen Ehrgeiz überrumpeln. **Man sagt, dass ein Schlittenhund gut das zwei- bis dreifache seines eigenen Körpergewichts ziehen kann.** Diese Aussage hängt jedoch von sehr vielen äußeren Faktoren ab: Untergrund, Gleiten oder Rollen, Gangart, Ebene oder Berge, Sand oder gefrorener Boden tragen maßgeblich zum Rollwiderstand bei. Hier hilft es, die gesteckten Trainingsziele mit den Leistungen anderer Hunde desselben Typs zu vergleichen. Manch ein Hund kann im Galopp nur auf einer relativ kurzen Strecke eine hohe Leistung erbringen, im Trab jedoch über viele Kilometer gleichmäßige Zugleistung zeigen. Genauso verändert sich die Leistungsfähigkeit mit zunehmendem Alter. Nichts spricht dagegen, auch ältere Hunde mit 10 oder mehr Jahren im Geschirr arbeiten zu lassen, solange die Anforderungen entsprechend angepasst werden.

Nicht jeder Mensch ist zum Leistungsturner geboren ...

... und so ähnlich ist es auch mit dem Laufbedürfnis und den Lauffähigkeiten des Hundes. Die meisten Hunde wollen in einem gewissen Maß laufen. Es gibt jedoch Charaktere, die einfach kaum Vorwärtsdrang haben. Vor allem extrem stämmige und kurznasige, sogenannte brachycephale Rassen wie einige Bulldoggen, aber auch Herdenschutzhundetypen scheinen wenig Spaß daran zu haben, wirklich „Strecke zu machen" (Ausnahmen bestätigen die Regel!). Mit entsprechender Geduld und der richtigen Methodik kann sicher nahezu jeder Hund lernen, im Geschirr Zugarbeit zu leisten. Dennoch sollte der Partner Mensch erkennen, wenn der Hund vielleicht doch nicht für diesen Sport geboren ist.

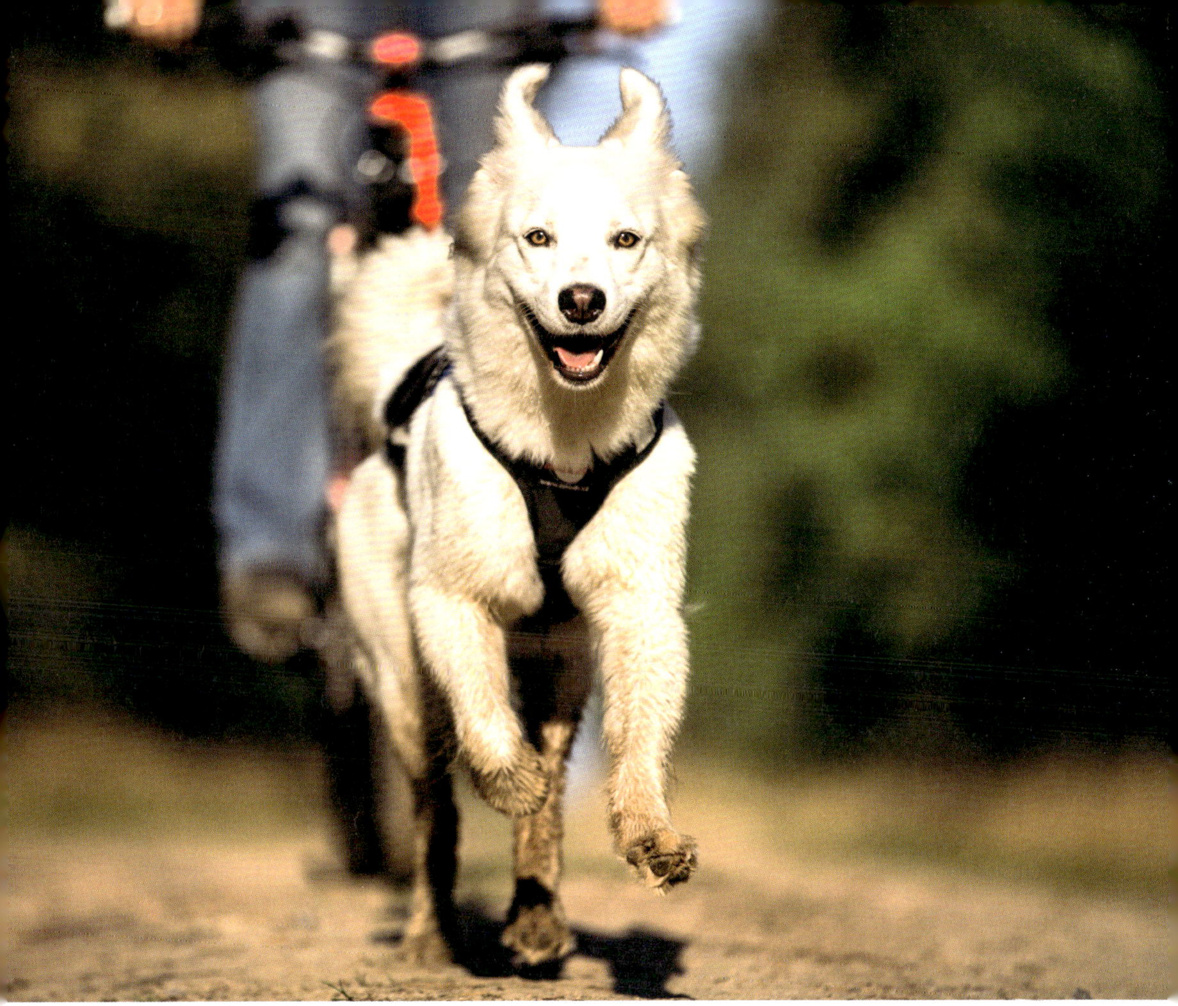

Beim Zughundesport ist für jeden Hund, der sich gern bewegt, etwas dabei.

GEEIGNETE HUNDE

Neben den klassischen Schlittenhunden wie dem Siberian Husky, Alaskan Malamute, Samojeden oder den etwas weniger bekannten Grönlandhunden und dem Jakutischen Laika (russischer Schlittenhund, nicht von der FCI anerkannt), gibt es auch speziell für den Schlittenhundesport gezüchtete Mischlinge vom Jagdhundtyp (sogenannte Hounds, aus dem Englischen für „Jagdhund", auch als Europäische Schlittenhunde bekannt) und Mischlinge vom Huskytyp (Alaskan Husky). Der Unterschied dieser Schlittenhundetypen liegt in den verschiedenen Genanteilen der Ursprungsrassen. Während beim Alaskan Husky vermehrt die Huskylinien vertreten sind, sind bei den Houndtypen vorrangig verschiedene Jagdhunde- und auch Windhundrassen vertreten.

Somit ist auch nicht wenig verwunderlich, dass viele Hunderassen oder Mischlinge Spaß an der Zugarbeit haben können. Neben den hier genannten Rassen und deren Mischungen entwickeln beispielsweise Hütehunde (Border Collie, Australian Shepherd, Belgische und Holländische Schäferhunde etc.) häufig genug Ehrgeiz, um gemeinsam mit dem Partner Mensch auch Zughunderennen zu bestreiten.

Die Palette der Hunderassen ist hier sehr breit gefächert: Terrier, Schnauzer, Windhunde, Jagdhunde oder gar lauffreudige Dackel können großen Spaß am Ziehen haben – natürlich immer angepasst an die Leistungsfähigkeit des Hundes.

SIBERIAN HUSKY

Der Siberian Husky hat seinen Ursprung im Norden des ostsibirischen Gebirgslands (Russland), wo er von den dort lebenden Menschen über etwa 3 000 Jahre auf Leistung und Gesundheit selektiert wurde. Diese Eigenschaften machen es ihm auch heute noch möglich, in kalten und rauen Umgebungen zu überleben. Anfang des 19. Jahrhunderts wurden die ersten Huskys im Zuge des Goldrausches nach Alaska importiert und auch bei dem schon erwähnten All Alaska Sweepstakes eingesetzt. Obwohl diese Hunde viel kleiner und zierlicher als die sonst üblichen schweren Schlittenhunde waren, waren sie sehr erfolgreich. Es wurden deshalb immer mehr dieser Hunde nach Alaska importiert und dort weiter gezüchtet.

Die Rasse „Siberian Husky" wurde 1930 vom American Kennel Club anerkannt und weitere 25 Jahre später nach Europa und Deutschland importiert. Der Siberian Husky ist ein mittelgroßer Hund (Spitze, Hunde vom Urtyp) und zwischen 50 und 60 cm hoch, bei einem Gewicht von etwa 16 – 28 kg. Sie sind starke Zughunde, die stets freundlich und sanftmütig sind, sowie kontaktfreudig und aufmerksam. Aufgrund ihres stark ausgeprägten Jagdtriebs sind die meisten Huskys nur mit viel Training ableinbar.

Für die meisten Menschen ist der Siberian Husky mit seinen eisblauen Augen „der" Schlittenhund schlechthin. Heute verfolgen die Rassezuchten zwei verschiedene Zuchtlinien – Show- und Arbeitshunde – die sich in ihrem Äußeren zum Teil stark unterscheiden können.

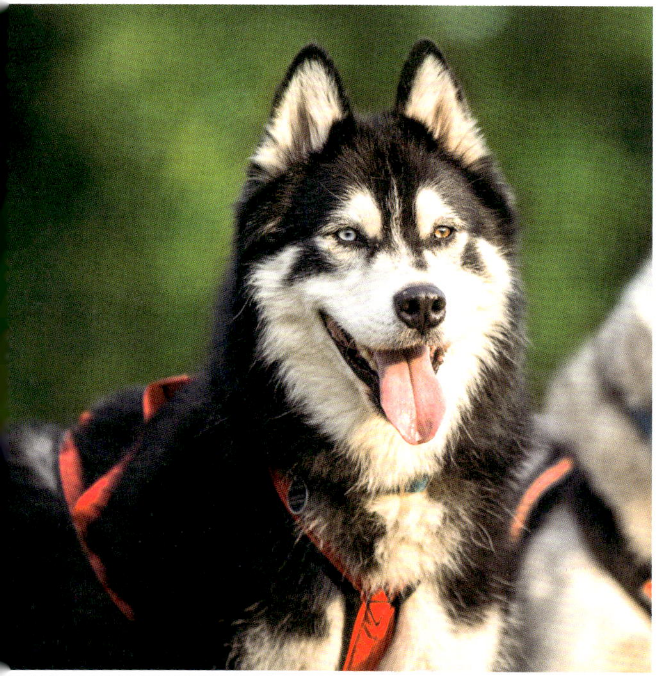

Siberian Husky – eine typische nordische Schlittenhunderasse.

ALASKAN HUSKY

Unter dem Alaskan Husky versteht der Schlittenhundesportler eine reine „Gebrauchskreuzung" mit einem großen Anteil Siberian Husky und eine Reihe anderer Rassen. Ursprünglich wurden diese Hunde in Alaska mit dem Ziel eines optimierten Rennhundes gezüchtet.

Bei diesen Mischlingen wird nie auf Optik, sondern immer auf Leistung, Gesundheit, Sozialverträglichkeit und die gewünschte Verwendung selektiert. So entstanden unterschiedliche Linien – leichte und windschnittige Hunde von ca. 17 kg und Kraftprotze von bis zu 40 kg.

ALASKAN MALAMUTE

Der Alaskan Malamute hat seinen Ursprung in den arktischen Ländern und wird auch die „Lokomotive des Nordens" genannt. Sein Name stammt von einem Eskimostamm im hohen Alaska. Er ist deutlich größer als der Siberian Husky und auch deutlich stärker. Jedoch wurden die Malamuten nicht auf Geschwindigkeit, sondern auf das Ziehen von Lasten gezüchtet. Sie sind bis 65 cm hoch und bis zu 38 kg schwer. Die Malamuten sind freundliche und treue Hunde, aufgrund ihres Jagdtriebes und ihrer Eigenständigkeit aber ebenso wie die Siberian Huskys nicht immer ableinbar.

SAMOJEDE

Der „lachende" Samojede ist, ebenso wie der Siberian Husky, ein Hund aus dem Norden Russlands und für sein schneeweißes Fell und seinen freundlichen Gesichtsausdruck bekannt. Es handelt sich um die erste offiziell anerkannte Schlittenhunderasse und er verdankt seinen Namen dem gleichnamigen Nomadenvolk. Der Samojede ist ursprünglich eher ein Hütehund für Rentierherden gewesen, wurde dann aber als ausdauernder Zughund gezüchtet. Als ein freundlicher Hund, eigenverantwortlich und selbstständig, kann er für viele sportliche Aktivitäten geeignet sein. Der Samojede wiegt bei 50 – 60 cm Rückenhöhe etwa 17 – 30 kg.

GRÖNLANDHUND

Diese Hunde werden auch heute noch in Grönland vor dem Schlitten eingesetzt. Sie sind für ihre Kraft, Ausdauer und Robustheit bekannt und als reine Familienhunde im Haus eher nicht geeignet. Sie sind zwar freundlich, aber auch willensstark und eigenständig, als Arbeitsrasse sehr zeitintensiv und stellen auch hohe Ansprüche an ihre Haltung (Außenhaltung). Sie sind zwischen 55 und 60 cm hoch und wiegen etwa 30 – 40 kg.

HOUNDS

Das englische Wort Hound beschreibt eine Gruppe von Jagdhunden und wird hierzulande für Schlittenhunde des Jagdhundetyps verwendet. Ähnlich wie bei den Alaskan Huskys wurden auch hier Schlittenhunde rein auf Leistung, Gesundheit und Verwendung (Sprint oder Langdistanz, Monozughund oder Gespann) selektiert. Die **Europäischen Schlittenhunde** wurden ursprünglich aus gezielter Verpaarung von norwegischen/schwedischen Vorstehern mit Alaskan Huskys gezüchtet. Inzwischen finden sich Windhunde wie Greyhounds, Setter und verschiedene Vorsteher (Pointer) in den unterschiedlichen Zuchtlinien. Sie sind zwischen 50 – 75 cm hoch und wiegen 20 – 40 kg.

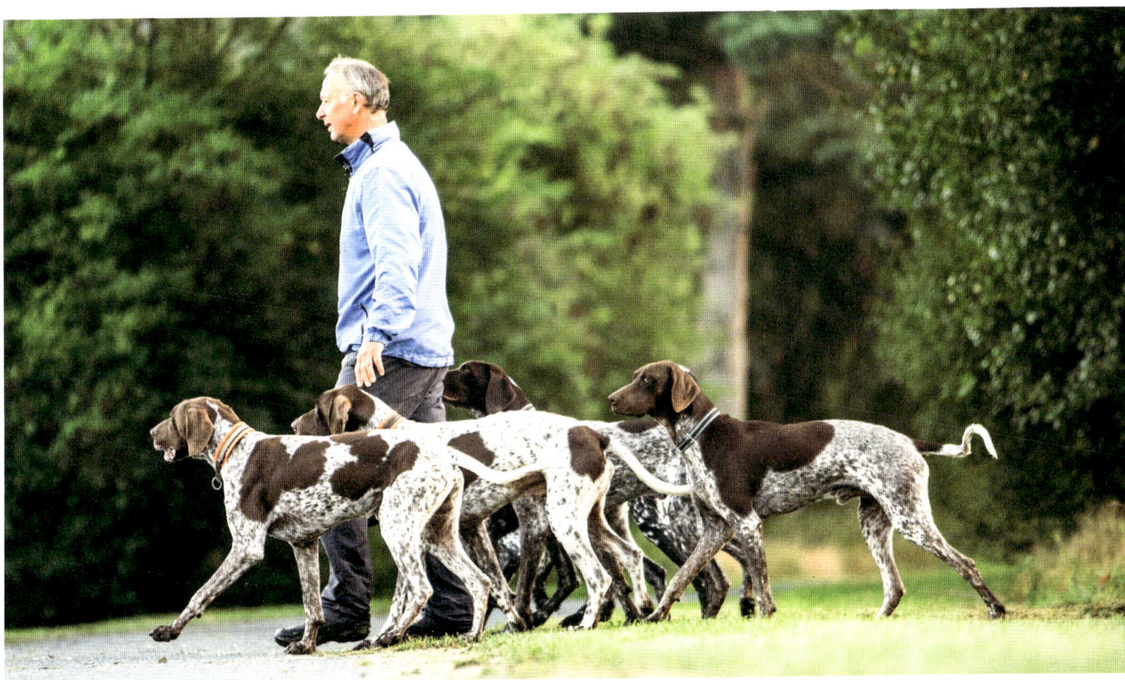

Greyster – ein Mixbreeding aus einem hohen Anteil Deutsch Kurzhaar und etwas Greyhound.

KÖRPERLICHE VORAUSSETZUNGEN

Die körperlichen Voraussetzungen unserer Hunde sind stark abhängig von der angestrebten Zughundesportart.
Für **Canicross** muss der Hund außer seiner körperlichen Fitness (gesundheitliche Voraussetzungen, S. 14) keine Mindestgröße/-masse besitzen, da selbst die kleinsten Hunde die Geschwindigkeiten eines laufenden Menschen mitlaufen oder meist sogar überbieten können. Gleiches gilt auch für das **Walken** oder **Wandern** mit Hund. Einzig die Streckenlängen sollten bei Kleinhunden unter Umständen angepasst sein, da sie ein „Mehrfaches" an Strecke meistern – während die Kleinen zehn Schritte machen, macht ein großer Hund nur zwei …

ZIEHEN DES DOGSCOOTERS

Für die Zugarbeit vor dem **Fahrrad** können auch leichtere Hunde geeignet sein, die wiederum für das Ziehen des **Dogscooters** zu leicht sein könnten. Der Unterschied liegt darin begründet, dass wir Menschen ein Fahrrad immer „rund" vorantreiben und den Hund somit immer gleichmäßig unterstützen können.

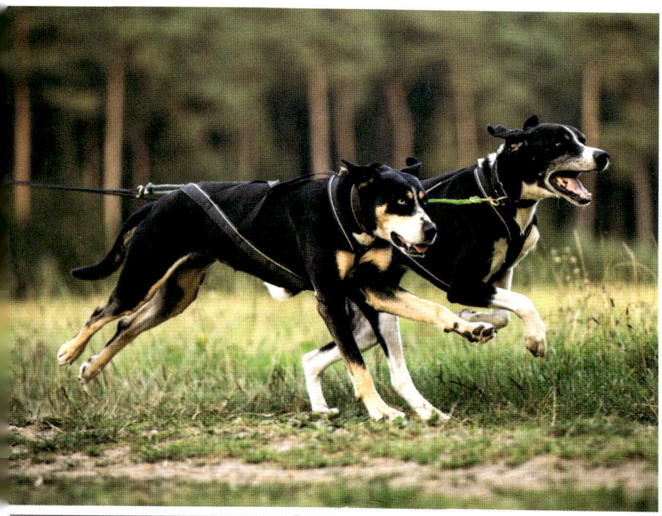

Gemeinsam unterwegs – Ronja und Rocko.

Das Pedalen, also Antreten des Dogscooters, geschieht im Gegensatz dazu schubweise und ein zu leichter Hund, der den Dogscooter nicht von allein komplett anziehen kann, bekommt dadurch einen „Ruck" auf die Zugleine und das Geschirr: Immer wenn ich antrete, schnellt der Scooter nach vorn, die Zugleine hängt durch – der Hund fällt/läuft ins Leere, bis er wieder in die Zugleine läuft („Ruck") und ich wieder antrete.
Vor allem Anfängerhunde kann dies so stark irritieren, dass sie sich bei jedem Ruck nach hinten umschauen und über kurz oder lang den Spaß an der Zugarbeit verlieren.
Somit ergibt sich, dass der Hund für den Dogscooter eine gewisse Kraft aufbringen sollte und den Roller samt Mensch zumindest in der Ebene und auf festem Untergrund selbstständig ohne Probleme ziehen sollte. Als Mindestgewicht für das Ziehen eines Dogscooters geben wir ganz grob etwa 18 kg an, wobei die Zugkraft der jeweiligen Hunde sehr unterschiedlich sein kann! Ein 15 kg Hund kann genauso viel (oder wenig) wie ein 20 kg Hund ziehen, es muss also ganz individuell beurteilt werden. Aufgrund der Vielfältigkeit der verschiedenen Rassen erübrigt sich die Angabe einer Mindestgröße.

ROLLWIDERSTAND BEI VERSCHIEDENEN UNTERGRÜNDEN

Entscheidend bei der Zuordnung der „Hundestärke" sind der Untergrund und das Streckenprofil, auf dem wir uns bewegen. Haben wir einen festen Untergrund mit optimal aufgepumpten Reifen, benötigt man nicht einmal 5 kg Zugkraft, um den Scooter auch mit einer 80 kg Person zu bewegen.
Rollen wir aber auf losem Sand, durch Matsch, auf Gras oder bergauf, so erhöht sich die Last entscheidend. Wir alle kennen das vom Fahrradfahren, wenn wir von einem Asphaltweg auf einen Wiesenweg abbiegen oder es nach einem längeren Abstieg wieder bergauf geht. Ebenso kann Gegenwind den Rollwiderstand erhöhen.

EQUIPMENT
— *für Mensch und Hund*

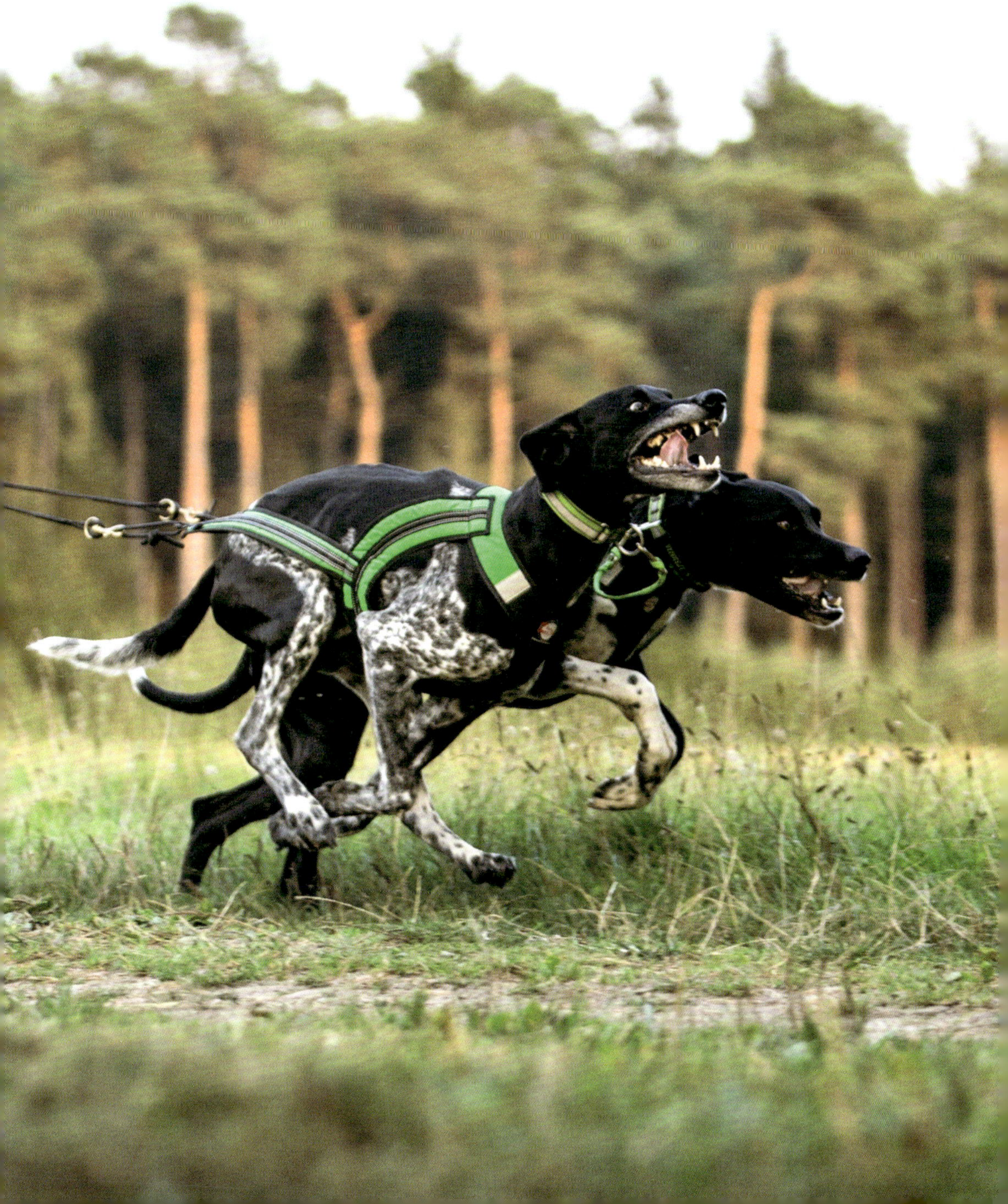

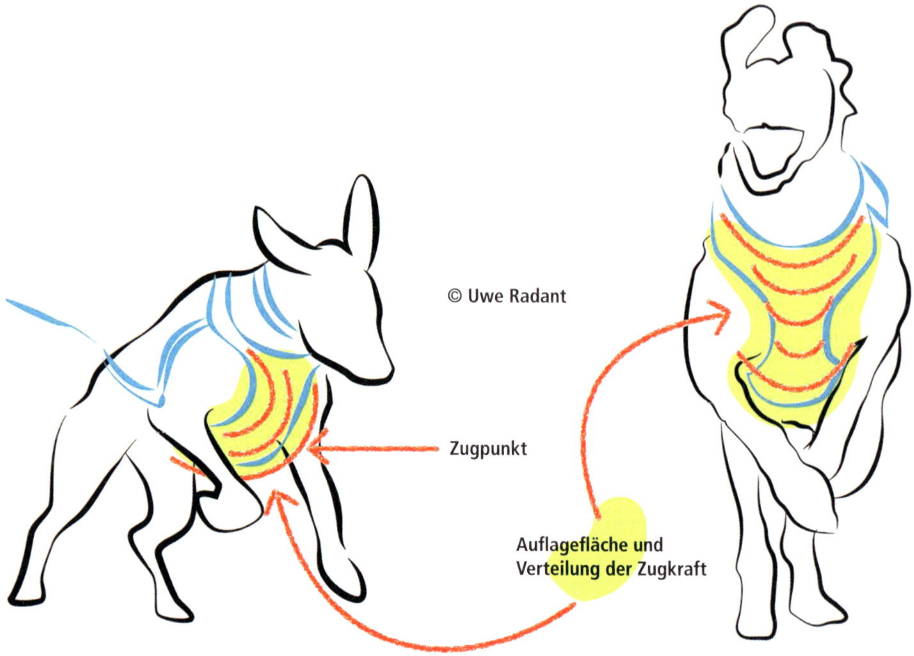

Der Zugpunkt am Langgeschirr: seitlicher Halsbereich, vordere Brust, Unterlinie

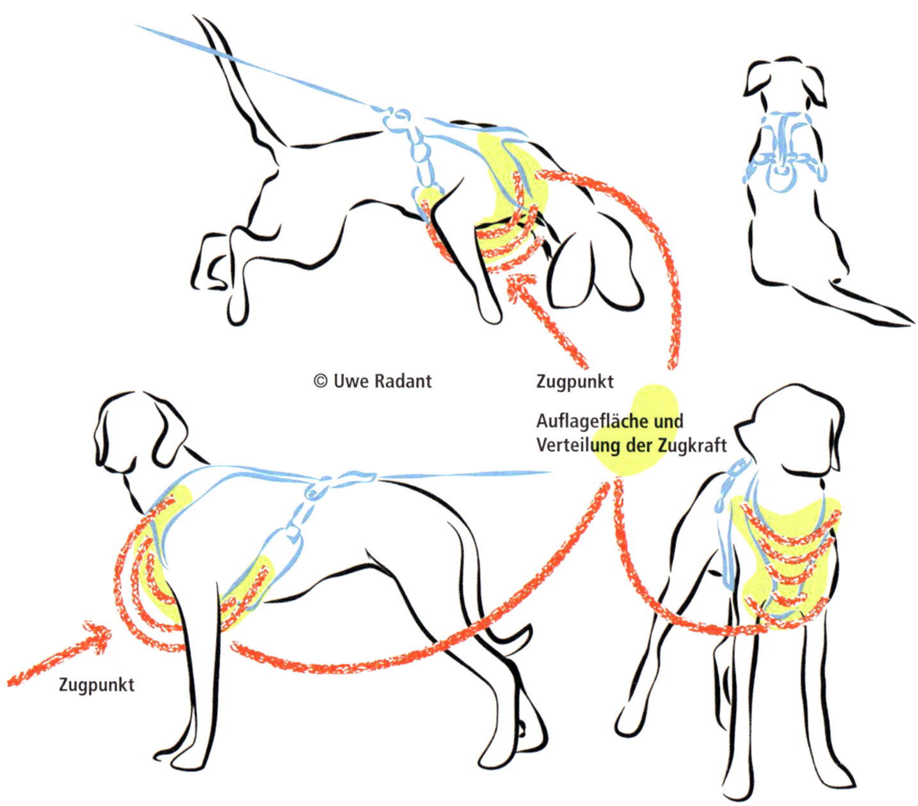

Der Zugpunkt am Kurzgeschirr: seitlicher Halsbereich, vordere Brust, Unterlinie

DAS PASSENDE ZUGGESCHIRR

Für den erfolgreichen Einstieg in den Zughundesport ist eine gute Ausrüstung notwendig. Es werden fast täglich neue Produkte rund um den Sport vorgestellt und auch einige „Billiganbieter", Discounter ohne Hintergrundwissen, steigen in das Geschäft ein. Es muss nicht immer teuer sein, aber jedes Equipment muss passend, funktionell und sicher sein!
Im Folgenden wird die Ausrüstung für den Hund (Geschirr und Leinen) sowie den Menschen (Canicross-Gurt und weiteres) vorgestellt.
Eine Vielzahl von Geschirren ist auf dem Markt erhältlich. Dies kann für Einsteiger erst einmal sehr unübersichtlich sein und Verwirrung stiften. Das Zuggeschirr ist der Dreh- und Angelpunkt im Zughundesport und muss daher unbedingt dem jeweiligen Hund passen!
Die Hauptzugkraft soll durch das Geschirr auf die vordere Brust, die untere Brust (die Unterlinie) und den seitlichen Halsbereich verteilt werden – insgesamt beschreibt dies den **Zugpunkt**. Der Zug wird damit auf der Brust-, Hals- und Schultergürtelmuskulatur verteilt.

VERLAUF DER JÖRINGLEINE

Normalerweise ist der Befestigungspunkt der Jöringleine (siehe S. 48) an Bike, Scooter oder Canicross-Gürtel höher als der Befestigungspunkt am Hundegeschirr.
Dadurch bedingt, entsteht ein Schrägverlauf der Jöringleine. Die Steigung dieses Jöringleinenverlaufs resultiert aus der Körpergröße (Höhe) des Hundes und der Höhe des Befestigungspunktes an Bike, Scooter oder Canicross-Gürtel. Je nachdem, wie stark die Steigung des Schrägverlaufs ist, wird die Rückenauflage des Geschirrs vom Hunderücken entlastet oder hebt sich komplett vom Hunderücken ab. Die Rückenauflage der verschiedenen Geschirrtypen ist bei Bikejöring, Dogscooting und Canicross von untergeordneter Bedeutung.

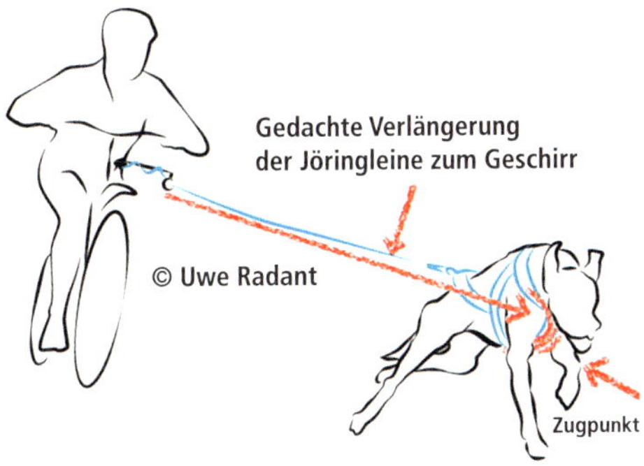

Bei Riesenrassen kann der Befestigungspunkt „Hunderücken" mit dem Befestigungspunkt „Bike, Scooter oder CC-Gurt" auf einer Höhe liegen. Hier könnte das X-im-X-Back auf dem Hunderücken aufliegen.

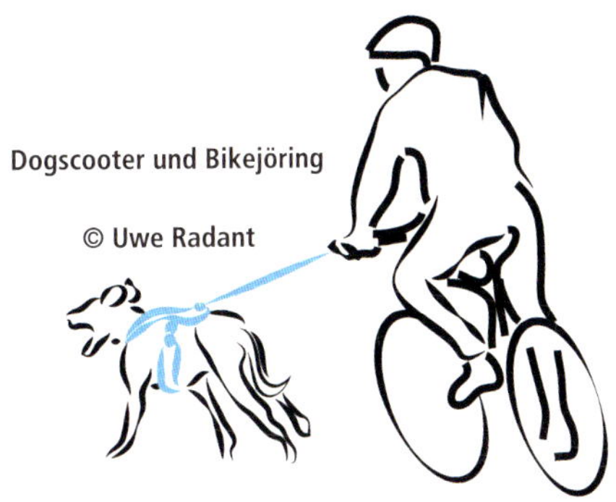

Abhängig davon, wie stark der Schrägverlauf der Jöringleine ist, hebt sich das Rückenteil des Geschirrs mehr oder weniger vom Hunderücken ab. Die Verstrebungen auf dem Hunderücken sind so mehr oder weniger von untergeordneter Rolle.

POLSTERUNG DES GESCHIRRS

Grundsätzlich sollten Zuggeschirre immer ausreichend breit und gepolstert sein. Ein zu schmales und ungepolstertes Gurtband oder „schlechtes" Polstermaterial kann einschneiden und das Fell wegscheuern (das nennt man in der Mushersprache auch **Harness-Rub**, Geschirrbrand). Auch ungepolsterte Verschlüsse oder Schnallen können Scheuerstellen verursachen. Dieser Fellbruch entsteht besonders bei fell-empfindlichen Hunden an den Auflageflächen des Geschirrs (Brustbein, seitliche Flanken). In diesen Fällen empfiehlt es sich, regelmäßig verschiedene Geschirrtypen zu nutzen, um die belasteten Stellen zu schonen. Als Polster eignen sich verschiedene Materialien. Häufig kommt Neopren oder mit einem wasserabweisenden Nylonstoff umhülltes Zellkautschuk/Moosgummi zum Einsatz, ebenso auch Softshell, Fleece oder Kunstfellstoffe. Aus persönlicher Erfahrung empfehlen wir wasserabweisendes Polstermaterial, an dem sich kein Schmutz festsetzen kann, der ebenfalls zu den erwähnten Scheuerstellen führen kann.

KURZGESCHIRRE

Je nach Art der Anspannung können kurze oder lange Geschirre für Zugarbeit verwendet werden. Für die von uns hier vorgestellten Zugsportarten eignen sich Kurz- wie Langgeschirre gleichermaßen. Wichtig ist, dass sie genau passen und den Hund weder in Bewegung noch bei der Atmung stören. Kurzgeschirre enden im Bereich der hinteren Brustwirbelsäule (nicht Lendenwirbelsäule!) und eignen sich besonders für Einsteiger. Der Hund kann sich aus einem kurzen Geschirr, mit korrekt eingestelltem Bauchgurt, nicht so leicht herauswinden wie aus einem langen Geschirr. Dadurch kann man Anfängerhunde in riskanten Situationen (Hundebegegnungen etc.) an kurzer Leine kontrollieren, auch wenn er mal einen Rückwärtsgang einlegt. Kurzgeschirre werden wie normale Führgeschirre über den Kopf gezogen und mit Schnallen am seitlichen oberen Brustkorb geschlossen. Die Zugleine wird auf dem Rücken an einem Ring oder einem Loop, ähnlich wie beim Langgeschirr, eingehängt. Optimal ist,

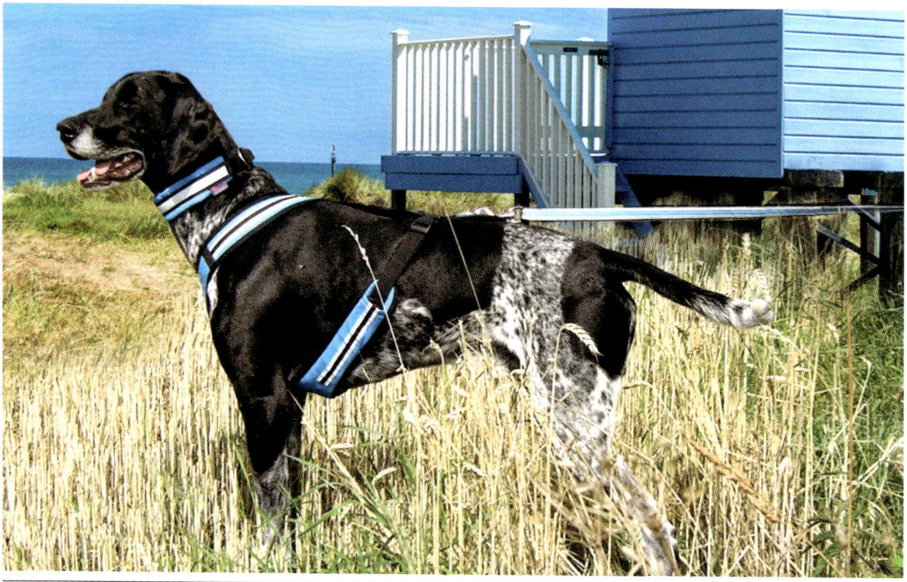

Das SAFETY-Kurzgeschirr mit schrägverlaufendem Seitengurt. In einem Kurzgeschirr lässt sich der Hund deutlich besser führen als in einem Langgeschirr.

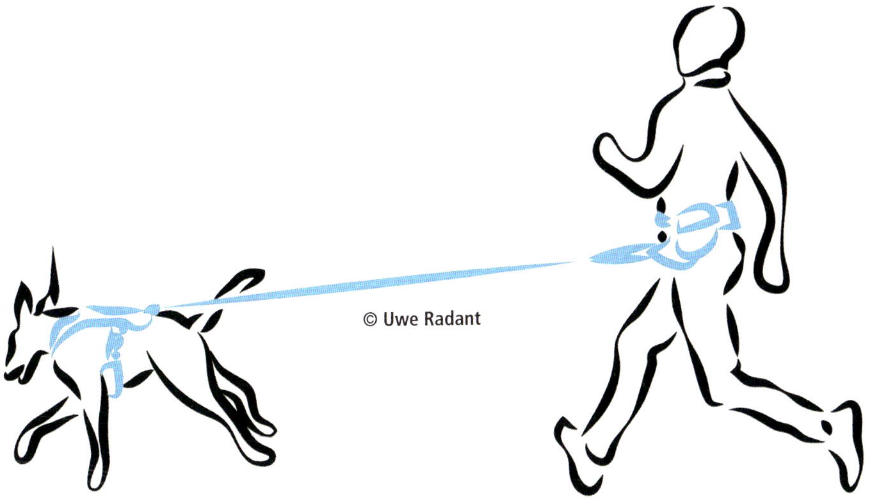

Kurzgeschirr für Canicross

wenn der Teil, an dem der Karabiner eingehakt wird, unterpolstert ist, damit er nicht auf den Rücken des Hundes schlagen kann. Bei dieser Art Geschirr muss hauptsächlich die Passform am Hals und Brustkorb, aber nicht über den gesamten Körper beachtet werden. Somit sind Kurzgeschirre wie das SAFETY-Geschirr gerade für den Einstieg gut geeignet, da sie einfacher in der korrekten Passform zu beurteilen sind. Nichtsdestotrotz ist auch beim Erwerb von Kurzgeschirren für die Zugarbeit Sachverstand notwendig.

Bei Kurzgeschirren ist es wichtig, dass der Zug nicht nur über den Rückensteg auftritt. Vielmehr muss über die seitlichen Gurte ein Gegenzug auf die Brustpartie aufgebaut werden. Dazu müssen die seitlichen Gurte in einem Schrägverlauf zum Rückensteg verlaufen.

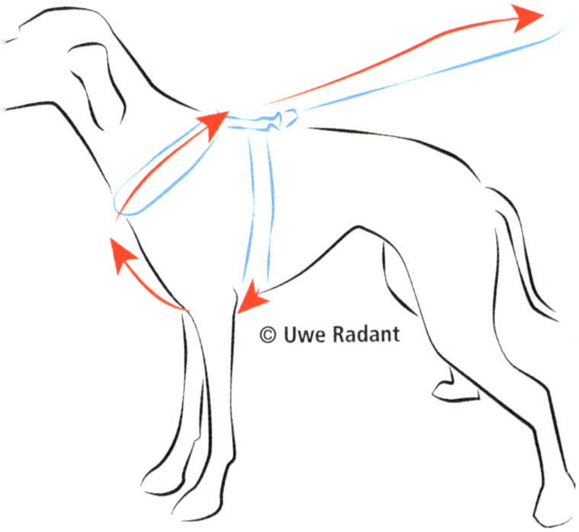

Kurzgeschirr mit senkrechtem Seitengurt und kurzem Rückensteg. Es erzeugt keinen Gegenzug auf die Brustpartie. Der über den Rückensteg auftretende Zug bewirkt ein Verschieben der seitlichen Gurte unter die Achseln und Richtung Luftröhre. Es ist nicht als Zuggeschirr geeignet!

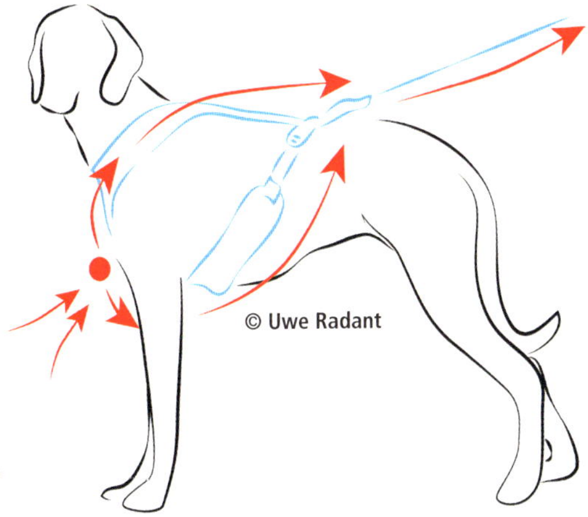

SAFETY-Geschirr: Hier verteilt sich der auftretende Zug am Rückensteg auch auf die Seitengurte. Der Gegenzug durch die Seitengurte verhindert, dass sich die Brustauflage Richtung Hals/Luftröhre verschiebt. Es eignet sich als Zug- und Führgeschirr.

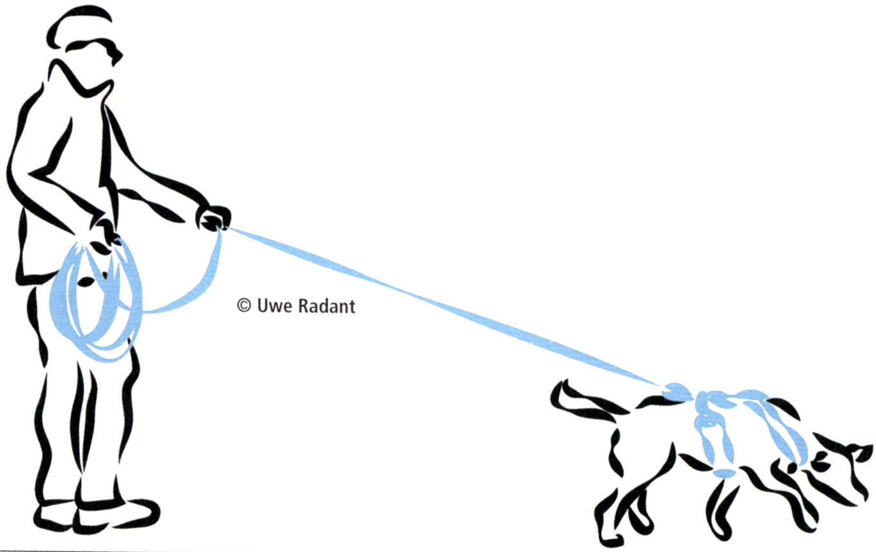

Kurzgeschirre eignen sich für Maintrailing und Fährtensuche.

Kurzgeschirre mit senkrecht verlaufendem Seitengurt tendieren dazu, keinen Gegenzug auf die Brustpartie aufzubauen. Auftretender Zug lastet hauptsächlich auf dem Rückensteg und im schlimmsten Fall führt ein solches Geschirr dazu, dass sich der Halsausschnitt in Richtung Luftröhre des Hundes verschiebt. Bei empfindlichen Hunden könnte das zu Röcheln oder Husten führen. Kurze Zuggeschirre sind speziell für die Zugarbeit konzipiert worden und eignen sich daher für alle Aktivitäten, in denen der Hund unter Zug arbeitet. Dies gilt aber nur, solange der Zug von oben kommt – kommt der Zug von unterhalb des Hunderückens, könnte die Jöringleine auf dem Rückenbereich des Hundes scheuern und zu Abschürfungen und Verspannungen führen. Selbst eine in losem Zustand sich angenehm weich anfühlende Jöringleine wirkt straff gespannt unter Zug unangenehm hart wie ein Stahlseil auf dem Hund. Kurzgeschirre sollten daher nicht an Trainingswagen oder Hundeschlitten genutzt werden. **Somit ist das Kurzgeschirr geeignet für gelaufene Sportarten wie Canicross oder Dogtrekking als auch für das Dogscooting oder Bikejöring.** Auch als Geschirr für das Mantrailing oder die Fährtensuche ist das Kurzgeschirr hervorragend geeignet. Selbst als normales Alltagsgeschirr – ohne aktiven Zug – können kurze Zuggeschirre genutzt werden.

Im Wettkampf werden kurze Geschirre an Bike oder Scooter seltener genutzt. Sie sind in der Regel in vielen Größen erhältlich.

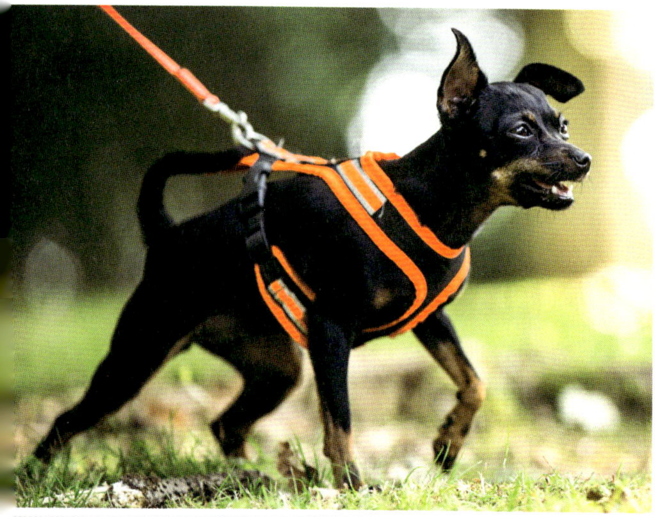

Kleinsthund Fredda im Kurzgeschirr beim Mantrailing. Ihre 2,7 kg reichen nicht, um einen Scooter zu bewegen.

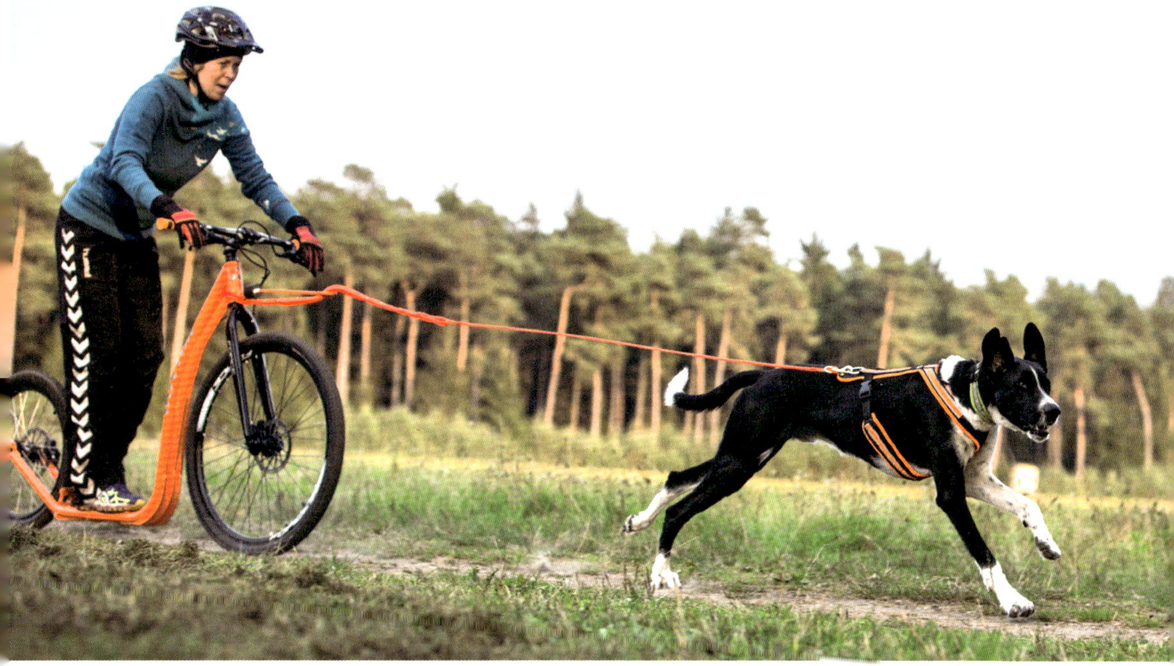

Den Blick immer voll auf den Hund konzentriert.

PULKAGESCHIRR

Bei den Pulkageschirren handelt es sich um spezielle Kurzgeschirre mit Befestigungsringen/-schnallen an den seitlichen Brustwänden des Hundes. Hier wird keine Leine, sondern der sogenannte Zugbügel oder eine Zugstange am Geschirr befestigt. Normale Pulkageschirre sind nicht geeignet für die übliche Leinenanspannung, wie es bei Canicross, Bikejöring oder Dogscooting der Fall ist. Sie werden beim Skijöring mit der Pulka oder dem Fahren mit dem Zugbügel bei entsprechend ausgestatteten Trikes genutzt. Auch für das Ziehen eines Bollerwagens mit Zugbügel sind diese Geschirre geeignet (siehe S. 146 ff.).

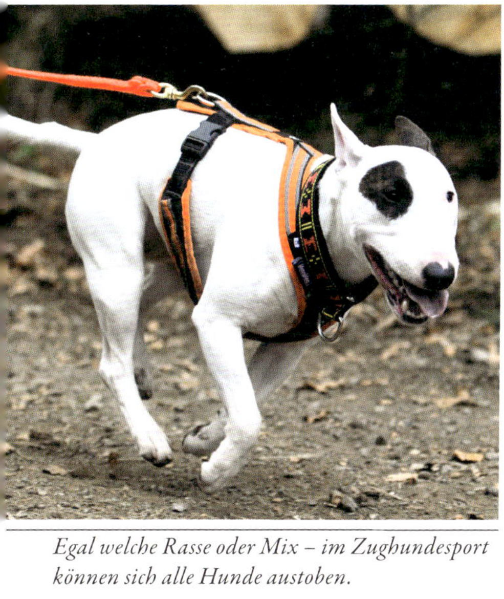

Egal welche Rasse oder Mix – im Zughundesport können sich alle Hunde austoben.

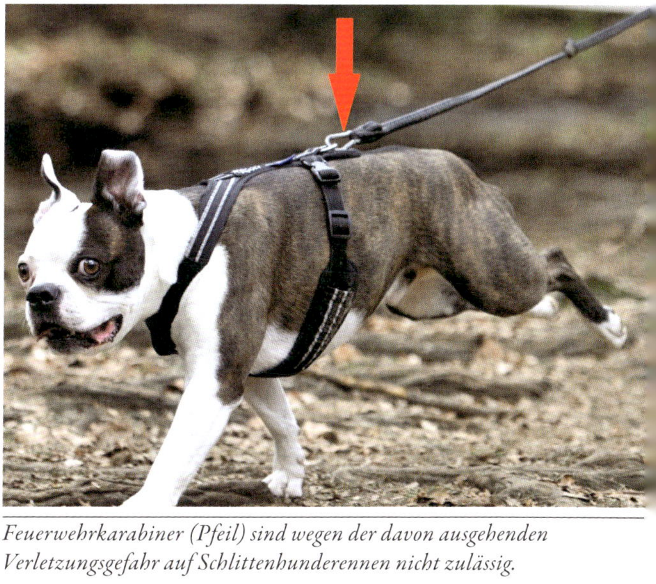

Feuerwehrkarabiner (Pfeil) sind wegen der davon ausgehenden Verletzungsgefahr auf Schlittenhunderennen nicht zulässig.

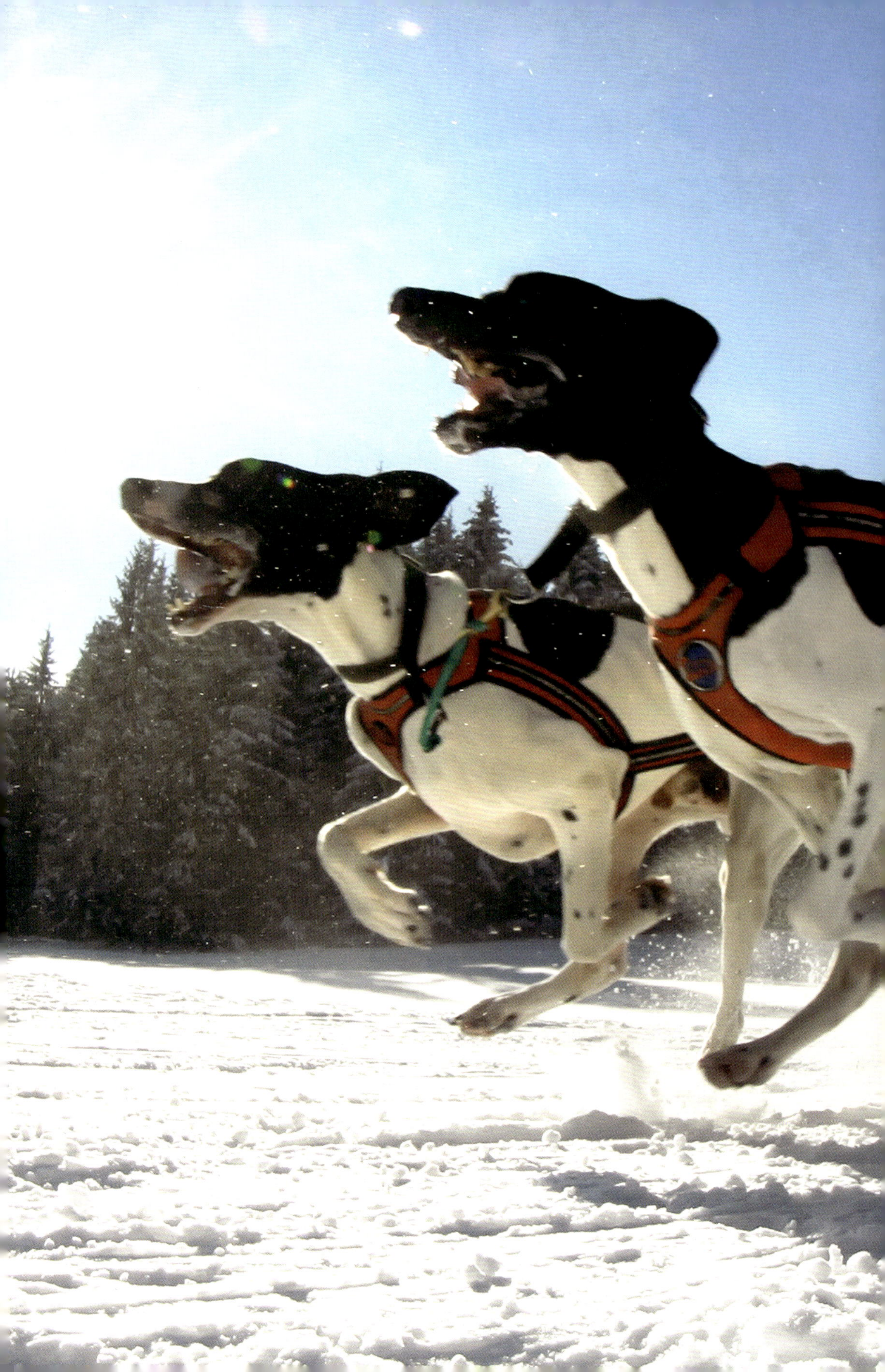

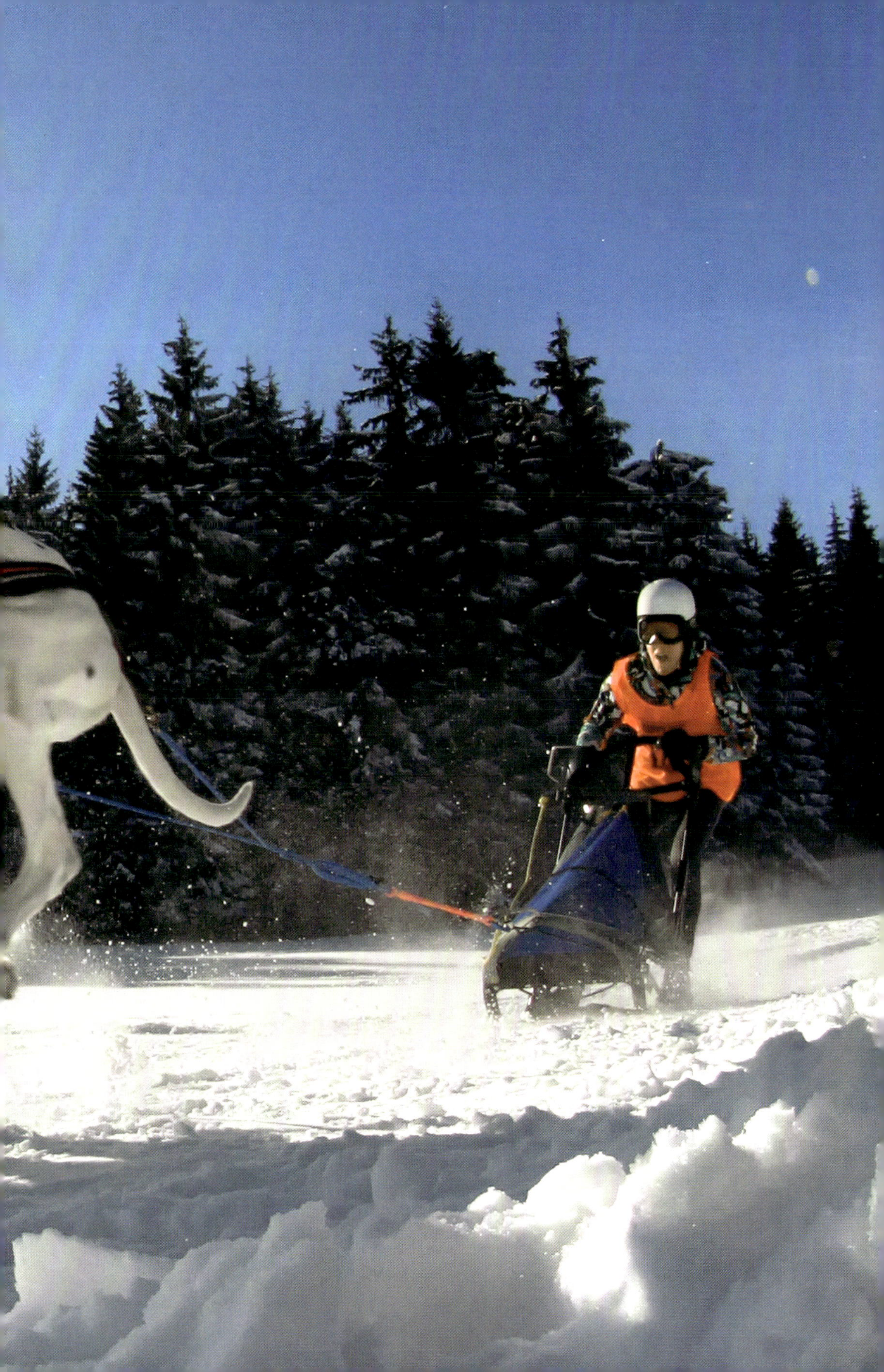

LANGGESCHIRRE

Lange Geschirre enden im Bereich der Schwanzwurzel und übertragen die Zuglast über die Flanken und seitlichen Brustwände nach vorn auf die Brust-, Hals- und Schultergürtelmuskulatur, den Zugpunkt. Langgeschirre eignen sich gleichermaßen für die Arbeit, bei der der Zug von unterhalb des Rückens kommt (Trainingswagen, Hundeschlitten), als auch für die Arbeit, bei der der Zug von oberhalb des Rückens kommt (Canicross-Gurt, Bike, Dogscooter).

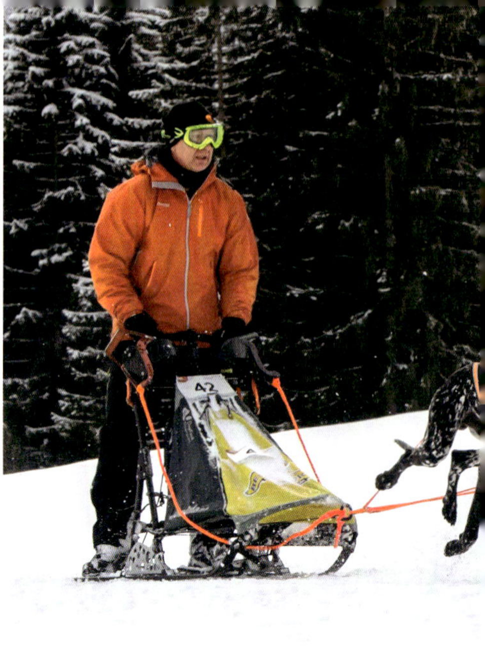

Anspannung vor dem Schlitten.

REGELN ZUR PASSFORM VON LANGGESCHIRREN

— Jedes Zuggeschirr, egal ob kurze oder lange Variante, soll wie ein maßgeschneiderter Sportanzug sitzen: auf keinen Fall zu weit, aber auch nicht zu eng. **Die Passform ist immer unter strammem Zug im Stand oder idealerweise unter Zugbelastung in Bewegung zu beurteilen.** Sobald kein Zug mehr auf dem Geschirr lastet, erscheint das Geschirr zu klein/kurz/eng – das ist normal! Würden wir ein Geschirr wählen, das ohne Zug optimal passt, würde es unter Zug deutlich zu groß sein.

— Die optimale Halsweite ist so bemessen, dass der Kopf des Hundes eng hindurchpasst. Sie darf nicht so groß sein, dass die Gurte auf die Schulterpartie oder Schultergelenke rutschen, sondern davor liegen. Dazu beugen wir am stehenden Hund die Vordergliedmaße am Ellenbogen nach hinten-oben, so dass das Schultergelenk sicht- bzw. fühlbar wird und der Sitz des Halsteils beurteilt werden kann. Achtet darauf, dass hinter den Achseln genug Platz ist und kein Gurtband scheuert. Ist das Halsteil zu eng, kommt dieses zu weit oben zum Liegen und kann wichtige Nervenbahnen sowie die Luftröhre quetschen!

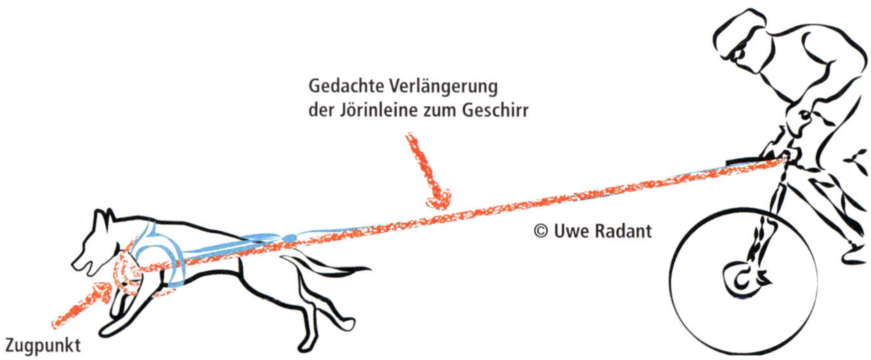

Zugpunkt am Faster-Langgeschirr. Der Zug kommt von oberhalb des Hunderückens, das Endstück hebt sich etwas vom Hunderücken ab.

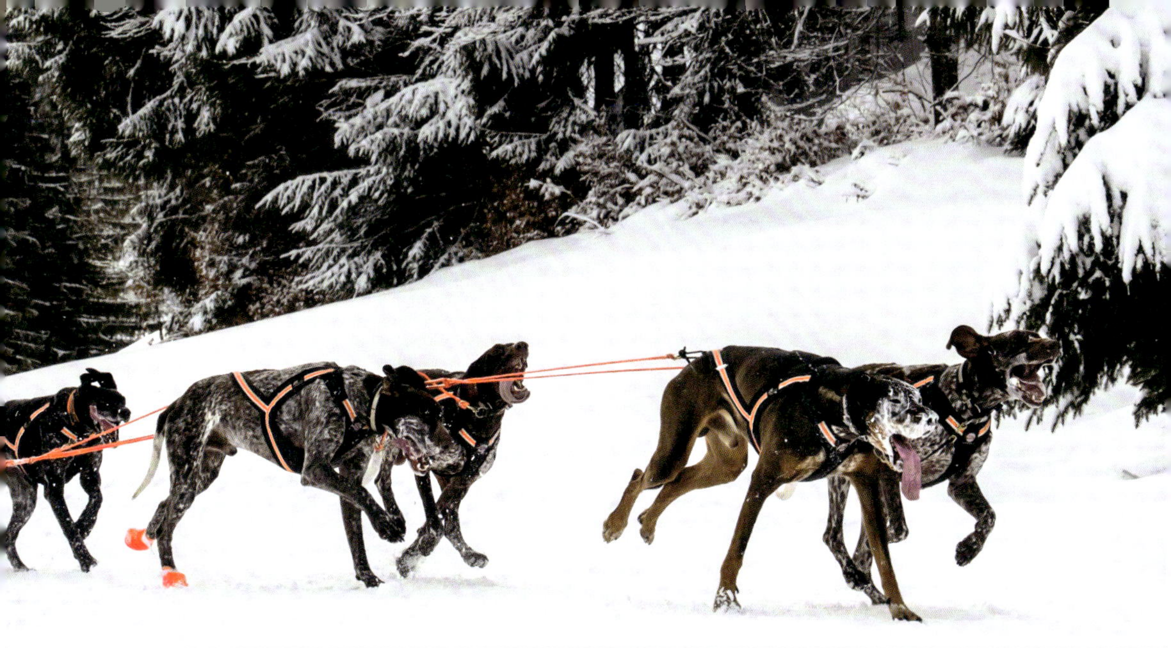

Hier verläuft die Tugline (siehe S. 49) von unten vom Schlitten weg nach schräg oben zum Hund.

— Die korrekte Länge der Geschirre endet unter strammem Zug am Rutenansatz (hier ist das Gurtmaterial gemeint, nicht die Schlaufe, in der die Leine eingehakt wird). Ist das Geschirr zu lang, so rutschen die seitlichen Bänder über Hüfthöcker oder sogar Hüftgelenk und können dort Druck ausüben, der auch zu Blockaden im Kreuz-Darmbein-Gelenk führen kann. Zudem können bei einem zu langen X-Back-Geschirr die seitlichen Bänder so weit verrutschen, dass die unteren Bänder auf dem ungeschützten Bauch liegen. Jeder kann sich vorstellen, wie unangenehm dieser Druck sein muss!

Da bei den von uns vorgestellten Sportarten kaum Druck nach unten, sondern nach oben ausgeübt wird und die Geschirre zum Teil sogar vom Hunderücken abheben, ist die Länge nicht von ganz so großer Wichtigkeit – 2 bis 3 Zentimeter zu lang oder zu kurz können meist toleriert werden, solange die restliche Passform im vorderen Bereich optimal ist. Die Langgeschirre sind über Jahre weiterentwickelt worden – es gibt viele verschiedene Variationen zu kaufen. Für bestimmte Hundetypen eignen sich bestimmte Variationen besser als andere. Das muss immer individuell beurteilt werden. Einige davon möchten wir genauer vorstellen.

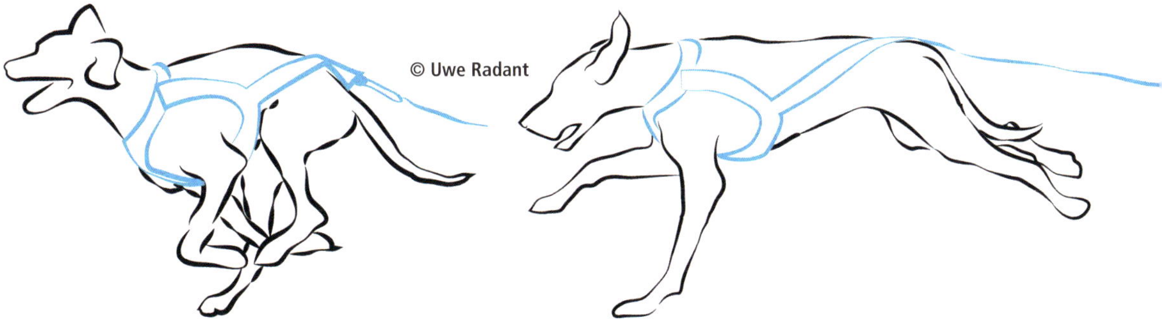

Im Einsatz vor dem Schlitten oder vierrädrigen Trainingswagen verläuft der Zug vom Hunderücken nach schräg unten. Die unterschiedlichen Geschirrverstrebungen liegen hierbei auf dem Hunderücken auf.

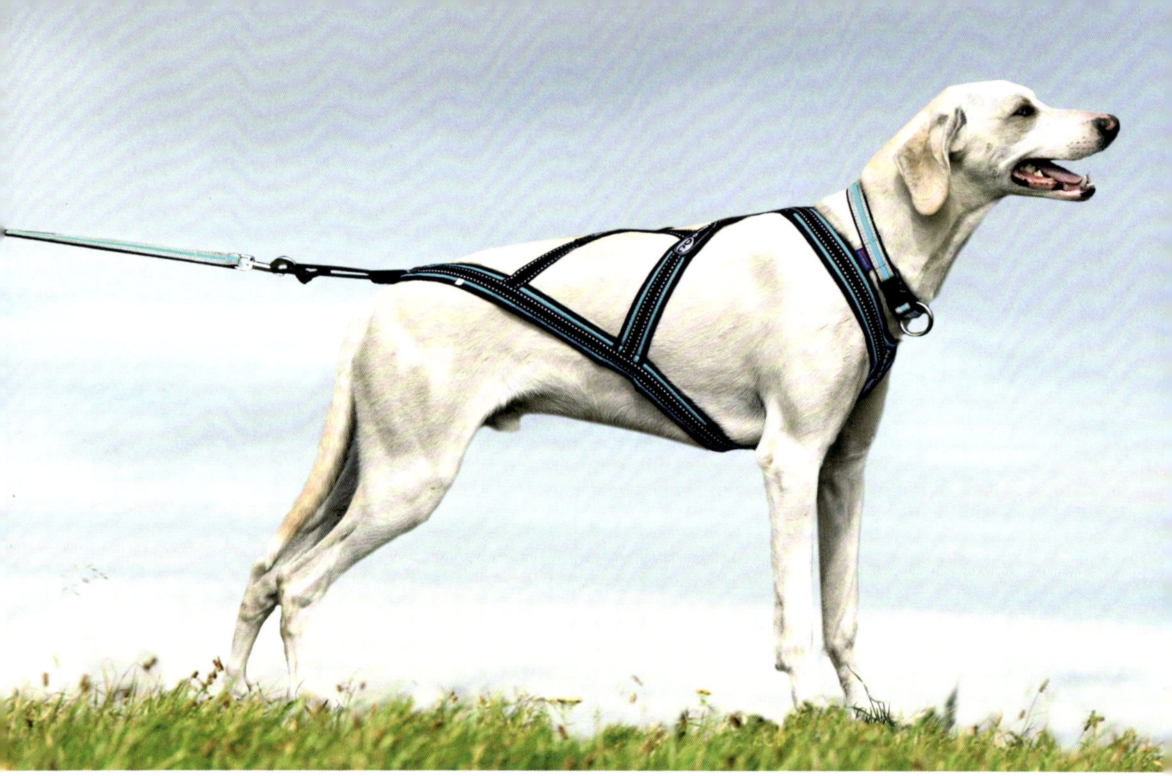

01

X-BACK-GESCHIRR

Das X-Back-Geschirr ist ein klassisches Renngeschirr im Schlittenhundebereich und hat seinen Namen durch das „X" im Rückenteil erhalten. Der Zug wird von hinten über die seitlichen Gurte nach unten auf das Brustbein und den unteren Halsbereich geführt und über die oberen Gurte in den Nacken geleitet. Das X soll dem Hunderücken „Gegendruck" geben, wenn dieser sich aufwölbt – dies ist besonders bei der Anspannung vor dem Hundeschlitten oder dem Trainingswagen der Fall, da die Zugleine hier von unterhalb des Hunderückens kommt.

Da die Anspannung beim Canicross, Bikejöring oder Dogscooting wie schon erwähnt von oberhalb des Hunderückens kommt, erfährt der Rücken in diesen Sportarten wenig Geschirrkontakt und das X sowie der hintere Geschirrteil sind von eher untergeordneter Wichtigkeit (Grafik siehe S. 21).

X-Back-Geschirr mit variablem Loop

Einige X-Back-Geschirre haben am hinteren Ende an der Zugschlaufe (Loop) ein variables Endstück eingebaut, das einen schiefen Zug ausgleichen soll.

Bei den X-Back-Geschirren ist es enorm wichtig, dass sie auf dem Hundekörper passgenau sitzen. Sind die Geschirre auf dem Rücken zu groß, wird die Zuglast nicht mehr korrekt auf die Brust und seitliche Halsregion verteilt und kann im Extremfall sogar den Nacken stark belasten. Deshalb empfehle ich bei X-Back-Geschirren immer eine Anpassung/ Beurteilung durch einen Profi.

01 Typisches X-Back

02 X-Back-Geschirr – der Bauchbereich ist frei, das Geschirr endet im Bereich der Schwanzwurzel.

03 X-Back-Geschirr mit variablem Loop. Er soll leichten Schrägversatz ausgleichen.

04 Der Zug der Leine wird direkt auf die Unterlinie übertragen – sichtbar daran, dass der Gurt (Pfeil) einschneidet. Wichtig dabei ist, dass gleichzeitig ausreichend Gegenzug über die Rückenstreben (X-Back oder H-Back) auftritt, damit der Zug am Halsausschnitt nicht auf dem Nacken lastet.

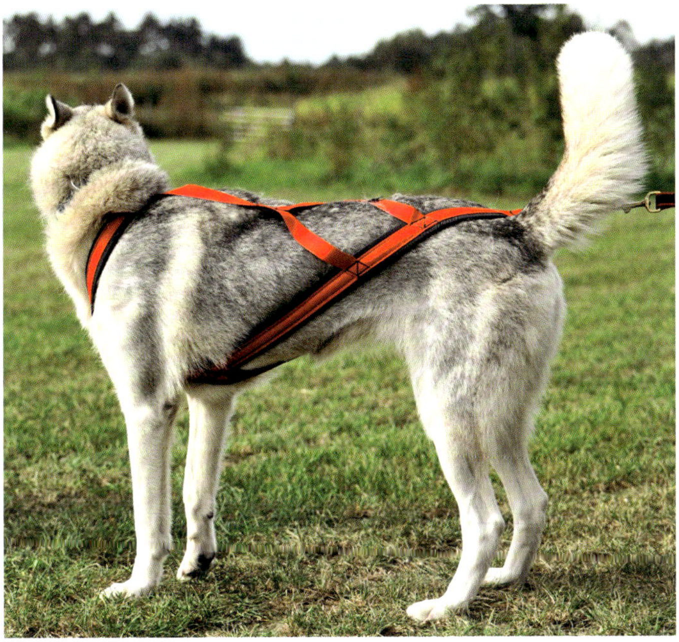

02

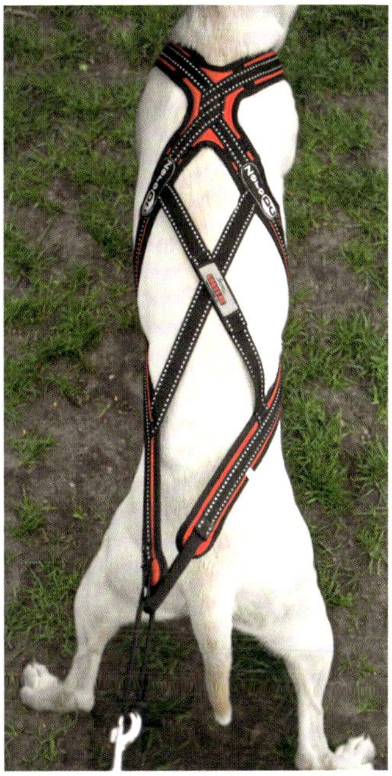

03

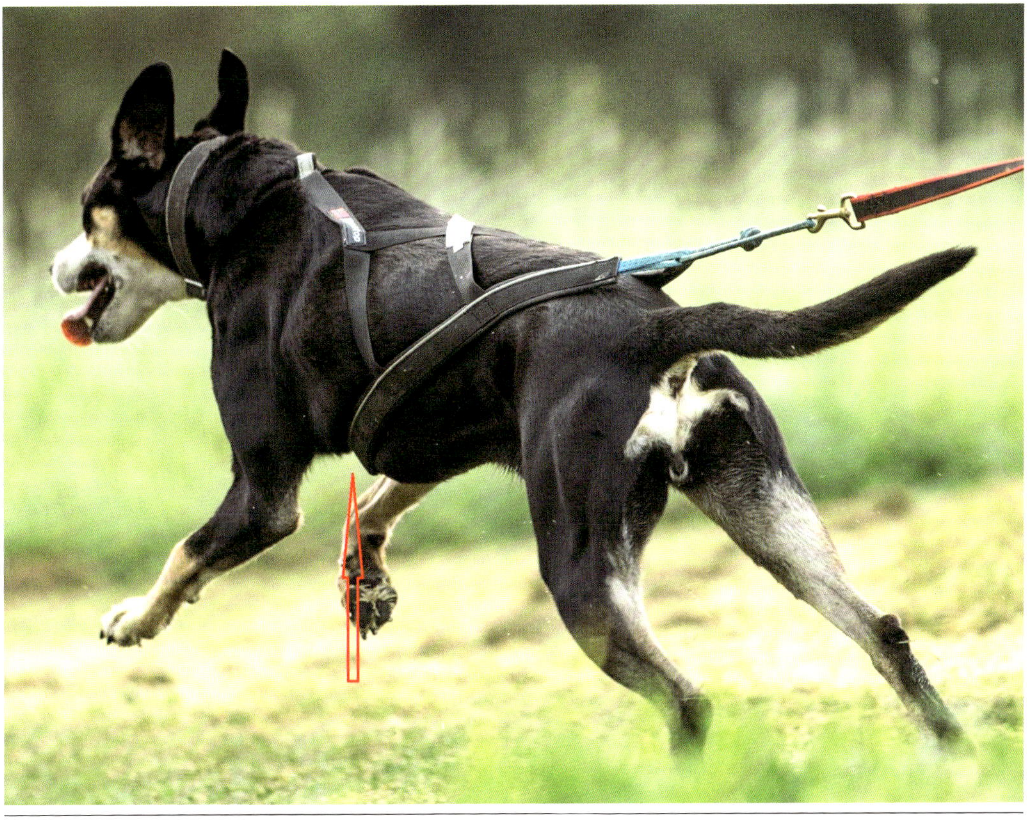

04

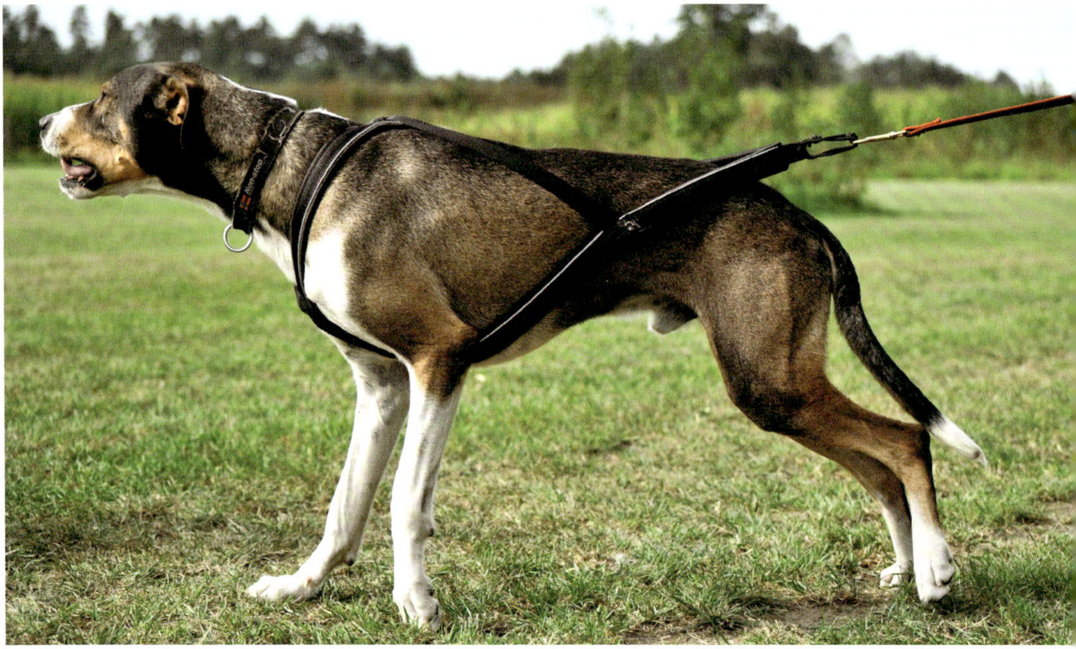

V-Back-Geschirr – das Endstück hebt sich ab, da der Zug von oben kommt.

Zu großes X-Back-Geschirr

Der Hauptzug lastet im Nacken des Hundes, weil die Rückenverstrebung locker aufliegt und somit keinen Gegenzug auf den Halsausschnitt leistet.

Verrutschen des X-Back-Geschirrs

Meist verrutscht das Geschirr, wenn sich der Mensch nicht hinter seinem Hund, sondern daneben befindet. Somit verzieht sich das Geschirr sehr stark zur Seite. Dies geschieht unabhängig vom Geschirrtyp. Auch das bestsitzendste Geschirr verzieht sich bei zu starkem seitlichem Zug. Beim Fahren oder Laufen sollte also immer darauf geachtet werden, möglichst hinter dem Hund zu bleiben und seiner Linie zu folgen.

Bei Hunden mit schmalem/spitzem Brustbein ist die Passform der Grund für das Verrutschen, vor allem, wenn sich der Fahrer hinter seinem Hund befindet. Bei diesen Hunden findet der Bruststeg keinen Halt und rutscht unweigerlich zur Seite. Der Fahrer erkennt aus seiner Perspektive nicht, ob das Geschirr gut sitzt oder verrutscht ist. Einseitige Zugbelastung ist die Folge und kann auf Dauer zu Verspannungen der Muskulatur und Wirbelsäule führen.

V-BACK-GESCHIRR

Das V-Back-Geschirr ist eine Variante des X-Back-Geschirrs. Ihm fehlt das X im Rücken und soll dem Hund damit eine große Beweglichkeit im Rückenbereich ermöglichen. Es soll laut Hersteller besonders geeignet sein für kürzere Distanzen, bei niedrigerer Zuglast.

H-BACK-GESCHIRR

Das H-Back-Geschirr ist eine Variante, bei der der Zug am Rücken über zwei lange seitliche Gurte nach vorn zum Zugpunkt geleitet wird. Dadurch soll dem Hund mehr seitliche Stabilität gegeben werden. Hier ist gut zu sehen, dass die Verstrebung den Nacken entlastet.

Eingesetzt werden diese Geschirre zeitweise auf Langstrecken, bei denen die Hunde viel im Trab laufen. Für die Zugarbeit, die wir hier zum Thema haben, erachten wir diese Geschirrart als weniger geeignet.

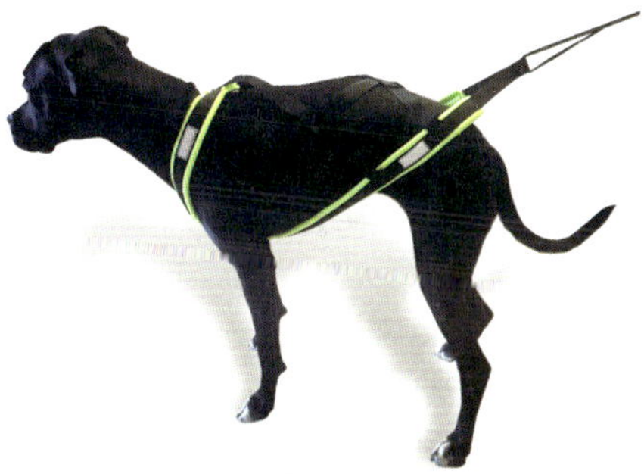

Zu großes X-Back-Geschirr

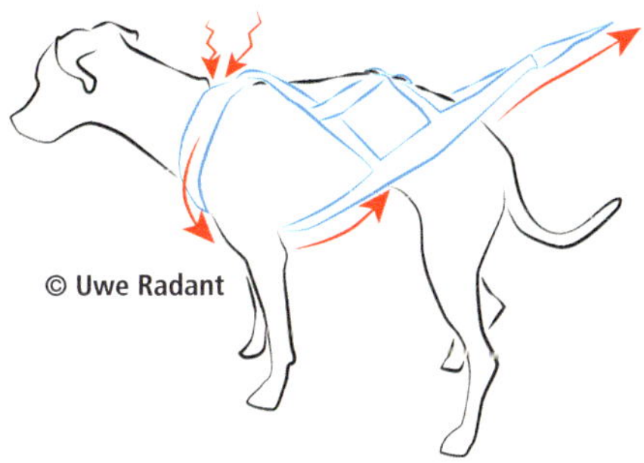

Der Zug wird in den Nacken geleitet.

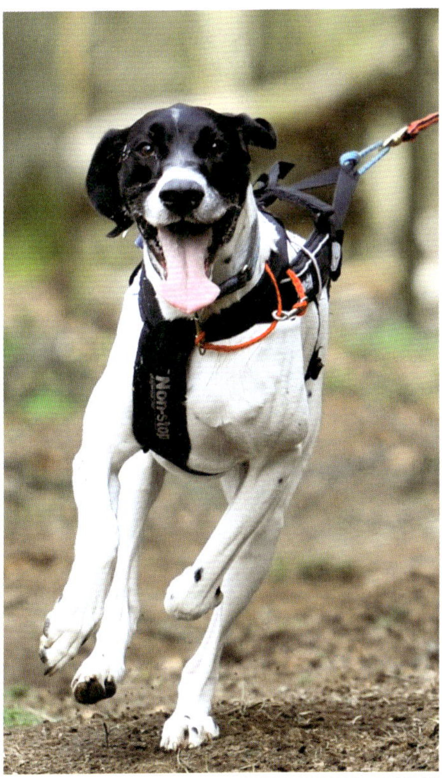

Der Mensch befindet sich nicht hinter seinem Hund, sondern daneben.

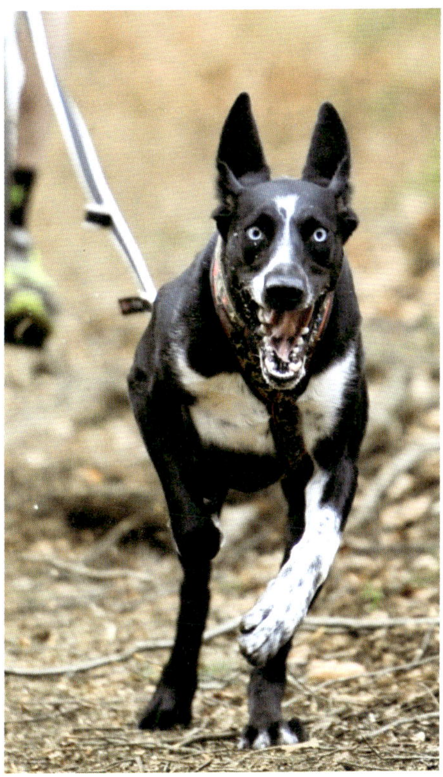

Das Geschirr ist verrutscht, obwohl der Fahrer auf der Linie des Hundes fährt.

FASTER-GESCHIRR

Das Faster-Geschirr ist eine moderne Weiterentwicklung der traditionellen Langgeschirre. Das Geschirr gewährt dem Hund viel Rückenfreiheit für eine maximale Aufwölbung im Galoppsprung und verteilt die Zuglast vorn auf einer breit geformten Auflagefläche. Ähnlich dem X-Back-Geschirr wird der Zug über die Flanken und seitlichen Brustwände über die Schulter bis zum seitlichen Halsansatz, vordere Brust und der Unterlinie verteilt. Die breite Auflagefläche ermöglicht, dass das Geschirr mittig auf dem Zugpunkt fixiert ist und die Zuglast großflächig auf der Brust des Hundes verteilt wird. Die besonders großflächige Brustauflage soll einem seitlichen Verrutschen des Geschirrs entgegenwirken.

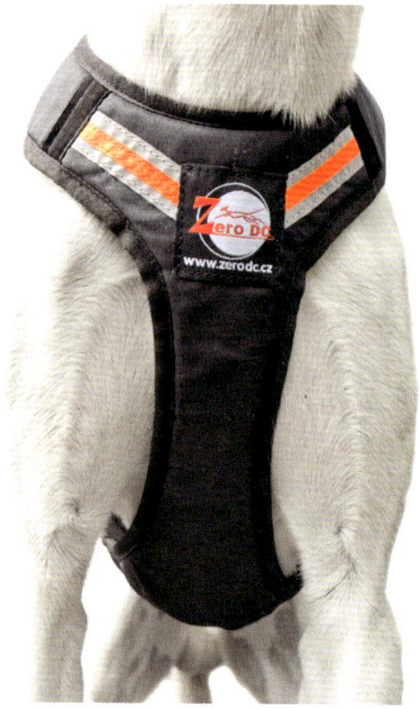

Faster-Geschirr mit großflächiger Brustauflage.

Eignung des Faster-Geschirrs

Es eignet sich gleichermaßen für die Zugarbeit mit hoher Anspannung (Canicross, Bike, Dogscooter) als auch niedriger Anspannung (Wagen, Schlitten).

Das Faster-Geschirr nutzen wir seit vielen Jahren für unsere Hunde. Es unterscheidet sich von herkömmlichen Geschirren auf Gurtbandbasis durch eine maßgeschneiderte, an den Hundekörper angepasste großflächige Auflagefläche. Auf dem Foto oben gut zu sehen, wie perfekt mittig der Bruststeg der Faster-Geschirre sitzt. Das ist bei Gurtbandgeschirren nicht immer selbstverständlich. Beim Faster-Geschirr sind Sonderanfertigungen möglich, z. B. können Rückenlänge oder Halsausschnitt angepasst werden.

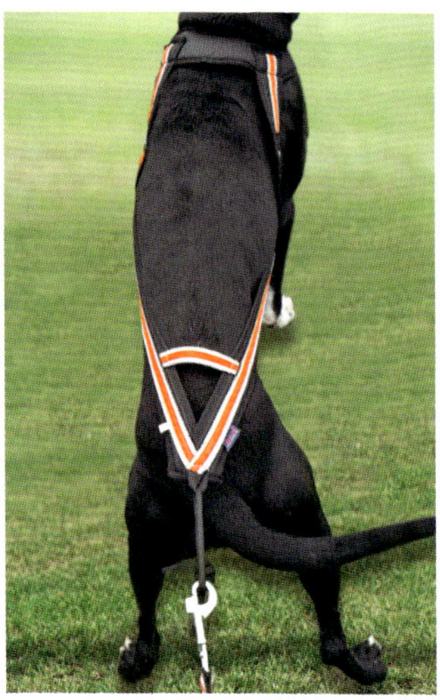

Am Rutenansatz endet das Faster-Geschirr.

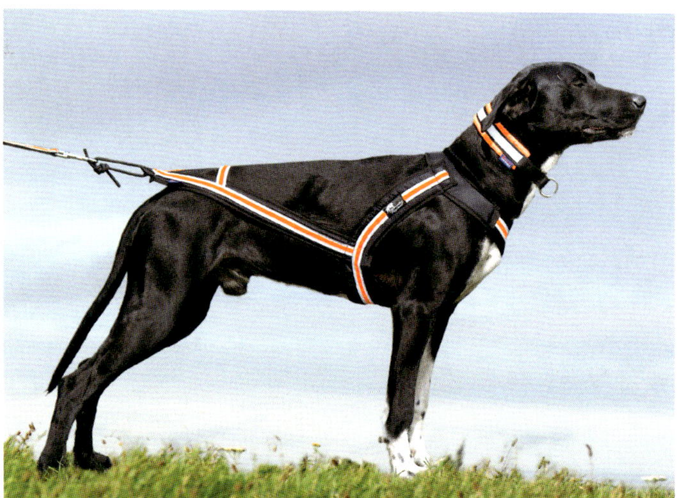

Der freie Rücken beim Faster-Geschirr ermöglicht dem Hund einen ungehinderten Bewegungsablauf im „High Speed".

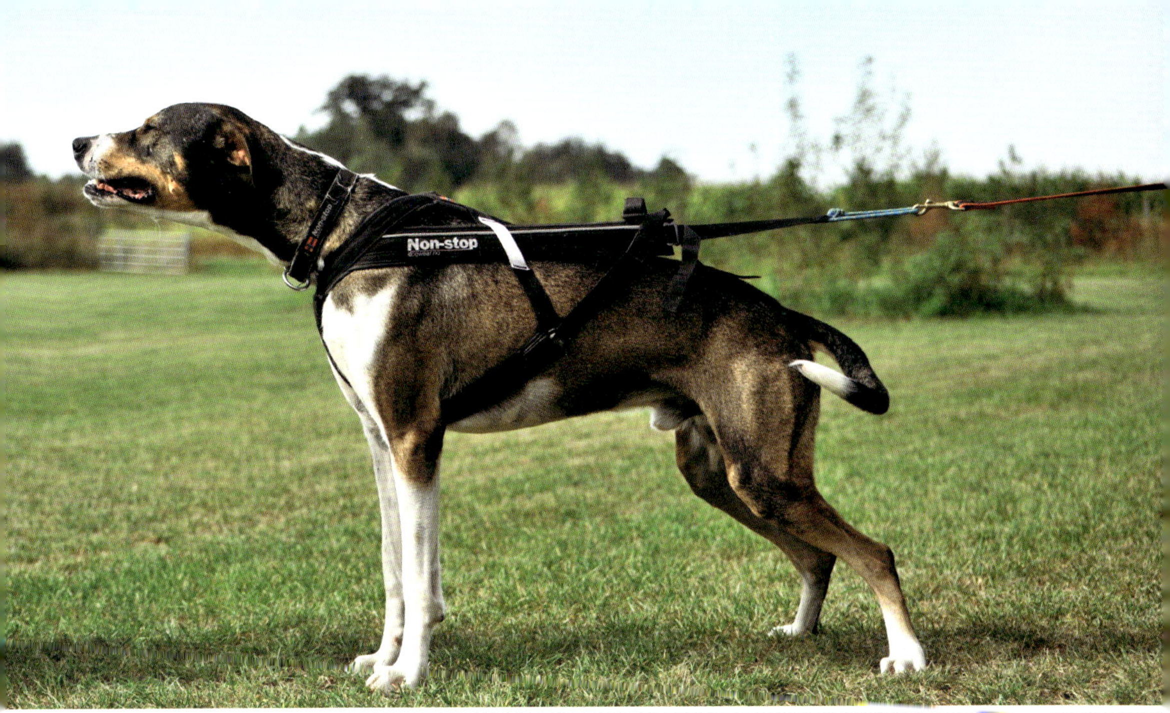

Durch die H-Form des Geschirrs wird der Halsausschnitt unter Belastung zu den Seiten geweitet.

FREE-MOTION-GESCHIRR

Dieses Geschirr ist für die Anspannung beim Canicross, Bikejöring oder Dogscooting entwickelt worden – also Sportarten, bei denen der Zug von oberhalb des Hunderückens kommt. Es wird in der Rennszene häufig eingesetzt und ist eine Art H-Back-Geschirr (siehe S. 32). Bei diesem Geschirr verteilt sich der Zug über die seitlichen oberen Brustwände hauptsächlich an die seitliche Halsmuskulatur und durch die unteren Gurte, in die ein Gummizug eingearbeitet wurde, auf das Brustbein. Es hat eine aufwendige Rückenkonstruktion und ist gegenüber anderen Geschirren deutlich schwerer, dafür aber vielfach verstellbar. Es muss individuell vor Ort auf den Hund eingestellt werden.

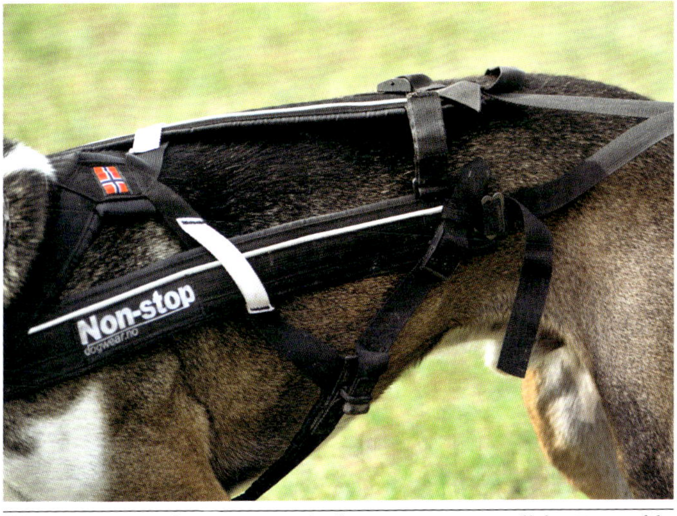

Ein seitlich eingearbeiteter, auswechselbarer Gummigurt soll den Zug auf die Unterlinie dämpfen. Bei hoher Zugleine hebt sich der hintere Rückenteil ab.

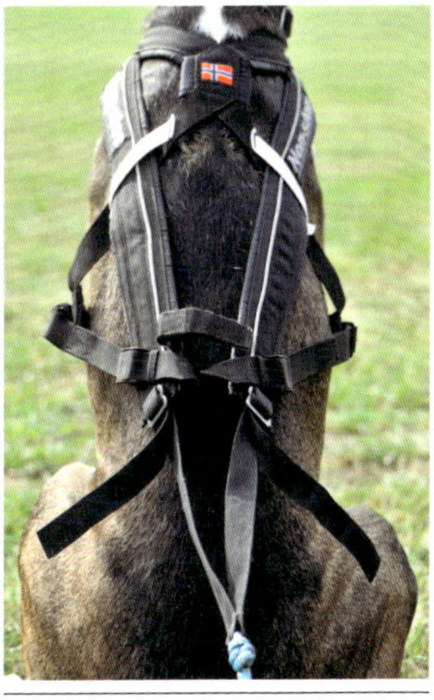

Mit Riemen ist dieses Geschirr vielfach verstellbar.

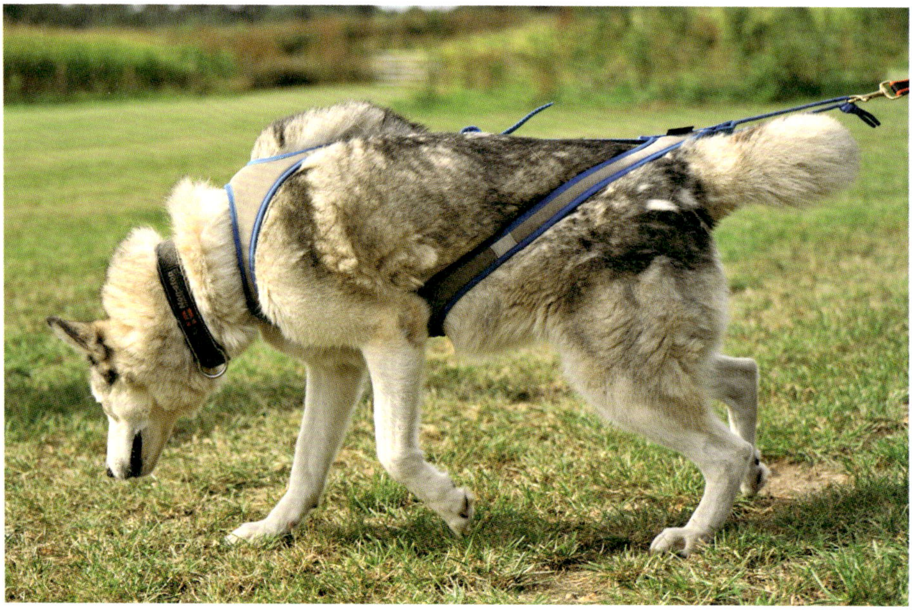

Lash-Geschirr mit rundem Halsausschnitt und großer Schulterfreiheit.

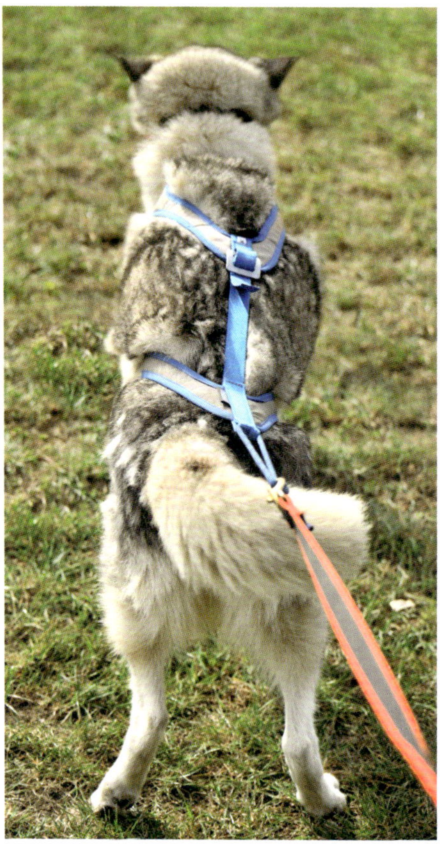

Es lässt sich individuell in der Länge einstellen.

LASH-GESCHIRR

Eine moderne Weiterentwicklung des klassischen Langgeschirrs ist das Lash-Geschirr. Auf dem Foto sieht man ein Geschirr mit einem rund geformten Halsausschnitt. Vorteil dieses Modells ist die individuelle Einstellmöglichkeit in der Rückenlänge.

UNGEEIGNETE GESCHIRRE FÜR DEN ZUGHUNDESPORT

Grundsätzlich ist vom Einsatz einfacher Führgeschirre im Zughundesport abzuraten, da es bei diesen Geschirren zu Reizungen von Schultergelenk (zu großer Halsausschnitt) und Rippen oder zu Quetschungen von Bauchorganen (zu langes Geschirr) kommen kann. Zu kurze Brustgurte können zudem hinter den Achseln scheuern, wenn dort zu wenig Platz bleibt (zu kurzes Geschirr). Auch die sogenannten „Norweger" (Brustblattgeschirr) werden immer wieder als Zuggeschirr angeboten. Diese verteilen den Zug quer über die Brust und können somit die Schultern und Schultergelenke blockieren. Für die Vorwärtsbewegung ist es jedoch wichtig, dass die Schultergelenke frei beweglich bleiben.

LANGGESCHIRR ANLEGEN

— am Beispiel eines Faster-Geschirrs

Als Einsteiger scheint das Geschirranlegen zu Beginn kompliziert – aber wenn man ein paarmal geübt hat, wird es zur Routine.
Wichtig Freundlich bleiben und den Hund nicht verunsichern, wenn es nicht auf Anhieb klappt!

SCHRITT 1

Das Geschirr wird zu Beginn „richtig herum" sortiert, zum Halsteil hin etwas zusammengerafft und dann zügig – aber nicht bedrohlich – dem Hund über den Kopf gestreift. Ist der Hund zwischen unseren Beinen fixiert, kann er nicht ausweichen. Beim ersten Geschirrüberstreifen sollte das jedoch nicht überfallmäßig ablaufen, sondern mit viel Geduld, Zeit und Streicheleinheiten.
Um den Vierbeiner zu fixieren, können wir ihn zwischen unsere Beine „klemmen". Dies aber bitte nicht bei unsicheren oder ängstlichen Hunden ausprobieren. Diese Hunde besser von der Seite aus anziehen, vielleicht auch in der Hocke – probiert es einfach selbst aus.
Tipp Diesen Schritt könnt ihr auch separat mit Leckerli, Klicker oder Spielzeug üben.

SCHRITT 2

Das Bein wird vorsichtig angewinkelt und durch den Ausschnitt geleitet. Wichtig ist, dass das Bein in jedem Gelenk gebeugt wird, bis es direkt am Körper anliegt. Nun kann – beginnend mit dem Handgelenk – das Bein durch den Ausschnitt geschoben werden. Bitte nicht mit der gestreckten Pfote voran – hier könnte es passieren, dass der Hund mit einer Kralle, besonders gern der Daumenkralle, im Gurtband schmerzhaft hängenbleibt.

SCHRITT 3

Zum Schluss wird das Geschirr nach hinten geschoben und der korrekte Sitz überprüft. Dadurch sollte es sich von allein zentrieren.

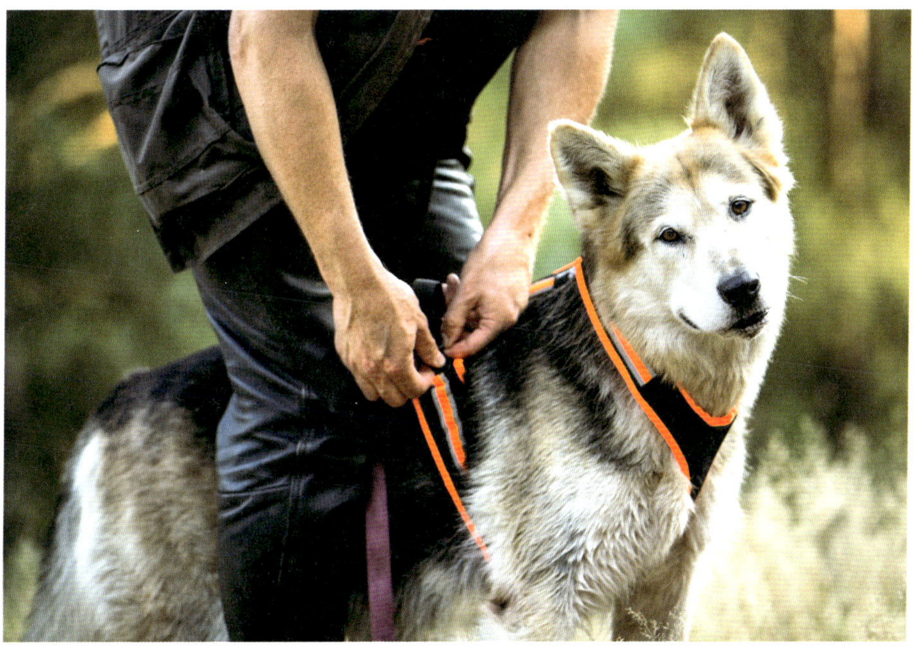

Das SAFETY kann in der Umfangsweite verstellt werden.

GESCHIRR
— richtig anziehen

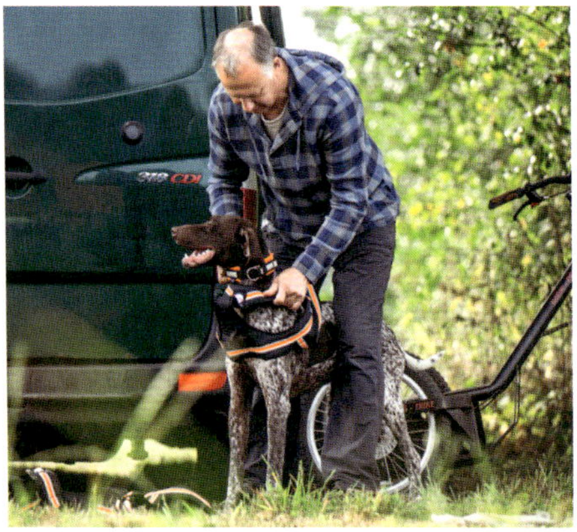

01

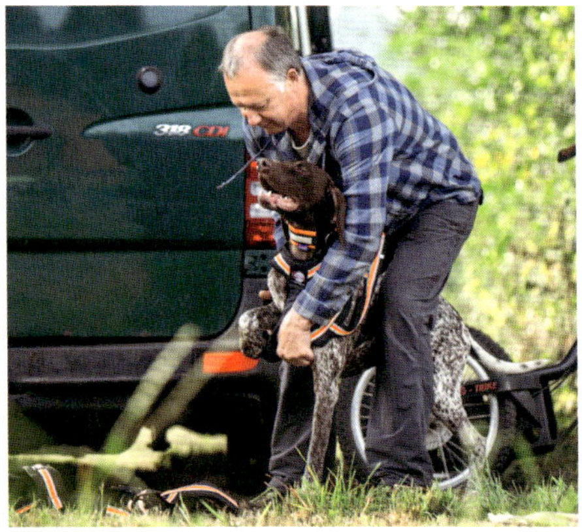

02

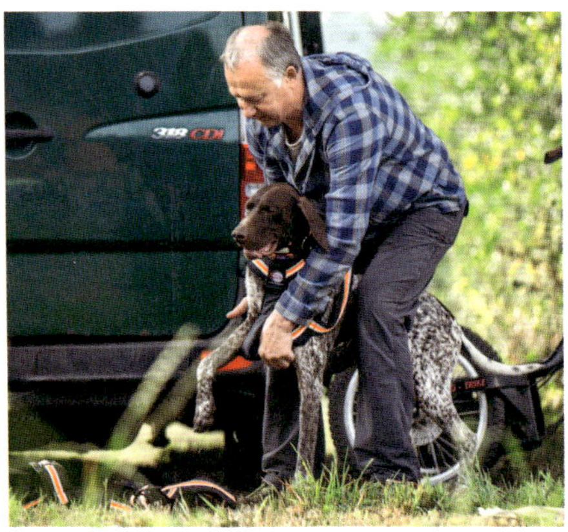

03

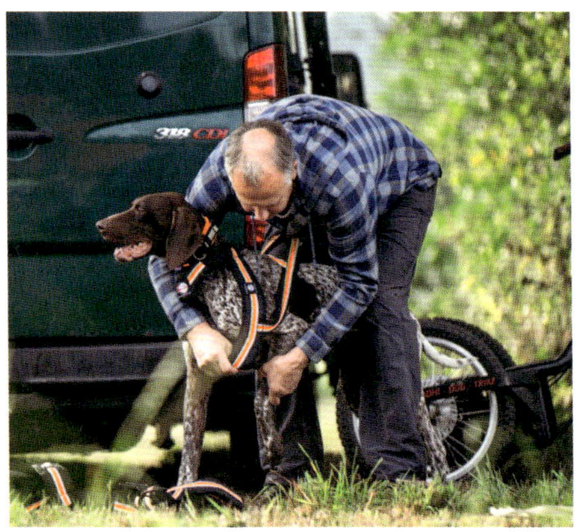

04

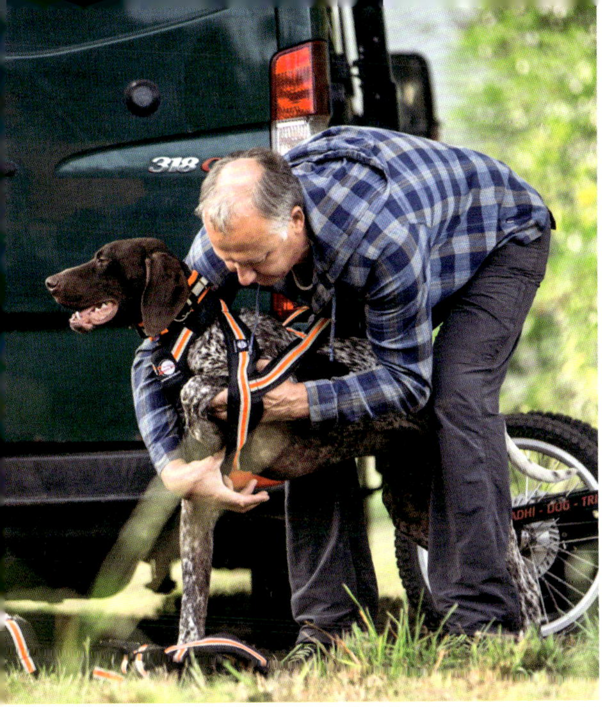

05

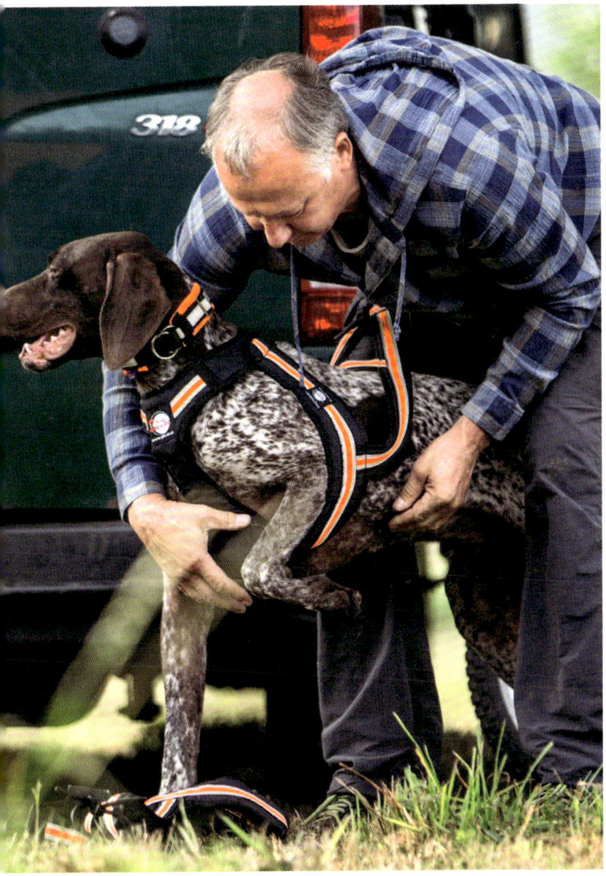

06

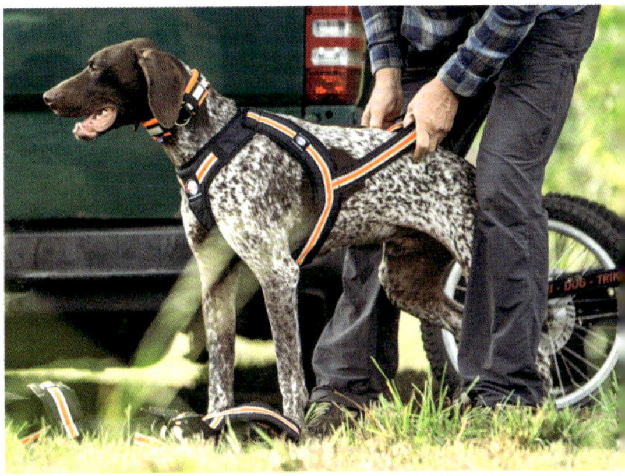

07

01 *Der (nicht ängstliche) Hund wird zwischen den Beinen fixiert und das Geschirr über den Kopf gezogen.*

02 *Das erste Vorderbein wird angewinkelt und durch das richtige Geschirrteil geschoben.*

03 *Das erste Bein ist im richtigen Geschirrteil.*

04 *Nun kommt das zweite Bein an die Reihe.*

05 *Vorsichtig wird das angewinkelte Bein durch den Gurt geschoben.*

06 *Auch das zweite Bein ist durch.*

07 *Das Geschirr wird nach hinten gezogen und zentriert.*

AUSRÜSTUNG FÜR HUND UND SPORTLER

SCHUTZ DER PFOTEN – BOOTIES

Booties sind kleine Schuhe aus festem Nylonstoff, die Ballen, Krallen und Zwischenzehenräume schützen, wenn die Hunde auf Untergründen mit Verletzungsrisiko arbeiten. Auch bei leichten Verletzungen der Pfoten oder Krallen kann damit eine einzelne Pfote geschützt werden.

Das Risiko, wie schnell sich ein Hund verletzt, hängt stark davon ab, wie intensiv er arbeitet, also wie stark er vom Boden abdrückt. So kann es auf scharfem Untergrund wie Asphalt, spitzem Schotter oder verharschtem Schnee schnell zu Abschürfungen der Ballenhaut kommen oder Krallen werden so stark abgenutzt, dass sie bluten. Bei Hunden mit Fellbesatz zwischen den Zehen können Schneeklumpen zu sogenannten Cuts führen und natürlich sehr unangenehm sein.

In der Regel brauchen wir unseren Hunden bei geeignetem Untergrund keine Booties anzuziehen. Wenn man nicht auf Asphalt verzichten kann oder wenn der Hund sehr empfindlich ist, sollte man prophylaktisch booten (= Booties verwenden). Booties verschleißen je nach Hund und Untergrund recht schnell, deshalb sollten immer genügend Paare bei der Trainingsausrüstung vorrätig sein und müssen bei Benutzung regelmäßig ersetzt werden.

ABHÄRTUNG DER PFOTEN

Die Ballen unserer Hunde können bis zu einem gewissen Grad abgehärtet und somit widerstandsfähiger werden, je häufiger wir mit ihnen auf schwierigen Untergründen trainieren. Abschürfungen der Ballenhaut treten besonders zu Beginn der Trainingssaison auf. Die dann nachwachsende Ballenhaut ist unempfindlicher und widerstandsfähiger.

WIE ZIEHE ICH BOOTIES AN?

Booties werden mit einem elastischen Klettverschluss über der Pfote stramm anliegend, aber nicht zu eng, verschlossen. Der Bootie soll nicht abschnüren, aber auch nicht verlorengehen.

Die Passform sollte so gewählt sein, dass der Bootie noch etwas Luft bietet und sich die Pfote physiologisch spreizen kann. Flach ausgelegt, sind sie also etwas größer als die Hundepfote. Die meisten Hunde sind zuerst irritiert und fühlen sich sichtlich unwohl mit ihrem neuen Schuhwerk. Damit unsere Sportler sich schnell an die Booties gewöhnen, legen wir diese nicht zu Hause an (und lachen womöglich noch darüber), sondern besser draußen. Am besten ihr versucht durch Spiel

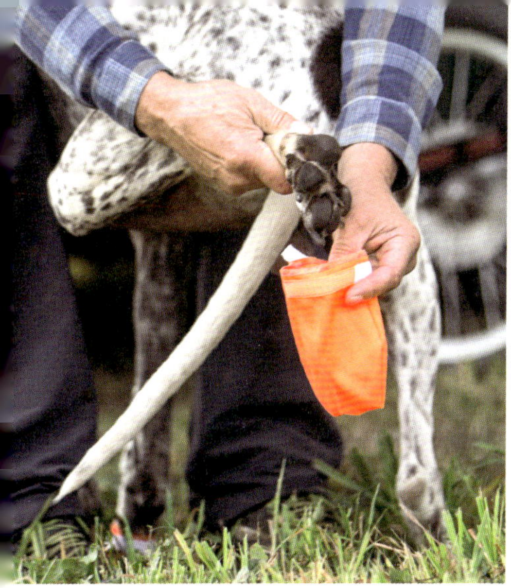

01

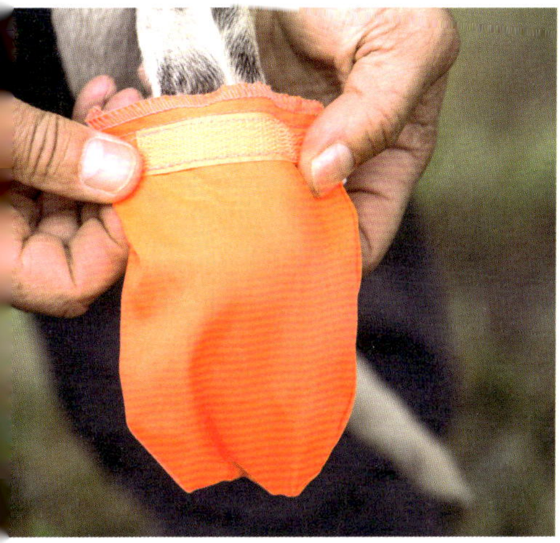

02

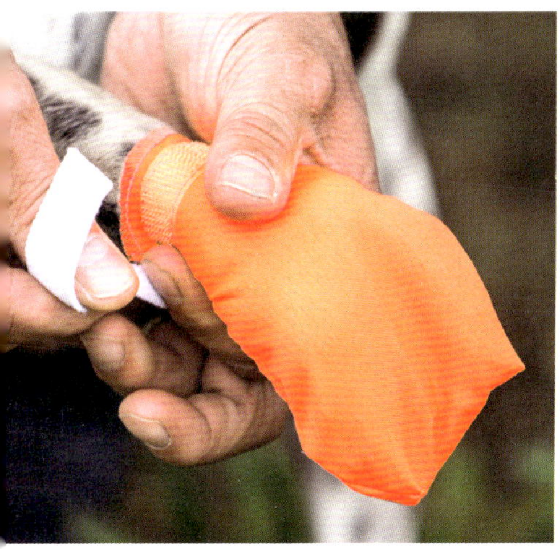

03

und Spaß euren Hund abzulenken und so an das neue Laufgefühl zu gewöhnen. Wie immer heißt es einfach ruhig zu bleiben, wenn euer Hund irritiert wirkt und einfach den gewohnten Ablauf weiterzuführen.

Einheitliches Gangbild

Um ein möglichst gleichmäßiges Gangbild mit Booties zu erhalten, macht es Sinn, immer beide Pfoten vorn oder beide Pfoten hinten zu booten. Wird nur eine einzelne Pfote gebootet, besteht die Gefahr von ungleichmäßiger Belastung bis hin zu Muskelkater oder Verspannungen, die es natürlich zu vermeiden gilt. Allerdings ist zu bemerken, dass Hunde mit normalen Nylonbooties schneller ausrutschen als mit ihren nackten Pfoten. Im Renneinsatz wird daher darauf geachtet, dass die Hunde möglichst viel Grip behalten. Der Grip ist vor allem in Kurven wichtig, ein Wegrutschen kostet Sekunden und Muskelverletzungen können auftreten. Daher verzichten einige Musher dann auf jeden Bootie, der „zu viel" ist und schützen nur die empfindliche oder angeschlagene Pfote.

01 Wie beim Geschirranlegen, können wir den Hund zwischen unseren Beinen fixieren. So vermeiden wir, dass er plötzlich rumhampelt, wegspringt und sich womöglich verletzt.

02 Der Klettverschluss am Bootie zeigt nach hinten. Der überschüssige Bootiestoff wird nach vorn (in Laufrichtung) auf beiden Seiten zu einer Falte gelegt und mit dem Stretchband (der flauschigen Seite) eng anliegend verschlossen.

03 Der Bootie ist nun stramm verschlossen und kann in Belastung, ohne dass Abschnürungen befürchtet werden müssen, länger getragen werden.

FALSCH ANGEZOGENE BOOTIES

Ein zu locker verschlossener Bootie geht verloren oder füllt sich mit Schnee, der dann wie ein Eisklumpen im Bootie eingeschlossen ist. Wird der Bootie nur als Schutz verwendet und der Hund belastet die Pfote nicht, ist zu beachten, dass ein strammer Bootie auch den Blutfluss beeinträchtigen kann. So kann die betroffene Pfote über Nacht stark anschwellen. In diesem Falle müssen die Booties lockerer verschlossen werden!

VORSICHT: AFTERKRALLE

Häufig befindet sich direkt unter dem Klettverschluss die Daumen- oder Afterkralle. Besonders eine zu lang gewachsene Daumen- oder Afterkralle kann durchaus Probleme derart verursachen, dass sie den Lauf wundscheuert. In diesem Fall empfehlen wir zwischen Lauf und Kralle etwas Polstermaterial, z. B. ein Stück Taschentuch oder Mullbinde, zu platzieren. Auch ein unter die Daumenkralle geklebtes, gepolstertes Pflaster kann Abhilfe schaffen.
Grundsätzlich hat nicht jeder Hund Pfotenprobleme. Kommt es aber dazu, trifft es immer den gleichen Hund. Hier liegt es an euch, eure Hunde gut zu kennen und frühzeitig sowie prophylaktisch Booties anzulegen, um Verletzungen zu vermeiden.

NYLONSTOFF-STÄRKEN

Für verschiedene Untergründe und Gegebenheiten gibt es verschiedene Nylonstoff-Stärken. Je weicher der Untergrund, desto leichter kann der Stoff sein, da hier das Gefühl für den Boden besser erhalten bleibt.
Auf Schnee werden daher gern Booties aus 300er oder 330er Cordura®-Stoff gewählt. Etwas fester gewebte Booties mit 500er Cordura® können ebenso auf Schnee oder auch auf leichtem Schotter eingesetzt werden.
Der stärkste übliche Bootie wird aus 1 000er Cordura® gefertigt, ist ein reiner Schotter- oder Asphaltbootie und eignet sich auch sehr gut für das Dogtrekking in teils sehr unwegsamem Gelände.
Spezielle Booties, mit doppelten Lagen aus Nylonstoffen oder mit gummiverstärkter Sohle, versprechen eine längere Haltbarkeit, werden allerdings auch etwas „unhandlich" an der Pfote.

PFOTENSALBE

Das prophylaktische Salben der Hundepfoten ist nur selten notwendig. Pfotenballen, die „zu weich" gepflegt wurden, können unter Umständen anfälliger für Verletzungen durch Schotter und Ähnliches sein. Daher sind harte Pfotenballen für den Outdoorsport durchaus wünschenswert. Die Pfoten und Pfotenballen

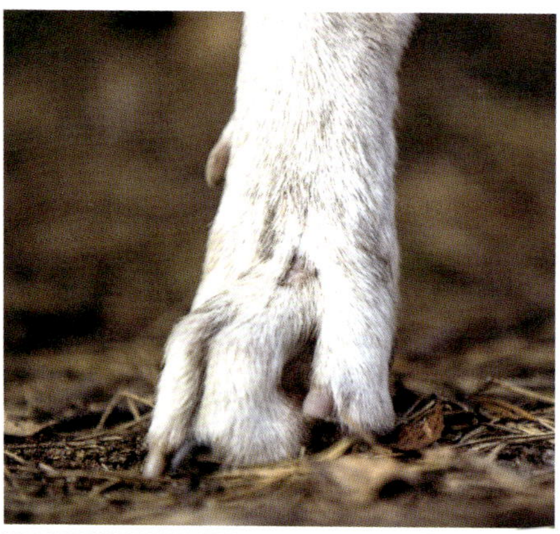

Das sich unter der Ballenhaut befindliche Fettgewebe wirkt wie ein Stoßdämpfer.

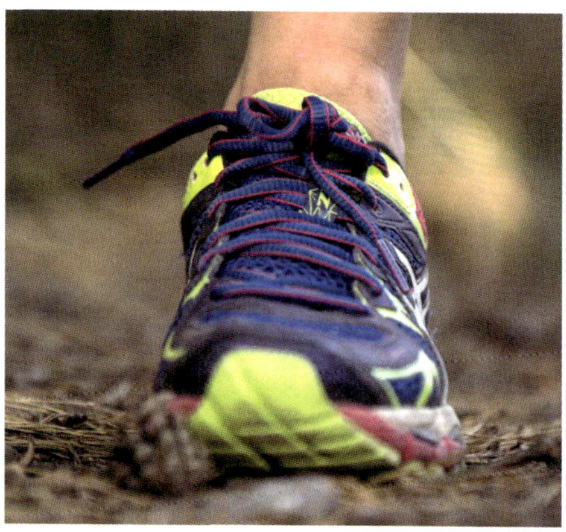

Wir benötigen für die Stoßdämpferwirkung ausgeklügelte Systeme in unseren Sportschuhen.

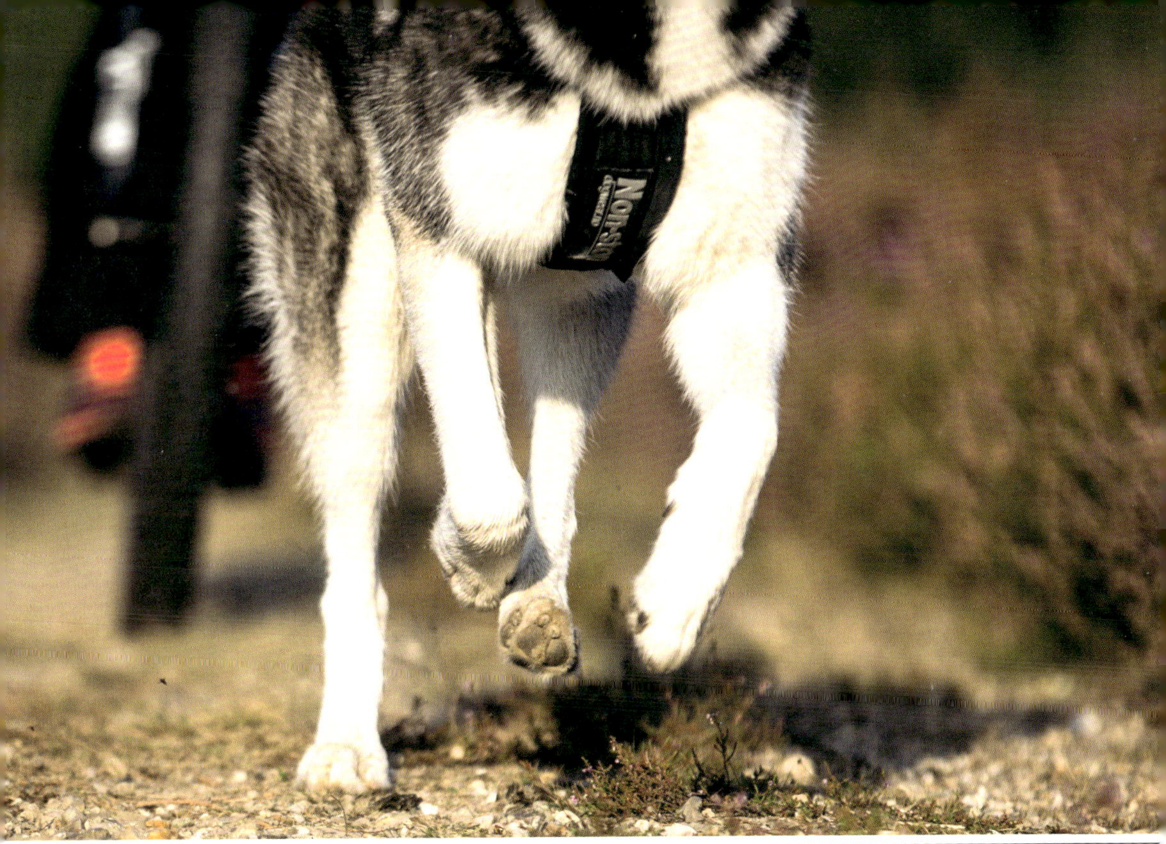

Robust und ausdauernd – die Pfoten nehmen in der Belastung ein Vielfaches des Körpergewichts auf.

härten sich in der Regel von selbst durch regelmäßige Belastung auf entsprechenden Wegen ab. Hier ist es wichtig, die Pfoten der Hunde regelmäßig nach der Belastung zu kontrollieren. Es gibt empfindliche Hunde, deren Pfotenzwischenräume schnell zu Reizungen und kleinen Rissen neigen. Hart arbeitende Hunde, die stark abdrücken, können sich vor allem an den Pfotenballen verletzen. Es können sich zum Teil ganze Hornhautpartien ablösen. Eine so geschädigte Pfote muss dann unbedingt ruhig gestellt und ausreichend gepflegt werden. Hier ist der Einsatz einer heilenden Pfotenpflege unerlässlich. Nach dem Säubern und Einsalben wird die Pfote mit einem Bootie geschützt und der Hund erst wieder belastet, wenn die Pfote komplett verheilt ist. Dies dauert meist nur wenige Tage. Sobald die Pfote ausgeheilt ist, kann für die nächsten Trainingseinheiten ein Bootie genutzt werden. Bei größeren Verletzungen, oder wenn kleinere Verletzungen nicht schnell ausheilen, sollte man seinen Tierarzt aufsuchen.

Prophylaktischer Einsatz im Winter

Im Winter bei Salz, Eis und Schnee kann der prophylaktische Einsatz einer Pfotensalbe Sinn machen. Viele Hunde reagieren auf das Streusalz mit Lahmheit, Belecken der betroffenen Pfoten oder kompletter Verweigerung, weiterzugehen. Eine entsprechende Pfotensalbe kann helfen, die Pfoten vor dem Streusalz zu schützen. Im Schnee oder Eis bilden sich bei manchen langhaarigen Hunden Klumpen im Behang von Beinen und Pfoten. Hier kann die Salbe verhindern, dass sich Schneeklumpen im Fell festsetzen. Empfindliche Hunde, die auf Eis unterwegs sind, können ebenso von einer Pfotensalbe profitieren, da die leichte Fettschicht der Salbe vor kleinen aufgeplatzten Rissen durch die Kälte schützen kann.

Wenn Hunde sehr empfindliche Pfoten haben, macht der prophylaktische Einsatz von Pfotensalbe und Booties bei bestimmten Situationen (Streusalz, Schnee und Eis) durchaus Sinn.

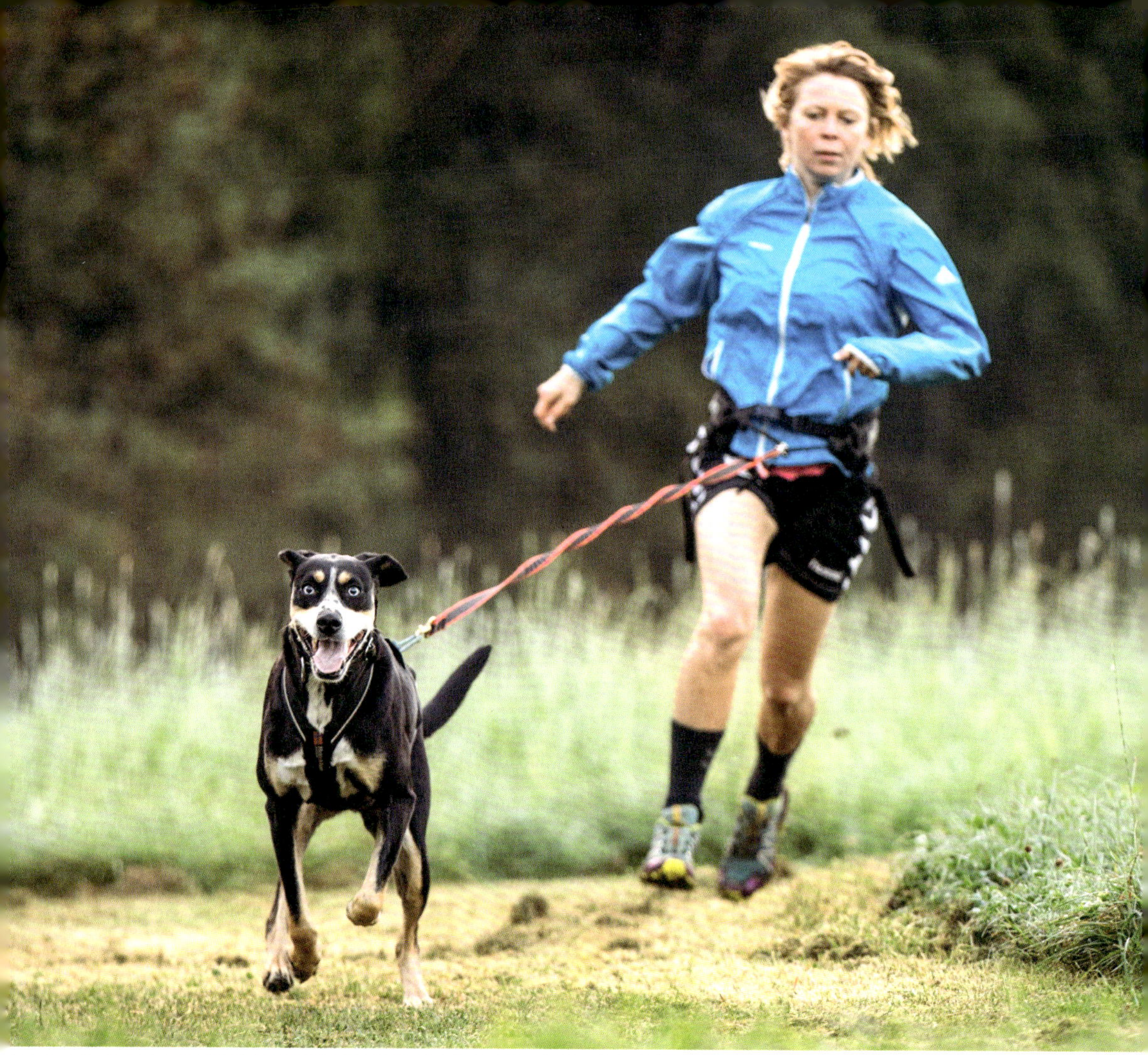

Canicross mit X-Back-Geschirr und Full-Stretchleine

AUSRÜSTUNG FÜR DEN SPORTLER

Bei der Auswahl der Bekleidung und des Schuhwerks gelten die gleichen Voraussetzungen wie für die Ausübung der jeweiligen Sportart ohne Hund: Sportlich, bequem und stabil, den jeweiligen Witterungsbedingungen angepasst. Für das Laufen mit Hund und auch das Pedalen am Dogscooter sollten Laufschuhe mit entsprechend trailtauglichem Profil gewählt werden (Trailrunningschuhe), da wir diese Sportarten meist abseits der „schönen" Wege ausüben. Normale Freizeitkleidung kann hier in vielen Fällen den Zweck erfüllen.

HELM, BRILLE, HANDSCHUHE, HANDY

Wichtiger sind die Sicherheitsaspekte. Außer beim Canicross ist ein Helm unerlässlich, der nicht nur bei Stürzen, sondern auch vor tief hängenden Ästen schützen kann. Ob ein normaler Helm benutzt wird oder ein „Fullface"-Helm mit Kinnbügel (Integralhelm), sollte vom jeweiligen Hund-Mensch-Team abhängen. Für den Einstieg reicht ein klassischer Bikehelm.

Auch eine Brille ist ab einer bestimmten Geschwindigkeit anzuraten, da die Pfoten der Hunde bei höherer Geschwindigkeit Matsch und Kiesel aufschleudern können. Nicht zu unterschätzen ist auch die Menge

an Erde und Wasser, die der Vorderreifen auf den dahinter sitzenden/stehenden Menschen schleudert.
Stabile Handschuhe dienen vor allem der Sicherung beim Sturz und verhindern Brandwunden/Scheuerstellen, wenn man in einer brenzligen Situation in die Zugleine fassen muss.
Auf den meisten Schlittenhunderennen gilt bei den fahrenden Klassen eine Helm- und Handschuhpflicht.
Da Stürze und Unfälle auch bei bestem Training passieren können, ist es auch nie verkehrt, ein Handy in der Jackentasche griffbereit zu haben.

CC-GURT, LAUFGURT

Für Canicross und auch das Walken/Wandern mit Hund wird ein Canicrossgurt (CC-Gurt, Hüftgurt, Laufgurt, Bauchgurt) benötigt.
Er verteilt den Zug optimal auf dem unteren Rücken des Läufers. Beinschlaufen verhindern, dass der Gurt nach oben verrutscht und unangenehm in der Lenden- oder Brustwirbelsäule drückt. Einige Laufgurte sitzen so tief, dass der Zug über der Gesäßmuskulatur verteilt wird, wodurch der Zug des Hundes perfekt den eigenen Vortrieb unterstützen kann.
Die **Zugleine** wird vorn am CC-Gurt angebracht. Sie kann frei beweglich an einem Seil angebracht werden, wodurch sich die Zugleine vor uns seitlich frei bewegen kann und die unterschiedlichen Laufbewegungen von Hund und Mensch kompensiert. Oder die Leine wird mittels Paniksnap ohne seitliche Bewegungsmöglichkeit angebracht und so die seitlichen Bewegungen des Hundes auch direkt an den Menschen übertragen. Beides hat Vor- und Nachteile und sollte ausprobiert werden.
Der Karabiner oder Paniksnap (Panikhaken, lässt sich auch unter Zug schnell öffnen, siehe S. 57), mit dem die Zugleine am Laufgurt befestigt wird, sollte sich niemals am Ende der Zugleine befinden, sondern immer am Laufgurt selbst!
Da es sehr viele verschiedene CC-Gurttypen gibt, gilt es hier den persönlichen Favoriten durch Probieren herauszufinden.

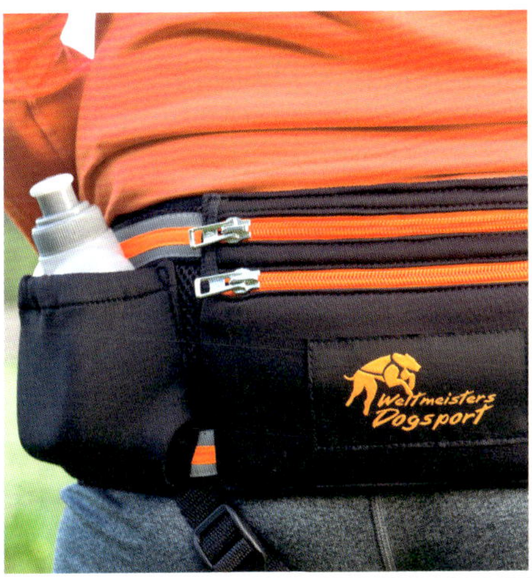

Komfortabler CC-Gurt, ausgestattet mit zwei Trinkflaschen für die Flüssigkeitsversorgung.

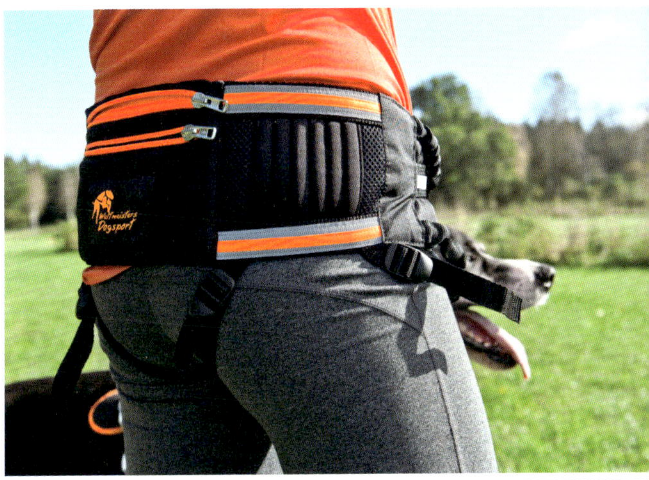

Manche Laufgurte haben Taschen für die Aufbewahrung von Schlüssel, Handy und Kotbeutel.

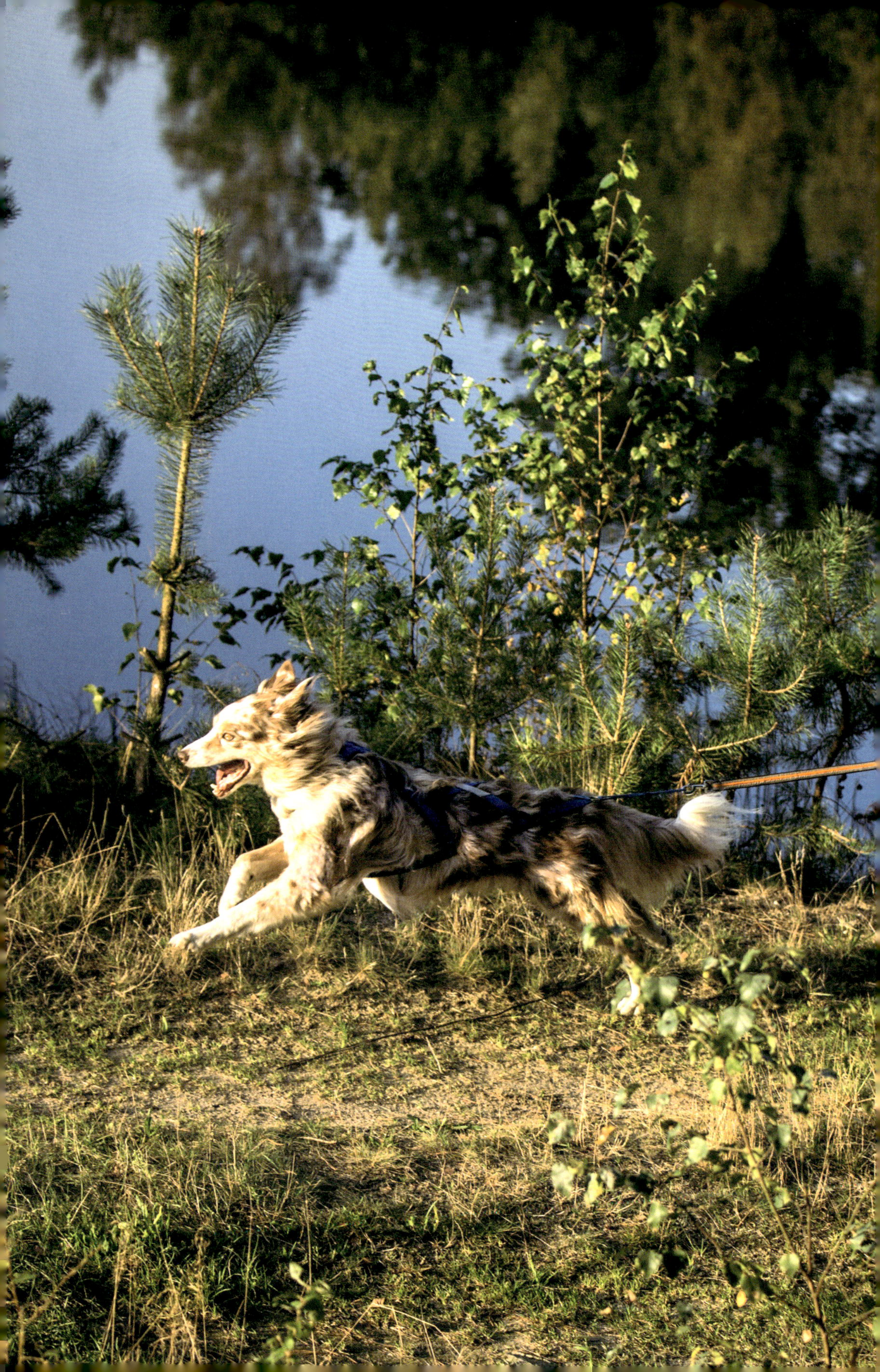

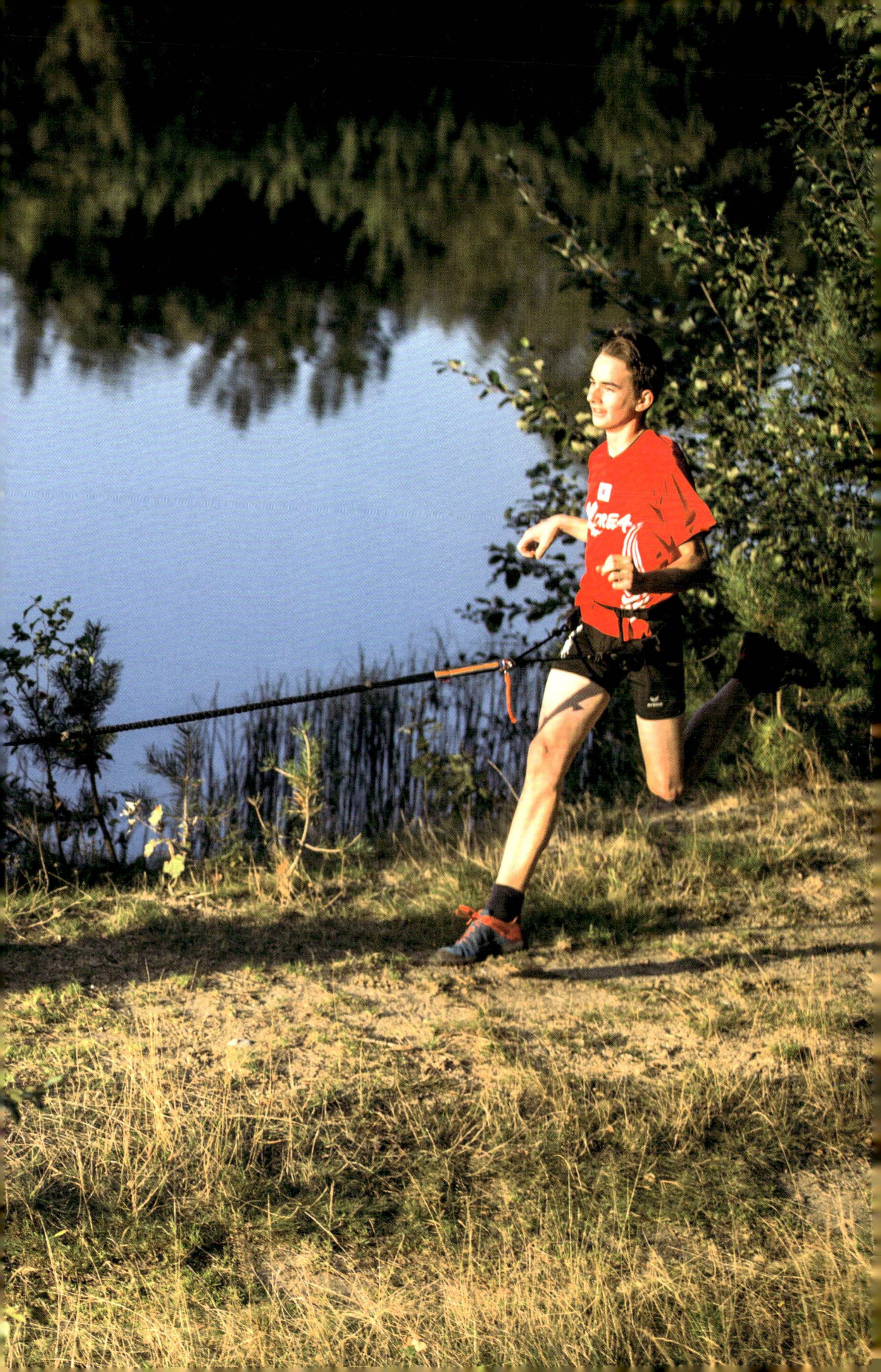

DIE ZUG- ODER JÖRINGLEINE

Die Verbindung zwischen Hund und Läufer/Fahrzeug erfolgt über die Zugleine (= Jöringleine). **Die Leine fungiert als Ruckdämpfer und soll die „Zugspitzen" zwischen Hund und Mensch abfangen.** Dadurch bleibt der Zug verhältnismäßig konstant und angenehm auf beiden Seiten.

MATERIAL DER LEINEN

Die Leinen werden aus verschiedenem Material gefertigt, von sehr bruchfestem Polyethylen(PE)-Hohlgeflecht oder Schlauchband aus Nylon, in die Expandergummis verschiedener Stärken eingespleißt werden, bis hin zu vollständig aus robustem Gummiband bestehendem Material.
Wir empfehlen die PE-Seil-Jöringleinen im Zughundesport am Gefährt, da das Material als 16-fach-Hohlgeflecht sehr bruchfest ist. Allerdings ist die Haptik dieser Leinen sehr scharf und sie können, wenn sie schnell durch die Hand gezogen werden, auch Brandwunden verursachen.
Bei Sportarten, bei denen die Leine häufig angefasst wird – etwa beim Canicross, Walken oder Wandern, sind Leinen aus weicherem Material wie Schlauchband vorteilhafter. Einige (Canicross-)Modelle haben Handschlaufen am Hunde-Ende. So kann man die Hunde auch an kurzer Leine führen.
Die **Ruckdämpferstärke** sollte an leichte oder schwere, an einen oder zwei Hunde angepasst sein, ebenso auch die verwendeten Karabiner am Hunde-Ende.

LÄNGE UND BEFESTIGUNG

Die Längen der Leinen ergeben sich neben persönlichen Vorlieben auch aus der Nutzung. Im Turnierhundesport sollen die Leinen im gestreckten Zustand 2,5 Meter nicht überschreiten (Abstand zwischen Bauch des Menschen und Hundegeschirr), während die Rennregeln des Internationalen Schlittenhundeverbandes (IFSS, International Federation of Sleddog Sports) eine Länge im ausgestreckten Zustand zwischen zwei und drei Meter vorschreibt. Die genauen und aktuellen IFSS- und THS-Rennregeln findet ihr online auf den entsprechenden Webseiten der Verbände.
Der Ruckdämpfer sollte sich am Menschen-Ende befinden, da dieser Teil etwas schwerer ist und er direkt hinter dem Hund schnell auf dem Boden schleifen könnte (natürlich nur, wenn der Hund nicht korrekt zieht!).
Die Leine wird entweder direkt am Gefährt oder mittels eines **Bikeschlupfes** befestigt (siehe S. 57).
Wird die Leine am CC-Gürtel genutzt, so kann sie mit einem Paniksnap, einem regulären Karabiner oder Softschäkel am Gurt fixiert werden. **Auch hier gilt: Niemals den Haken an der Leine, sondern immer am Gurt befestigen, damit der Karabiner durch das ruckdämpfende Element nicht zum Geschoss werden kann, wenn sie plötzlich gelöst wird.**

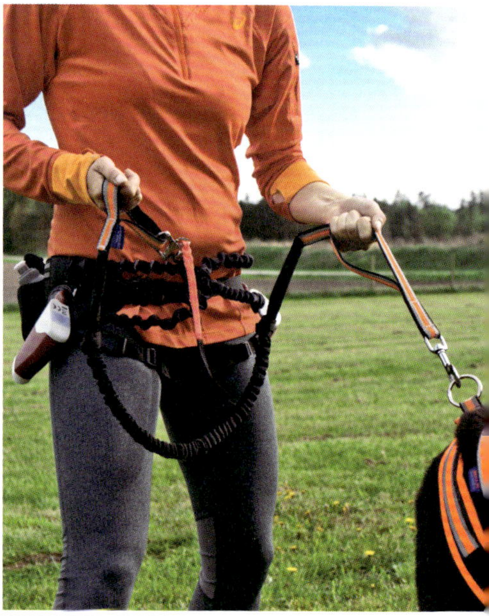

Jöringleine aus Schlauchband mit Kurzführerfunktion für Canicross.

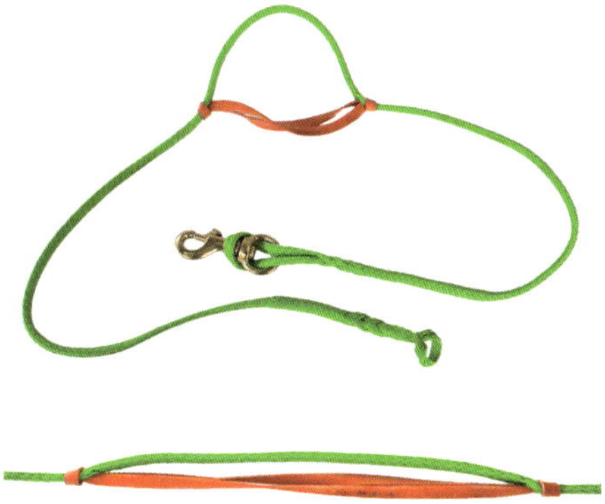

Ein in die Tugline eingespleißtes Campinggummi ermöglicht die Kontrolle, ob jeder Hund zieht.

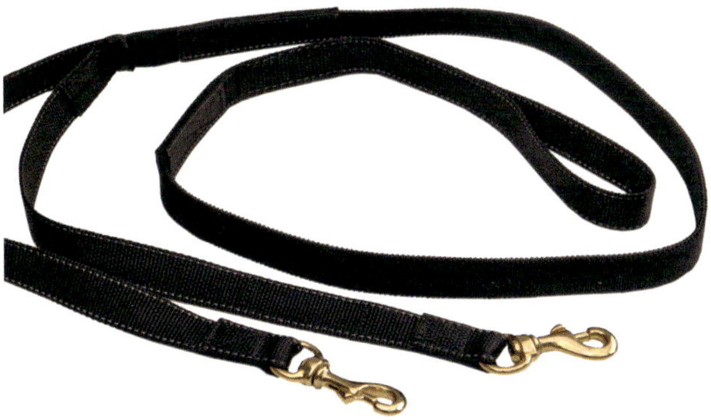

Jöringleine für zwei Hunde mit Stretchteil. Die Ruckdämpfer sind der Kraft von zwei Hunden angepasst.

KARABINER

Einen Karabiner am Menschen-Ende verbieten sowohl IFSS- als auch THS-Regeln und dies hat seine Berechtigung: Reißt mir der Hund die Leine plötzlich aus der Hand, werden die üblicherweise genutzten schweren Karabiner regelrecht zum Geschoss und können die Hunde schwer verletzen.

ZUGLEINE FÜR ZWEI HUNDE

Um zwei Hunde gleichzeitig einspannen zu können, gibt es spezielle Jöringleinen. Die Ruckdämpfer für solche Leinen sind der Kraft von zwei Hunden angepasst und gabeln sich vor dem Ruckdämpfer in zwei Einzelleinen (wie ein Y), die sogenannten **Tuglines**. Beide Hunde teilen sich also die Dämpfung und bleiben auf gleicher Nasenhöhe, vorausgesetzt, die Hunde ziehen beide und sind gleich groß. Bei verschieden großen Hunden ist es sinnvoll, die Tugline des kleineren Hundes soweit zu verlängern, dass beide Hunde Kopf an Kopf laufen können.

Neckline

Im Normalfall wird bei der Anspannung von zwei Hunden eine sogenannte **Neckline** („Halsleine") benutzt. Diese besteht aus einer kurzen leichten Leine (ca. 20 – 30 cm) mit zwei leichten Karabinern. Die Neckline verbindet die Halsbänder beider Hunde miteinander. Dadurch wird verhindert, dass die Hunde weit voneinander abdriften und ganze Parkwege einnehmen oder auf verschiedenen Seiten eines Hindernisses vorbeilaufen – die Neckline kann dies zwar nicht verhindern, aber das Risiko deutlich senken. Auf IFSS-Rennen sind Necklines Pflicht!

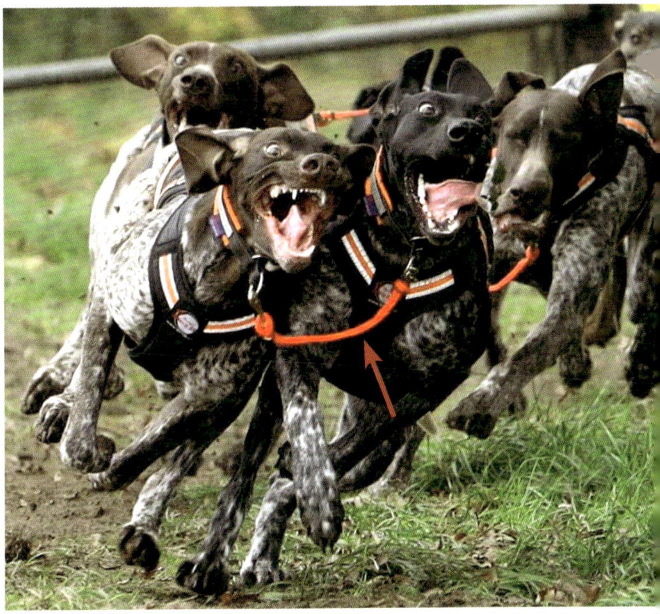

Mit einer Neckline werden die Hunde am Halsband verbunden.

SCOOTER, BIKE, TRIKE & SCHLITTEN

— *Was ist für wen das Richtige?*

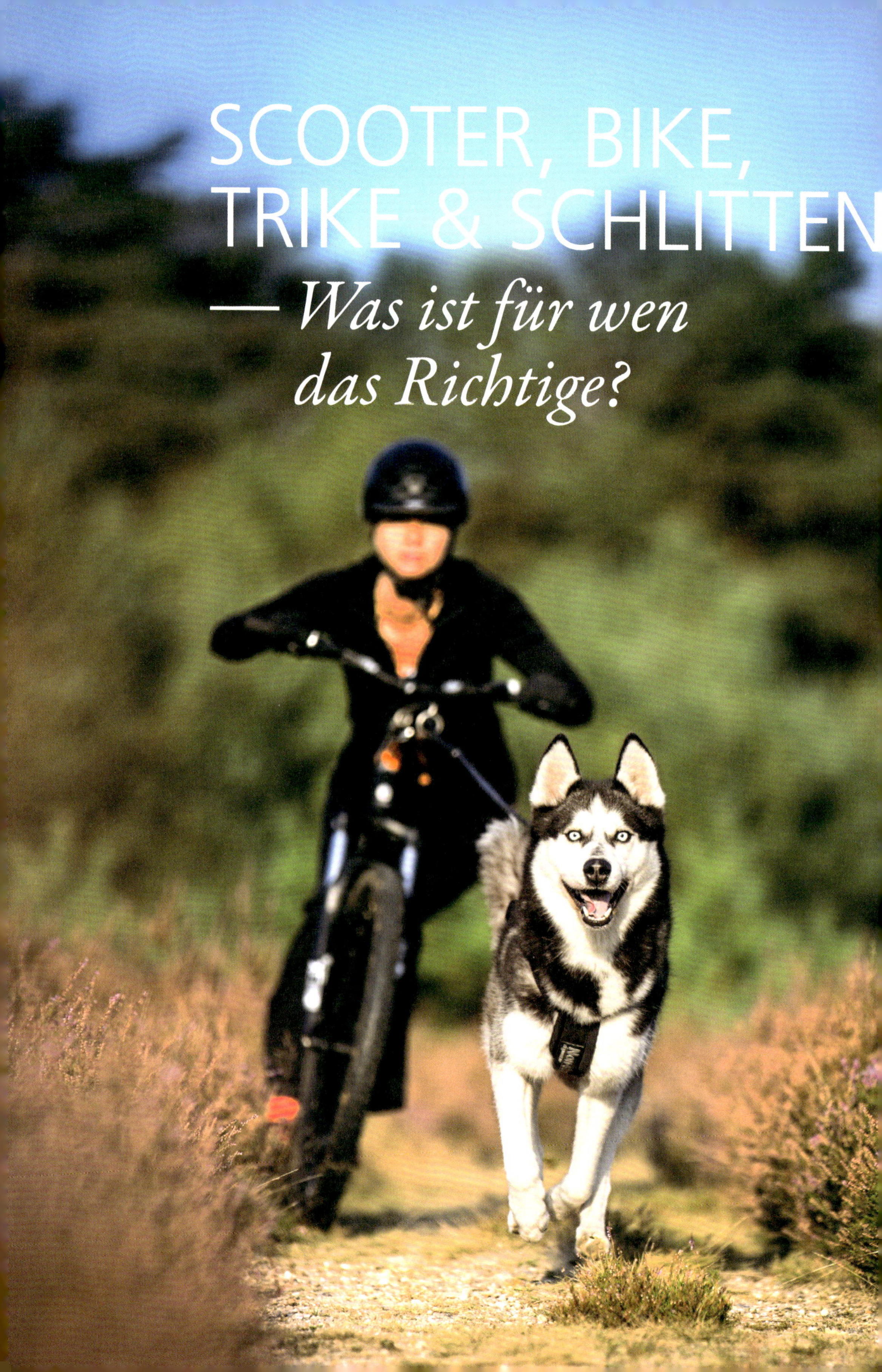

DER DOGSCOOTER

Vermutlich hat jeder schon einmal in seiner Kindheit auf einem Tretroller gestanden oder einen solchen sein Eigentum genannt. Die Tretroller, die wir für den Zughundesport einsetzen können, bestehen aus einem stabilen Rahmen und sind mit Fahrradteilen aus dem Mountainbike-Sport aufgebaut.

DOGSCOOTER ODER FAHRRAD?

Der Vorteil des Dogscooters gegenüber dem Fahrrad ist der bessere Bodenkontakt durch den tieferen Schwerpunkt. In einer etwaigen brenzligen Situation, z. B. durch kreuzendes Wild oder herannahende Fremdhunde, ist man hier mit den Füßen schneller am Boden und kann zum Hund nach vorn laufen. Selbst im Fall eines Sturzes kann man schneller vom Scooter „abspringen".
Eine unübersichtliche Vielzahl an Scootern wird im Web als Dogscooter angeboten. Einige dieser Scooter erscheinen uns für zugstarke Hunde jedoch als untauglich. Beim Erwerb eines solchen Sportgerätes sollte etwas Solides angeschafft werden. Ein solider Dogscooter kann ein ganzes Hundeleben überstehen. Anbauteile wie Bremsen und Bereifung müssen dagegen häufiger gewechselt werden.

BITTE NICHT SO!
Kinderroller sind keinesfalls für die Arbeit mit Zughunden geeignet! Niemandem ist geholfen, wenn man aus Spaß und „nur für den Anfang" einen ungeeigneten Roller nutzt und dieser an der ersten Wurzel hängen bleibt. Während sich der Mensch schnell vom Roller entfernen kann, hängt dieser am Hund fest und der wiederum versucht womöglich panisch zu fliehen. Der hinter ihm polternde Roller kann durch die Ruckdämpferleine schnell zum Geschoss werden. So einen Schock überwindet er unter Umständen nie.

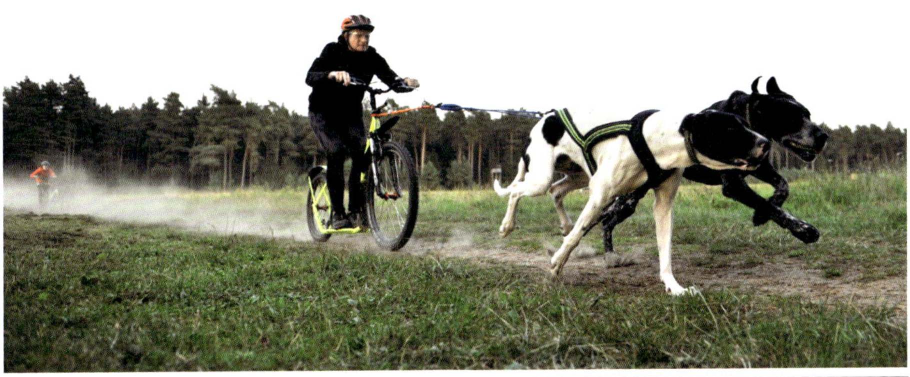

Die wilde „Hatz" in der freien Natur auf öffentlichen Waldwegen. Hier ausgelebt mit einem Dogscooter. Iceman und Lewis haben wohl den größten Spaß vorneweg.

NIEDRIGE LENKER-POSITION

Das Gros der angebotenen Dogscooter sind Scooter mit niedriger Lenkerposition.
Diese niedrig gehaltene Lenkerposition bewirkt eine gebückte aerodynamische Körperhaltung, wie sie auf Rennen üblich ist, um fortwährend den Hund durch „Kicken“ zu unterstützen. Diese Körperhaltung ist jedoch gleichzeitig eine angespannte Haltung, bei der das Gewicht des Oberkörpers auf Hand- und Schultergelenken lastet, was auch den Rücken beansprucht. Bei den Rennscootern wird ein schmales Trittbrett verbaut.

HOHE LENKERPOSITION

Die Alternative zu Fahrzeugen mit niedriger Lenkerposition sind Dogscooter mit hoher Lenkerposition.
Ermöglicht wird dies durch einen verlängerten Gabelschaft, einen verstellbaren Vorbau (verstellbar für unterschiedliche Körpergrößen) und einen stark gekröpften Lenker. Diese Konfiguration erlaubt auch großen Menschen, aufrecht auf dem Sportgerät zu stehen. Die Hände liegen locker auf den Lenkergriffen. Das Körpergewicht wird in den Kniegelenken abgefedert. Die Füße stehen nebeneinander auf dem verbreiterten Trittbrett. Auch hier ist natürlich ein Unterstützen durch „Kicken“ möglich.
Wer gelegentlich Ambitionen hat, ein Rennen zu fahren, der dreht den stark gekröpften Lenker und den verstellbaren Vorbau nach unten.
Beim Trainieren unseres Hundes vor dem Dogscooter haben wir stets den Hintern des Hundes im Auge. Die Leine soll permanent straff sein, so dass sich der Hund mit seinem Vorwärtsdrang im Geschirr ausbalanciert. Dazu ruhen beide Hände auf den Bremshebeln, um einer locker schlingernden Leine entgegenwirken zu können. Eine entspannte Körperhaltung ist dabei deutlich von Vorteil.

KONFIGURATIONSBEISPIEL MIT HOHER LENKERPOSITION

- Verbreitertes Trittbrett mit ausreichend Platz für zwei Füße nebeneinander.
- Verlängerter Gabelschaft in Kombination mit steilerem Vorbau und gekröpftem Lenker für eine aufrechtere und entspannte Körperhaltung.
- Ausreichend starke Bremsen.
- An das Gelände angepasste grobstollige Bereifung.
- Die unterschiedlichen Laufräder mit 26" vorn und 20" hinten ergeben ein ruhiges Laufverhalten bei guter Lenkbarkeit auch in engen Kurven.
- Federgabel, die in unwegsamem Gelände ein gewisses Maß an Komfort bietet.

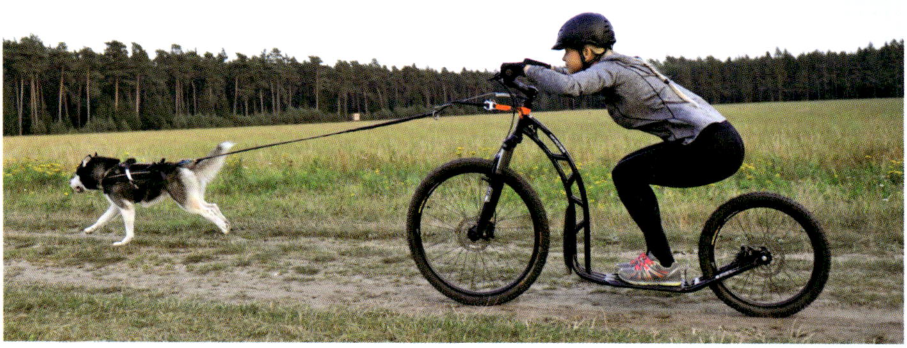

Europameisterin Steffi mit Frodo – sehr aerodynamisch unterwegs.

☞ UNTERSCHIEDE BEI SCOOTERN

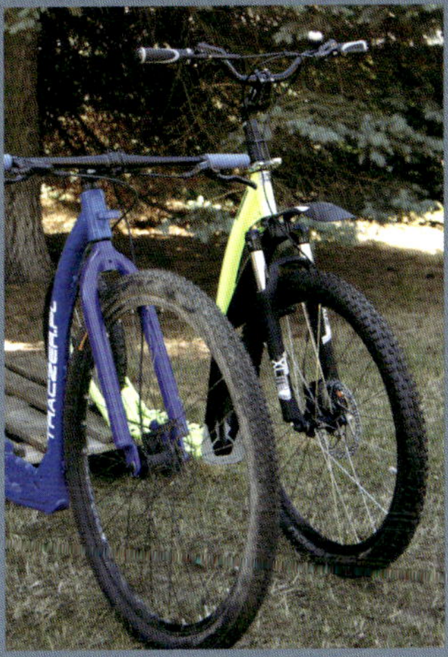

01

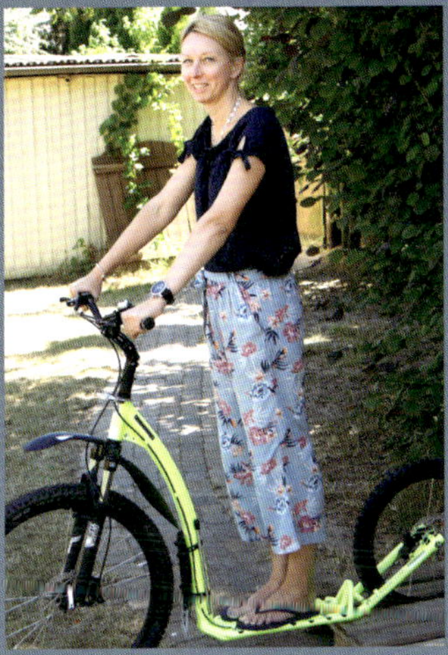

02

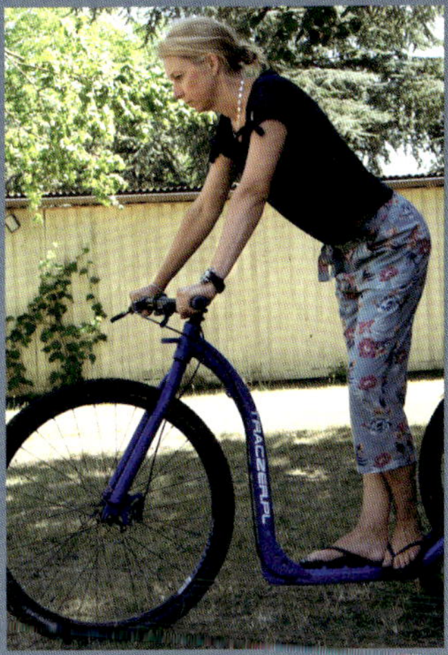

03

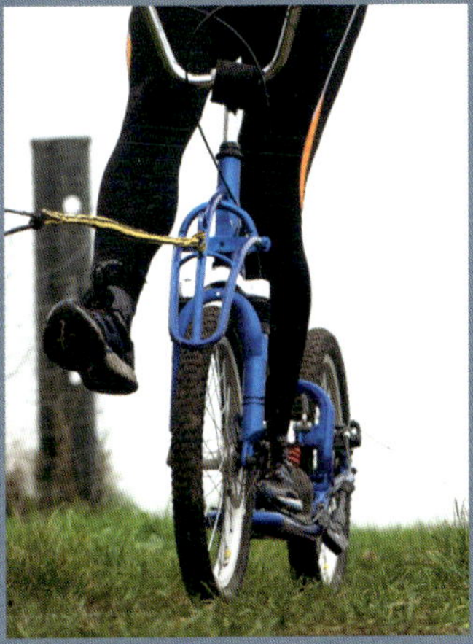

04

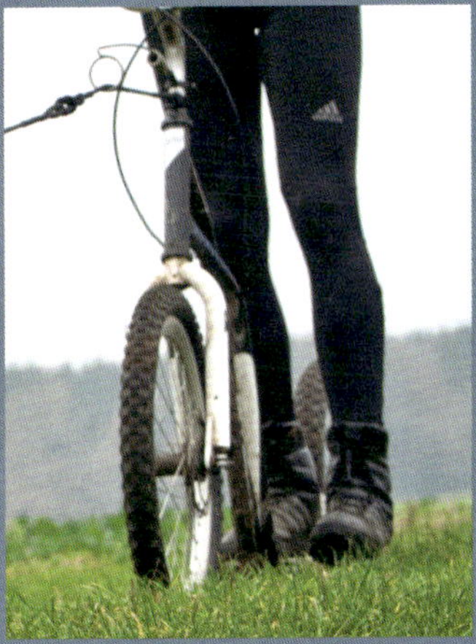

05

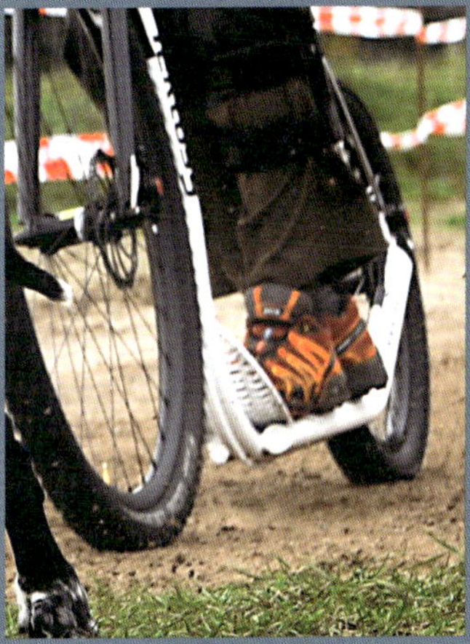

06

01 Zum Vergleich: niedrige und hohe Lenkerposition.

02 Aufrechte Körperhaltung durch hohe Lenkerposition und verbreitertes Trittbrett für zwei Füße.

03 Gebückte Körperhaltung durch niedrige Lenkerposition und schmales Trittbrett für nur einen Fuß.

04 Das Trittbrett bei diesem Modell ist sehr hoch angeordnet. Beim Kicken muss der Fahrer sehr tief hinunter.

05 Das kleine Vorderrad bewirkt einen instabil erscheinenden hohen Aufbau. Je kleiner die Räder, desto größer der Rollwiderstand.

06 Balanceakt – wenig Platz auf dem Trittbrett.

BREMSSYSTEME

FELGEN- ODER SCHEIBENBREMSE?

Grundsätzlich wird im Fahrradsport zwischen Felgen- und Scheibenbremsen unterschieden. Die günstigste und übliche Variante sind die sogenannten Cantileverbremsen bzw. V-Brakes, die als Seilzugbremse die Bremskraft mechanisch über Bowdenzüge von den Hebeln bis auf die Felgen übertragen. V-Brakes sind im Vergleich recht wartungsarm und Bremsbeläge können sehr einfach selbst gewechselt werden. Eine Variante der mechanischen Felgenbremsen sind die hydraulischen Felgenbremsen, die die Bremsleistung statt über ein Seilsystem über eine Hydraulikflüssigkeit übertragen.

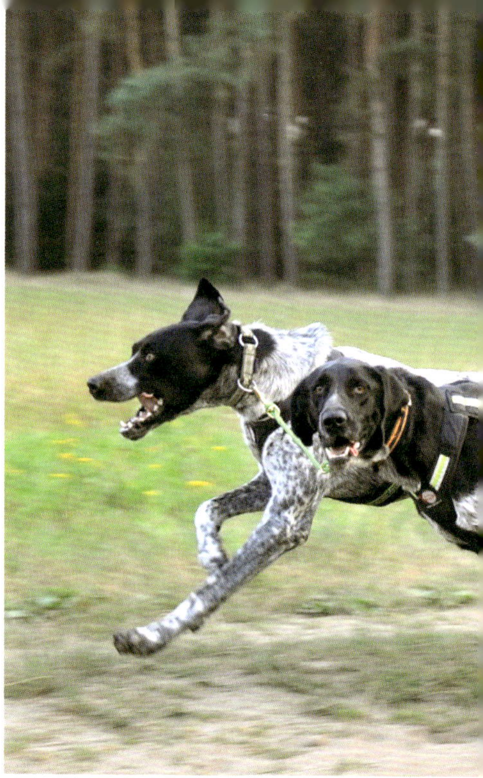

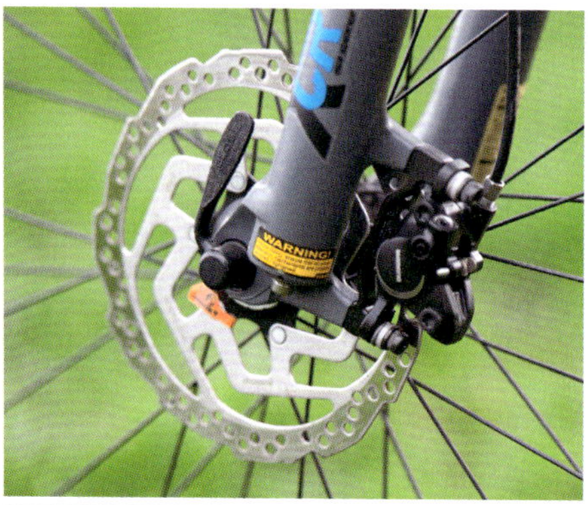

Scheibenbremse

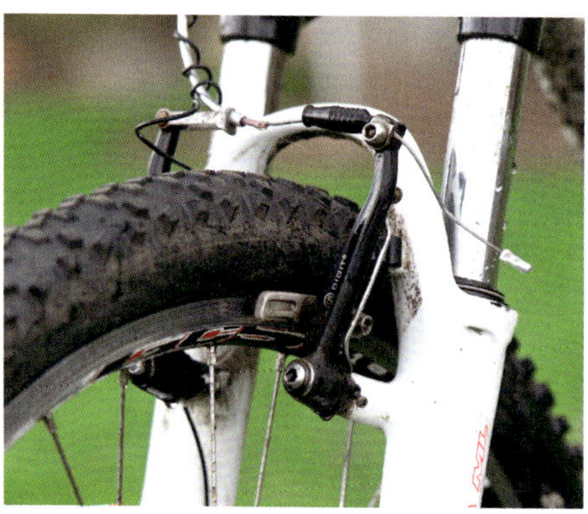

Felgenbremse

Dies verbessert die Dosierbarkeit gegenüber einer Seilzugbremse in einem deutlichen Ausmaß. Die gute Dosierbarkeit ist im Zughundesport von Vorteil, da wir die Hunde gern gegen eine leicht schleifende Bremse arbeiten lassen.

Scheibenbremsen werden an der Nabe der Laufräder montiert und sind somit etwas weniger von Schmutz und Nässe beeinträchtigt. Scheibenbremssysteme gibt es ebenso als mechanische (mit Bowdenzügen) oder hydraulische Variante und auch hier sind die hydraulischen Bremsen in der Dosierbarkeit und Bremskraft den mechanischen überlegen. Ein großer Nachteil von Scheibenbremsen ist das im Verhältnis komplizierte System, das dazu führt, dass diese Bremsen am besten nur von Fahrradmechanikern gewartet werden, wenn man selbst nicht über ausreichend Know-how verfügt. Die größte Bremsleistung ist bei hydraulischen Scheibenbremsen gegeben, wobei alle Bremssysteme letztlich zum Blockieren der Reifen führen können und in der Bremswirkung quasi identisch sind.

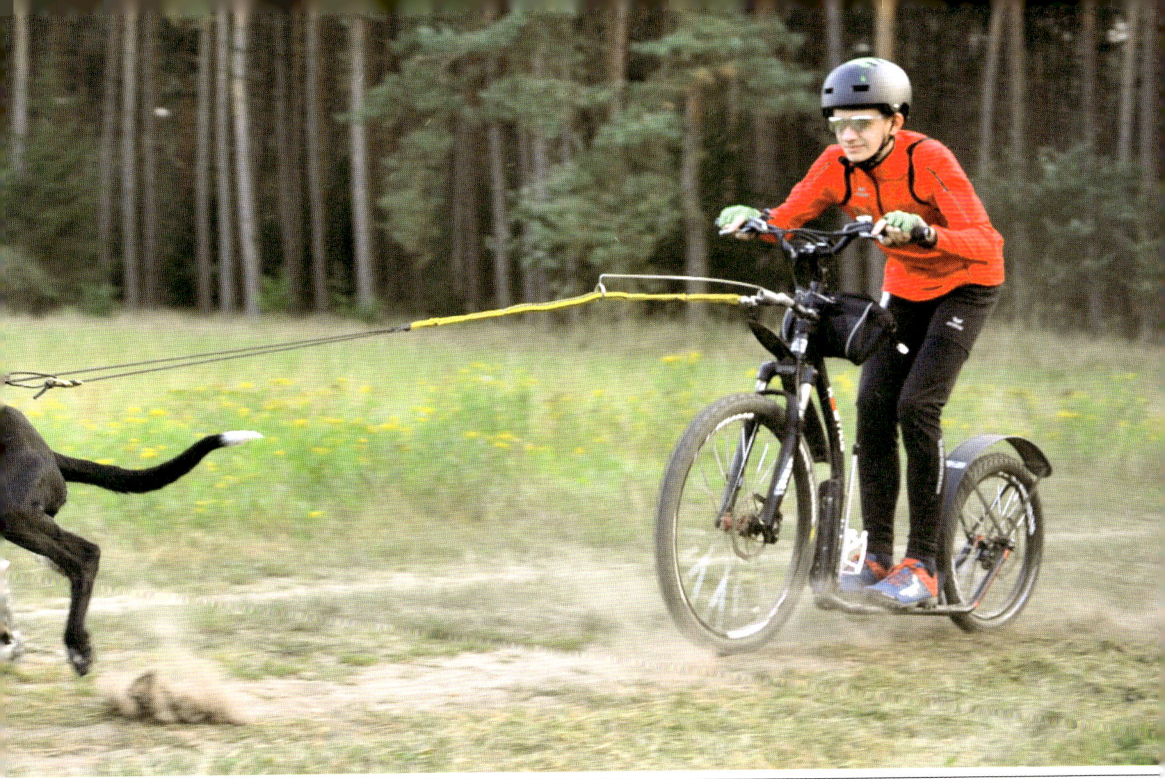

Tobias steht der Spaß ins Gesicht geschrieben – mit den zwei Greyster-Hounds vorweg.

BIKEANTENNEN, LEINENFÜHRUNG

Die Bikeantenne führt die Jöringleine durch eine Öse oder Schlaufe über das Vorderrad und wird sowohl am Bike als auch am Scooter und Trike genutzt. Mit ihrer Hilfe sollen Verwicklungen im Vorderrad vermieden werden. Bei durchhängender Leine und Kurvenfahrten kann die Bikeantenne entscheidend einer Verwicklung entgegenwirken. Im Umkehrschluss bedeutet das, dass auch ohne Leinenführung gefahren werden kann, wenn die Leine immer straff ist. Dies ist nicht nur Aufgabe des Hundes – schließlich soll er ja ziehen, sondern gerade bei Bergab-Passagen auch Aufgabe des Mushers, die Leine durch Anbremsen auf Spannung zu halten. Die Antennen können fest installiert oder abnehmbar sein, was den Transport der Bikes/Scooter erleichtern kann.

UNTERSCHIEDLICHE MODELLE

Bikeantennen sollen in gewissem Maß zu allen Seiten hin nachgeben können. Dies kann durch ein insgesamt elastisches Material (Plastik) erreicht werden oder mittels einer elastischen Komponente in der Bauart (Federwicklung, Schwingmetallpuffer). Neben Antennen, die am Steuerrohr mit Schellen oder einem größeren Plastikflügel angebracht werden, sind auch Modelle verfügbar, die mit zwei Klettverschlüssen und einem kleinen Riemen am Oberrohr bzw. Scooterrahmen befestigt werden. Diese Antennen sind für Carbonrahmen gut geeignet, weil das Material Carbon nicht stark geklemmt werden darf. Des Weiteren gibt es Modelle, die direkt vom Hersteller an den Rahmen fest installiert werden und die Antennen werden dann nur noch auf die Halterung geschraubt. Diese Leinenführungen sind spezifisch für den jeweiligen Scooter und können nicht an einem anderen Modell befestigt werden.

Ein weiteres Modell wird mit einem KLICK-fix-Adapter am Lenker befestigt (die Leine jedoch wie gewohnt am Steuerrohr!). Bei dieser Art Antenne muss beachtet werden, dass bei plötzlichem seitlichem Zug das Lenkverhalten ebenso plötzlich verändert werden kann – Stürze wären hier vorprogrammiert.

☞ UNTERSCHIEDLICHE BIKEANTENNEN

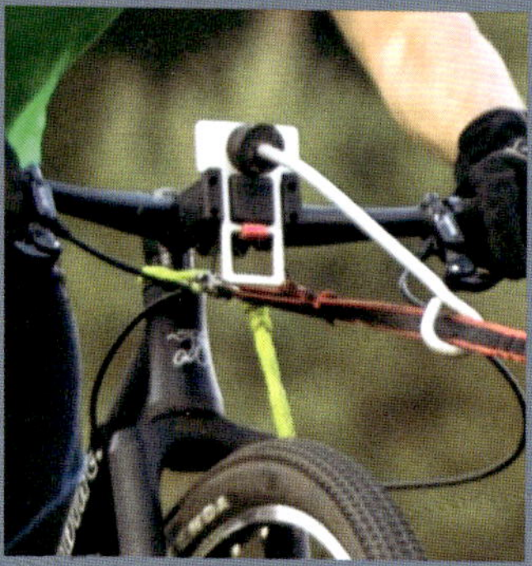

01

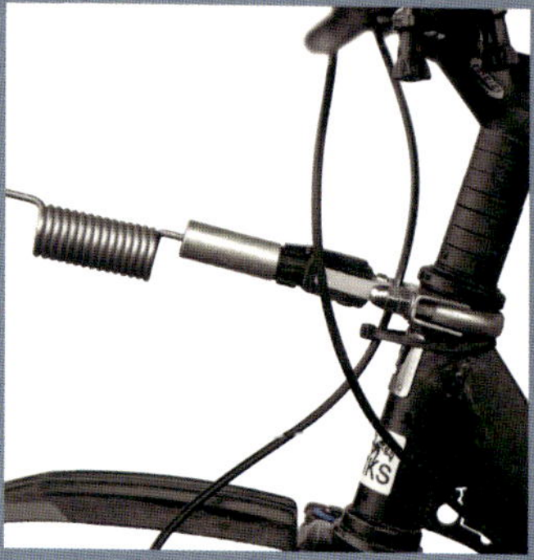

02

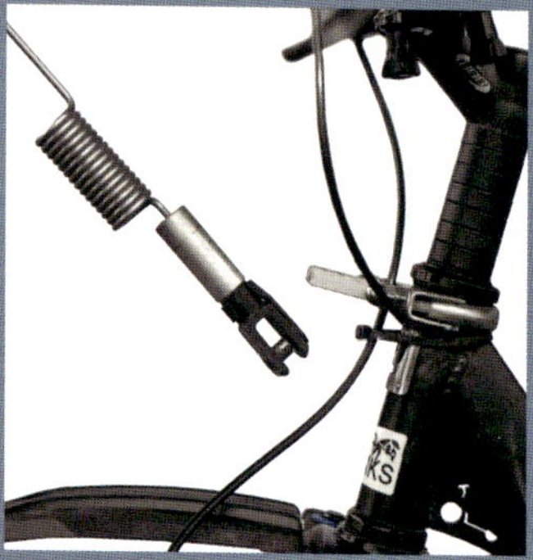

03

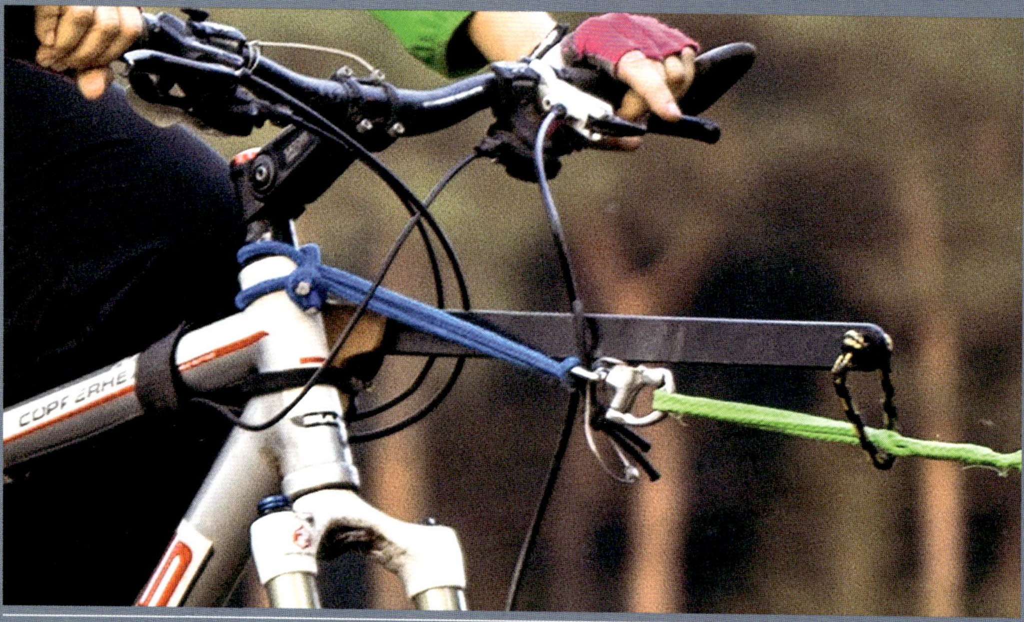

04

01 Die KLICKfix-Halterung ist am beweglichen Lenker befestigt, die Leine mit Bikeschlupf an den Spacern über dem Steuerrohr. Bei einer abrupten Richtungsänderung des Hundes lenkt der Hund unter Umständen mit. Es könnte gefährlich werden!

02 Aufgepasst – die Leine wird niemals an der Bikeantenne selbst befestigt, sondern immer direkt am Scooter/Fahrradrahmen. Die Antenne ist lediglich eine Leinenführung!

03 Abnehmbare Bikeantenne – ohne Werkzeug kann diese Antenne vom Bike/Scooter getrennt werden.

04 Bikeantenne – eine Kunststoffleiste wird mit Klettband am Bike befestigt.

VERBINDUNG DER JÖRINGLEINE

Als Verbindung der Jöringleine mit dem Fahrrad oder Dogscooter eignet sich ein **Bikeschlupf mit eingearbeitetem Paniksnap** (Panikhaken) sehr gut. Der Panikhaken ist nach aktueller Version der IFSS-Rennregeln zwar nicht mehr Pflicht, bietet aber einen Vorteil anderen Haken gegenüber: Er lässt sich auch unter Zug noch öffnen, was in einer Notsituation vielleicht einmal wichtig sein kann. Panikhaken sind jedoch kaum während der Fahrt zu lösen, dafür bleibt in der Regel keine Zeit. Ein weiterer Vorteil ist das einfache Abnehmen der Leine für Transportzwecke. Im THS ist der Panikhaken noch Pflicht, hier ist die einhändige Trennung Hund/Sportler der Grund.

AUSLÖSEN DES PANIKSNAPS

Die Führung des Federbolzens im Paniksnap verläuft in Richtung des grünen Pfeils (siehe Foto). Nur in diese Richtung kann der Federbolzen ausgelöst werden, um den Paniksnap zu öffnen und die Leine freizugeben. Das funktioniert auch, wenn massiv Zug durch die Leine ansteht.
Versucht man dagegen den Federbolzen in Richtung des roten Pfeils zu öffnen, funktioniert das nicht! Wird übermäßig an dem Sicherungsring gezogen, könnte sich dieser im Extremfall öffnen und sich aus dem Federbolzen herausdrehen. Der Federbolzen wäre dann ungesichert und würde durch den Druck der Spiralfeder herauskatapultiert werden.

BEFESTIGUNG VON BIKESCHLUPF/ JÖRINGLEINE

Wer die Leine stets am Gefährt lassen möchte, kann sie direkt um das Steuerrohr oder die darüber liegenden Spacer schlaufen. Bitte niemals am Lenker befestigen – auch nicht an der Bikeantenne selbst!
Soll die Leine abnehmbar sein, dann wird der Bikeschlupf um das Steuerrohr/Spacer geschlauft. Man fädelt den Bikeschlupf nach vorne durch die Bremskabelage hindurch. Beim Anbringen der Leinenführung und der Jöringleine ist darauf zu achten, dass Leine und Antenne die Bremskabel nicht beeinträchtigen können, wenn der Lenker bei Kurvenfahrten bewegt wird. Sonst kann es passieren, dass die Lenkung blockiert wird, oder im Fall eines Sturzes, bei dem sich der Lenker verdreht, die Kabel abreißen – ein Weiterfahren mit abgerissenen Bremskabeln ist natürlich unmöglich.
Die Jöringleine wird durch die Öse der Bikeantenne gezogen, je nach Antenne ein- bis zweimal um diese herum gewickelt und dann am Panikhaken befestigt.
Wird kein Bikeschlupf genutzt, dann wird die Jöringleine zuerst um das Steuerrohr geschlauft und dann nach vorne durch die Öse hindurchgefädelt.

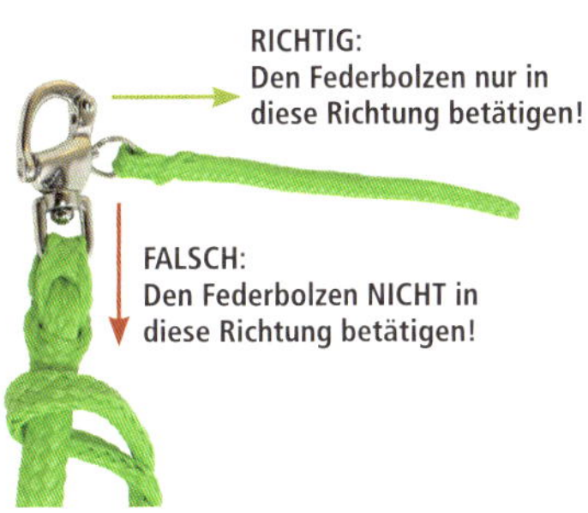

Öffnen des Paniksnaps. Zu starkes Ziehen an der Reißleine kann den Schlüsselring aufbiegen.

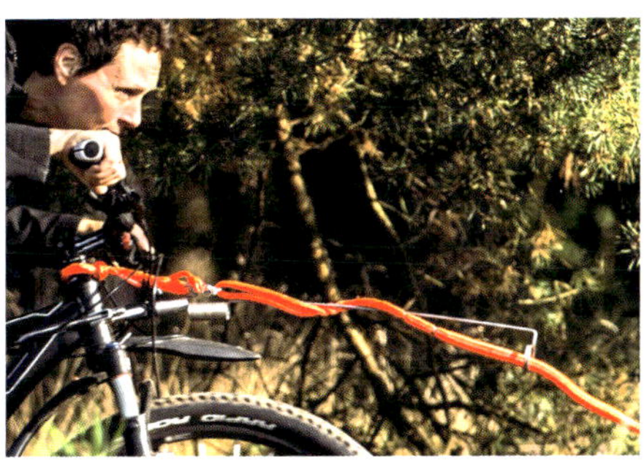

Bikeschlupf am Steuerrohr, Jöringleine um die Antenne gewickelt.

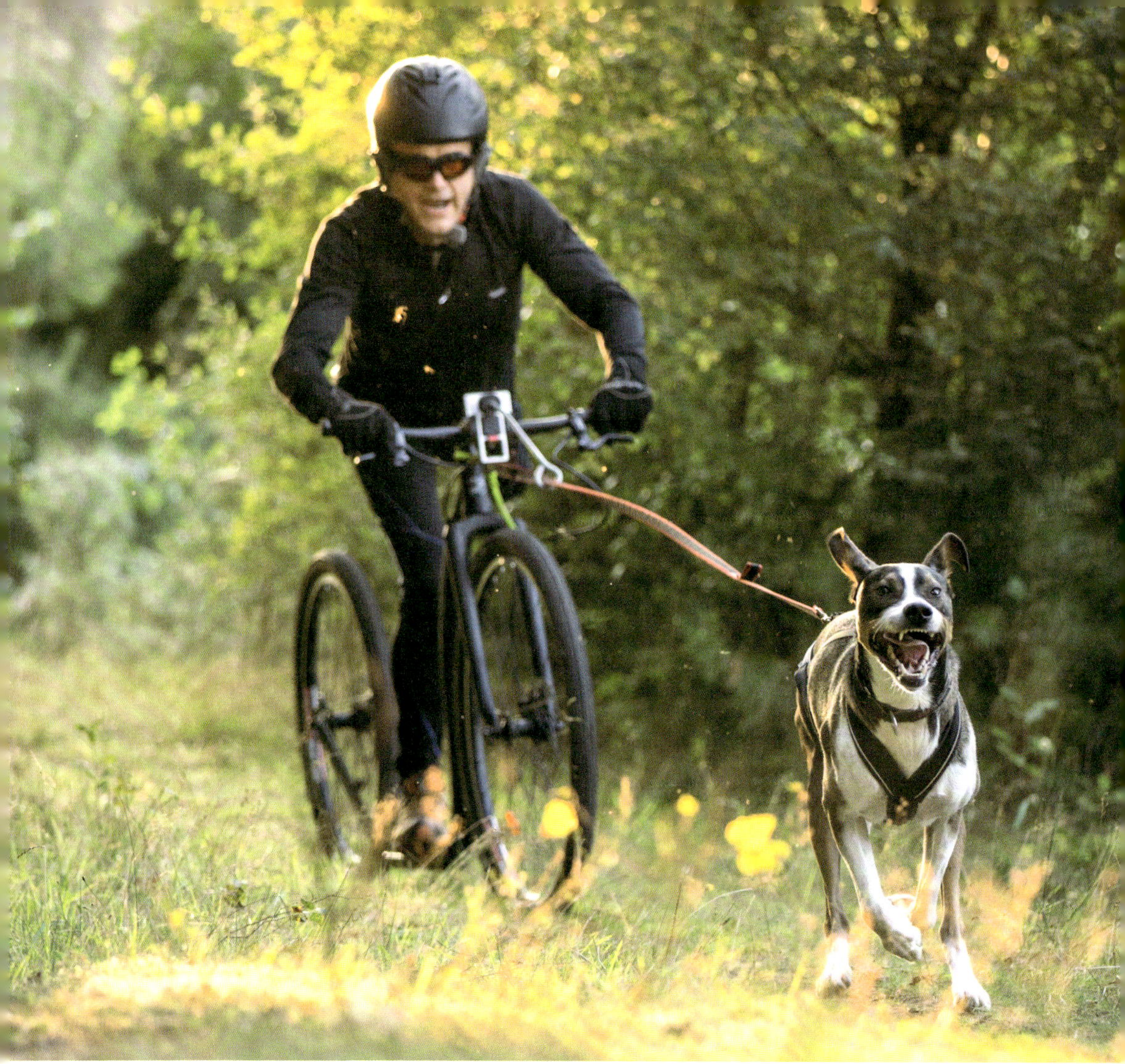

01

WETTKAMPF-SCOOTER

RACE-SCOOTER

Für die fortgeschrittenen, wettkampforientierten Scooterfahrer gibt es inzwischen „Rennmaschinen" als Dogscooter. Diese werden mit größeren Laufrädern ausgestattet (vorne 29" und hinten 24" oder 26") und sind besonders leicht gebaut (Aluminium und Carbon statt robustem Stahl). Sie kommen ohne Federgabel aus, haben niedrige und schmale Trittbretter und auch sehr tief stehende Lenker, damit der Mensch im Wettkampf optimal unterstützen kann. Für den Einstieg in den Scootersport sind diese Roller nicht die erste Wahl, aber je nach Kondition des Menschen auch nicht ganz ungeeignet. Durch die gebückte aerodynamische Standposition sind Rückenschmerzen bei längeren Touren unter Umständen möglich. Auch der Beinwechsel muss geübt werden, da auf den schmalen Trittbrettern die Füße in der Regel diagonal oder hintereinander gestellt werden. Für den Alltag, abseits der Rennszene, sind Scooter mit breitem Trittbrett und hoher Lenkerposition bequemer. Trainiert wird häufig gegen die Bremse, um den Hund nicht im „Full Speed" laufen zu lassen. So kann sich der Hund an der straffen Zugleine ausbalancieren.

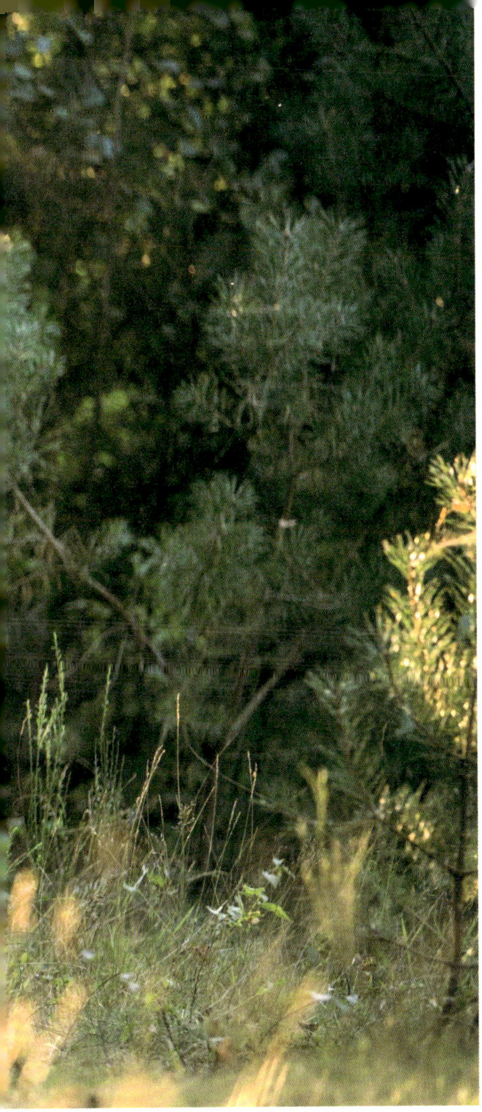

01 *Race-Scooter mit 29"/26" Laufrädern und Starrgabel – gebückte anstrengende Körperhaltung, wobei das Gewicht des Oberkörpers auf den Handgelenken und den Schultern lastet.*

02 *Fat-Scooter mit Ballonbereifung; er eignet sich teilweise auch auf Schnee.*

03 *Auf den Trittbrettern der Rennscooter ist wenig Stehfläche für beide Füße.*

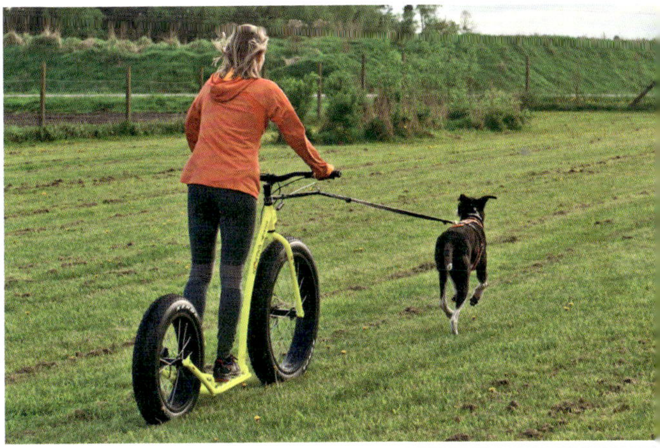

02

FAT-SCOOTER

Seit kurzer Zeit haben sich parallel zur Entwicklung der „Fatbikes" mit sehr großvolumiger Bereifung auch Fat-Scooter etabliert. Die Scooter kommen bei einer 26 × 20 Bereifung ohne Federgabel aus, werden mit sehr niedrigen Luftdrücken gefahren und sind dadurch besonders angenehm auf unbefestigtem Untergrund. Sie sind durch ihre Bereifung besonders für unwegsame Gelände wie Wurzeltrails, Sandfahrbahnen und tiefen Schotter geeignet – sollen aber auch auf Schneefahrbahnen, Pisten und Rodelbahnen eingesetzt werden können. Der Einsatzbereich ist auch für das Dogscooting möglich.

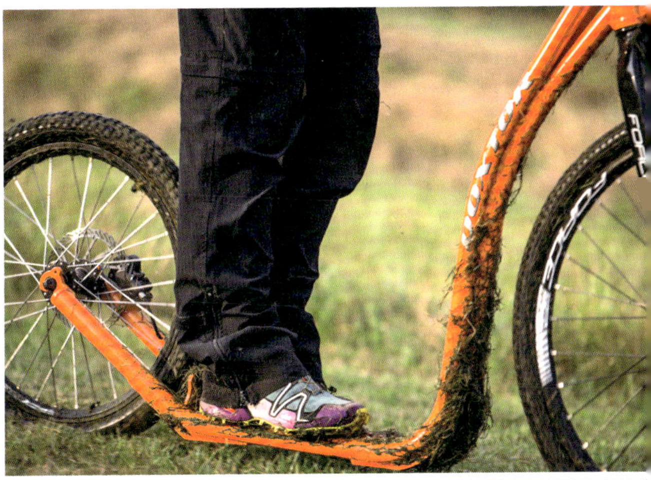

03

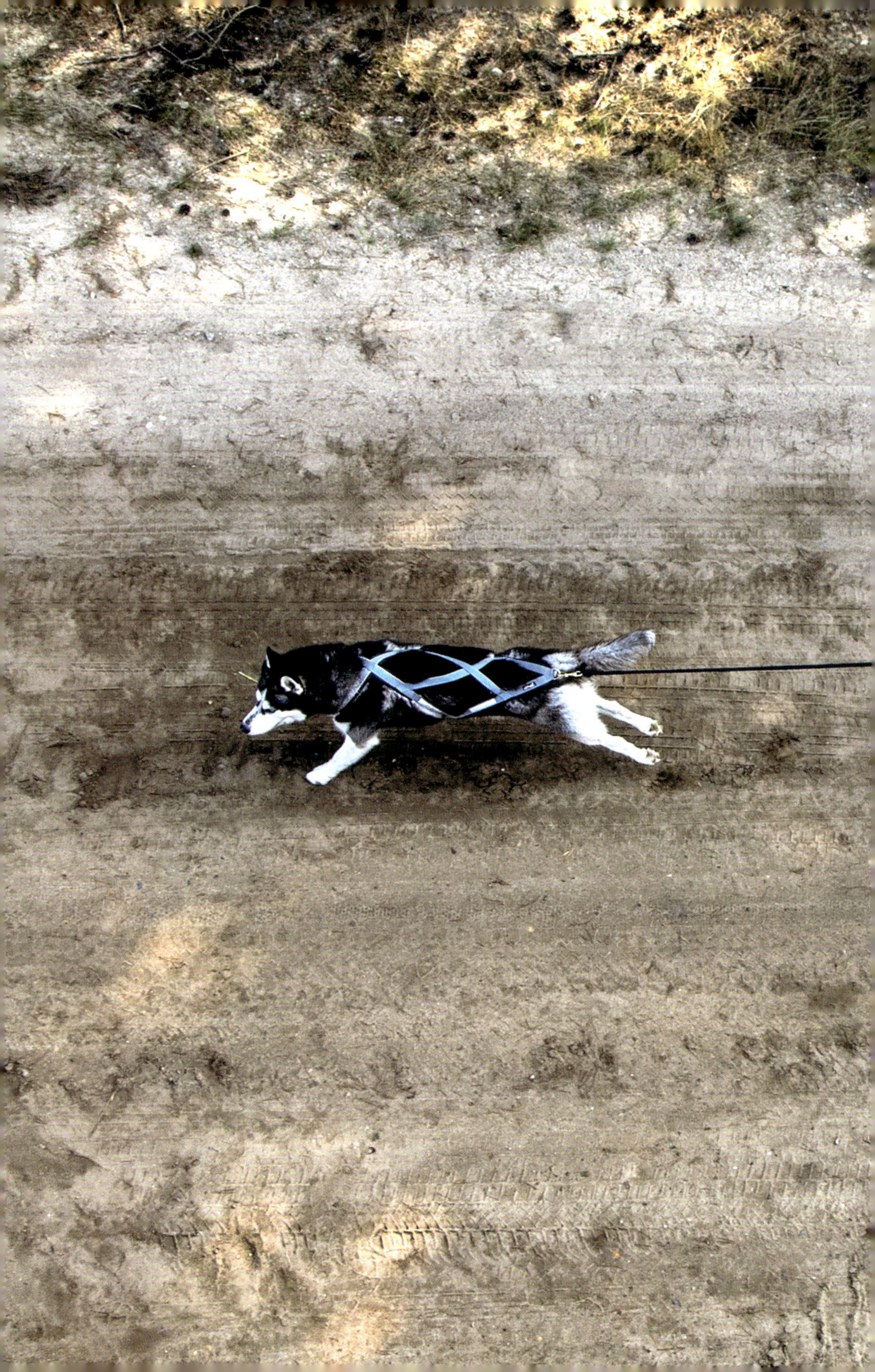

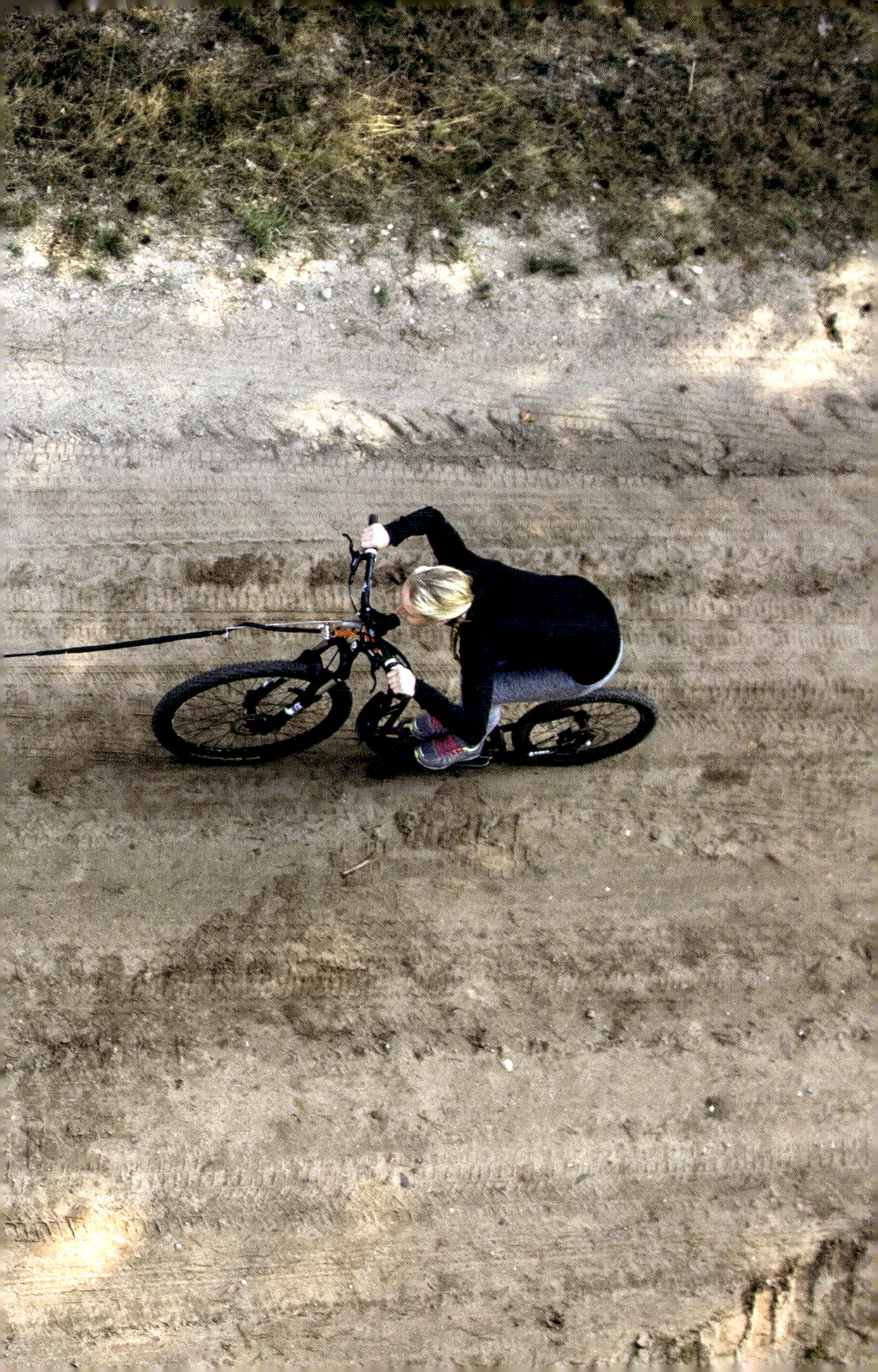

DAS BIKE

Anders als beim Dogscooter, befindet sich ein Fahrrad schon meistens VOR der Idee, Zughundesport auszuüben, im Eigentum. Für die ersten Zugübungen kann vielleicht auch das vorhandene Fahrrad genommen werden. Wichtig ist, dass die Bereifung dem Untergrund angepasst ist und die Bremsen stark genug sind. Ein Rennrad oder gar Kinderfahrrad können wir nicht empfehlen – ein City- oder Trekkingrad kann aber für den Einstieg ausreichend geeignet sein.

DIE RICHTIGE BEREIFUNG

Im Zughundesport werden hauptsächlich Mountainbikes (Hardtail, selten Full Suspension Mountainbike, teilweise auch Crossbikes) eingesetzt. Diese sind für den sportlichen Einsatz abseits einfacher befestigter Wege konzipiert und eignen sich daher bestens auch für den Sport mit Hund. Ob 29", 27,5" oder 26"-Laufräder benutzt werden, hängt vor allem von den persönlichen Vorlieben ab. Je größer das Laufrad, desto ruhiger läuft es über Unebenheiten, aber desto größer wird auch der Kurvenradius. Der Rollwiderstand nimmt mit größeren Laufrädern ab, es wird also leichter zu fahren. Ein Mountainbike mit kleineren Laufrädern bleibt wendig, nimmt dafür aber auch jedes Schlagloch mit.
Ähnlich wie beim Dogscooter sollte beim Bike auf eine grobstollige Bereifung geachtet werden, um möglichst viel Grip für die Kurvenhaftung und das Bremsverhalten zu erhalten. Federgabeln sind ein normaler Bestandteil von Mountainbikes, auf diese wird beim 29"-Bike aufgrund des ruhigeren Laufverhaltens manchmal verzichtet. Federgabeln bringen ca. 2 kg Mehrgewicht.

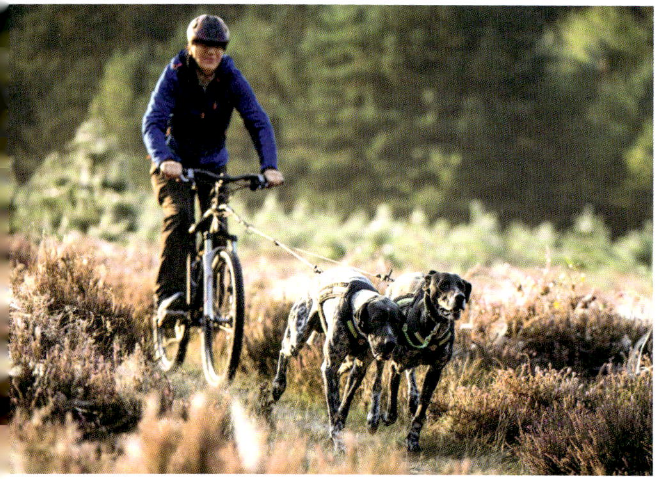

Catja mit Lennon und Campino. Früh am Morgen liegt der Morgentau auf der blühenden Heide.

BREMSSYSTEME

Die üblichen Bremssysteme an modernen Mountainbikes sind hydraulische Scheibenbremsen.
Die ideale Wahl des Bikes hängt von den eigenen Trainingsbedingungen und der Fahrweise ab. Da der Mountainbike-Sport ein riesiger Markt ist, lasst ihr euch am besten im nächsten Fahrradgeschäft beraten. Bedenkt, dass das Material im Zughundesport schneller verschleißt, da wir damit meistens im Gelände unterwegs sind oder auch mal stürzen. Gute Komponenten sind nie verkehrt, aber sehr teures Material kann auch „zu schade“ sein.

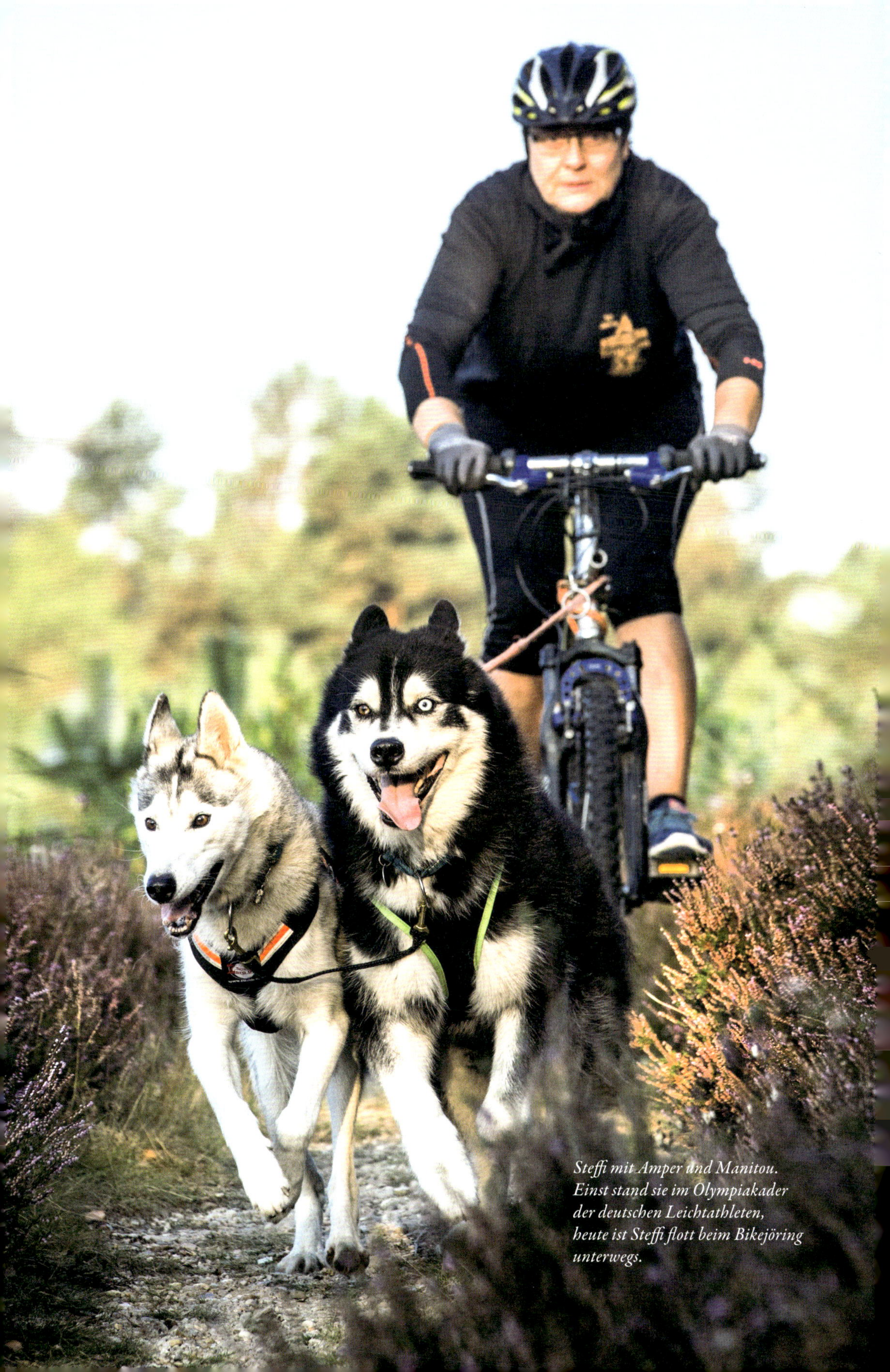

Steffi mit Amper und Manitou. Einst stand sie im Olympiakader der deutschen Leichtathleten, heute ist Steffi flott beim Bikejöring unterwegs.

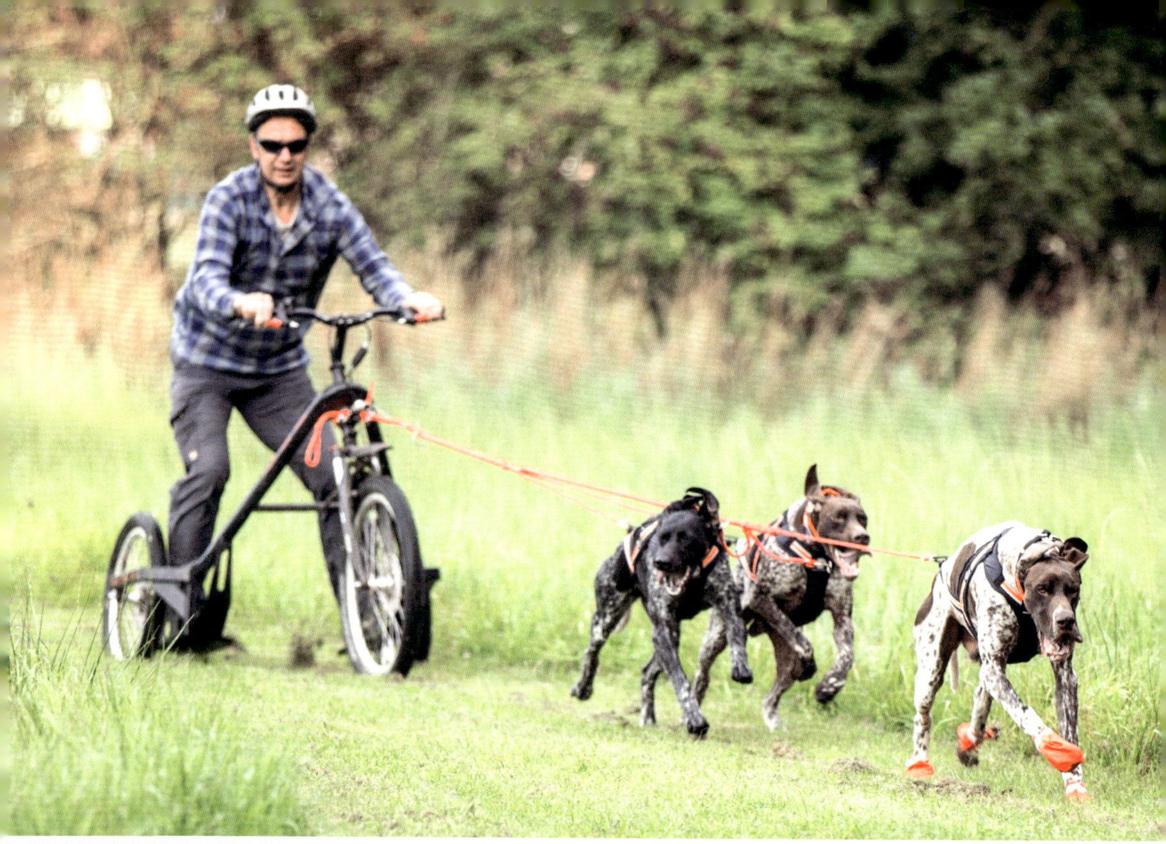

DAS TRIKE

— *am Beispiel vom Hadhi-Dogtrike*

Für zwei bis drei Hunde bietet das Trike eine gute Alternative zum Scooter, eventuell kann auch ein einzelner, großer, kräftiger Hund am Trike eingespannt werden. Das Trike ist ein dreirädriger, kompakter und wendiger Zugwagen und besitzt ebenso einen niedrigen Schwerpunkt wie der Dogscooter. Die Radgrößen sind abhängig von der Bauart, entweder 20"-Reifen auf allen drei Rädern, oder Modelle mit einem größeren Vorderrad und kleineren Hinterrädern – bis hin zu Modellen mit drei großen Rädern (hier besonders als Race-Trikes.

Die Komponenten kommen wie beim Scooter aus dem Mountainbike-Sport. Grobstollige Bereifung, kräftige Bremsen und Federgabel werden üblicherweise verbaut.

Die Anspannung am Dogtrike erfolgt entweder klassisch über die Jöringleine (ein- oder mehrspännig) oder über den sogenannten Zugbügel, ähnlich wie bei Pferdegespannen. Das Fahren im Zugbügel bleibt eher den großen Rassen wie dem Berner Sennenhund vorbehalten.

VOR- UND NACHTEILE

Ein Vorteil gegenüber Gefährten mit zwei Rädern ist die sichere Standfestigkeit, bessere Kippsicherheit und das etwas höhere Gewicht. Nachteilig ist die Bauart mit drei Rädern, die den Transport deutlich erschwert.

RACING-TRIKES

Mittlerweile sind zahlreiche dreirädrige Trainingswagen erhältlich, die für das reguläre Training oder speziell auch für Wagenrennen konzipiert wurden. Diese sind besonders leicht und für Hundeteams von 2 – 4 Hunden geeignet. Sie sind so konstruiert, dass der Fahrer möglichst windschnittig im Renngerät „liegt“ – dies ist besonders für längeres Fahren nicht sehr entspannt. Für Einsteiger sind diese Rennmaschinen, wie bei den Race-Scootern, als Erstgerät eher übertrieben. Aber es spricht nichts gegen die Nutzung mit einem oder mehreren Hunden. Mit ein bis drei Hunden sind wir auf dem Trike deutlich sicherer unterwegs als auf dem Bike oder Scooter. Entscheidender Nachteil ist der Transport eines Trikes, falls nicht gleich vom eigenen Grundstück aus trainiert werden kann. Gegenüber dem Bike und Dogscooter, die einspurig fahren, sind wir mit dem Trike dreispurig unterwegs. Ein Umstand, der die Anforderungen an den Trail beeinflusst.

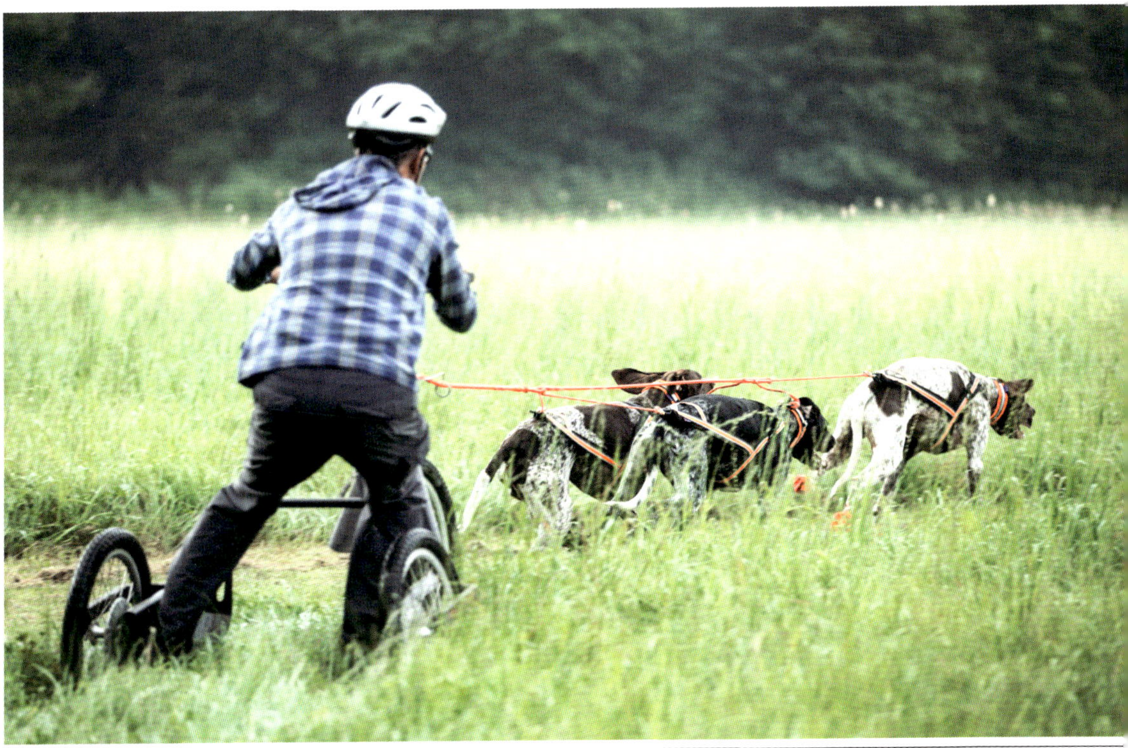

Hadhi-Dogtrike, stehende Position des Mushers, drei kräftige Hunde.

☞ KLEINTEILE

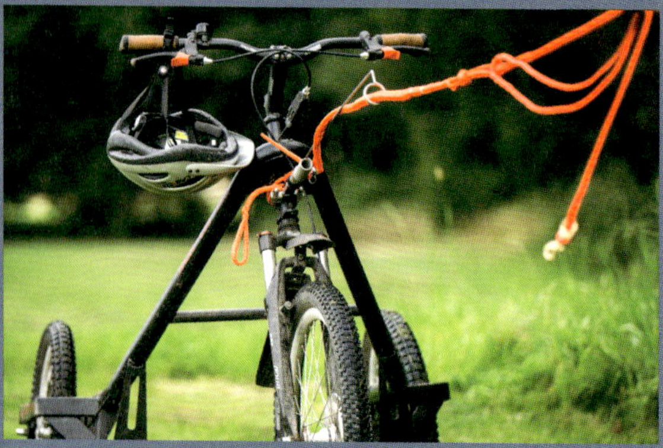

01

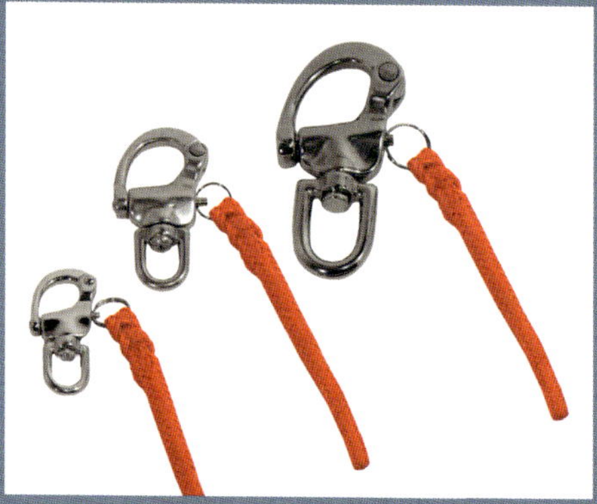

02

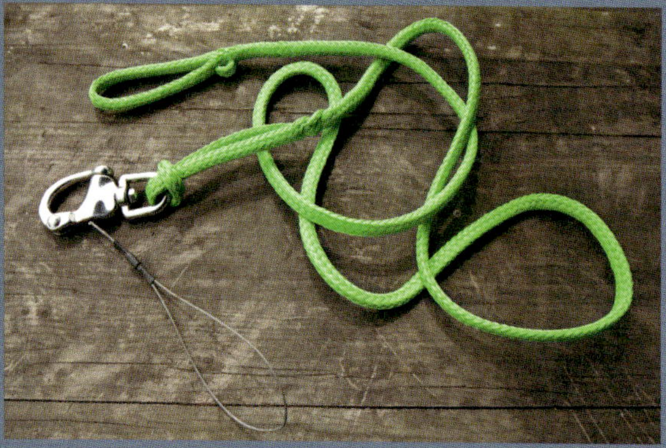

03

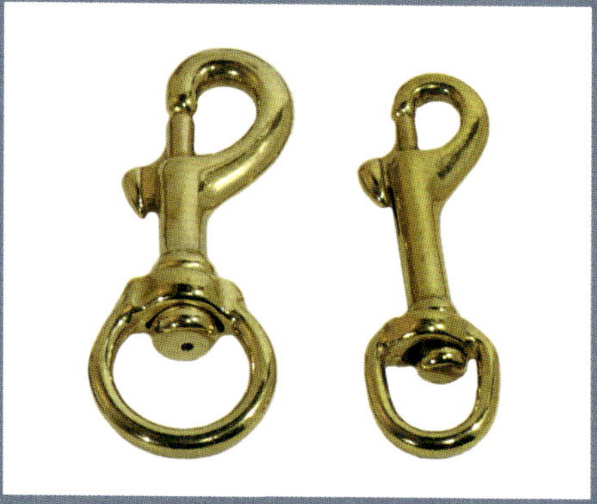

04

01 Hadhi-Dogtrike mit Bikeantenne. Alle drei Räder sind gebremst, die hinteren Räder mit Feststellbremsen. Ich (Uwe) stelle mir gern das Vorderrad 90 Grad quer als zusätzliche Bremse.

02 Paniksnap mit Reißleine. Für ein bis zwei Hunde jeder Rasse ist der kleine Paniksnap am CC-Gürtel ausreichend. Der große Paniksnap wird zur Sicherung von Schlitten oder Trainingswagen genutzt, dann häufig in Kombination mit einem Start-Sicherungsseil.

03 Das Startseil wird um einen Baum/Pfahl geschlauft und dann an Schlitten oder Trike mit dem Paniksnap befestigt, um die Hunde an einem frühzeitigen Start zu hindern.

04 Messingkarabiner ½" für Necklines und Zugleinen bei kleinen Hunden und ¾" für Zugleinen bei großen Hunden haben sich seit Jahrzehnten im Schlittenhundesport bewährt.

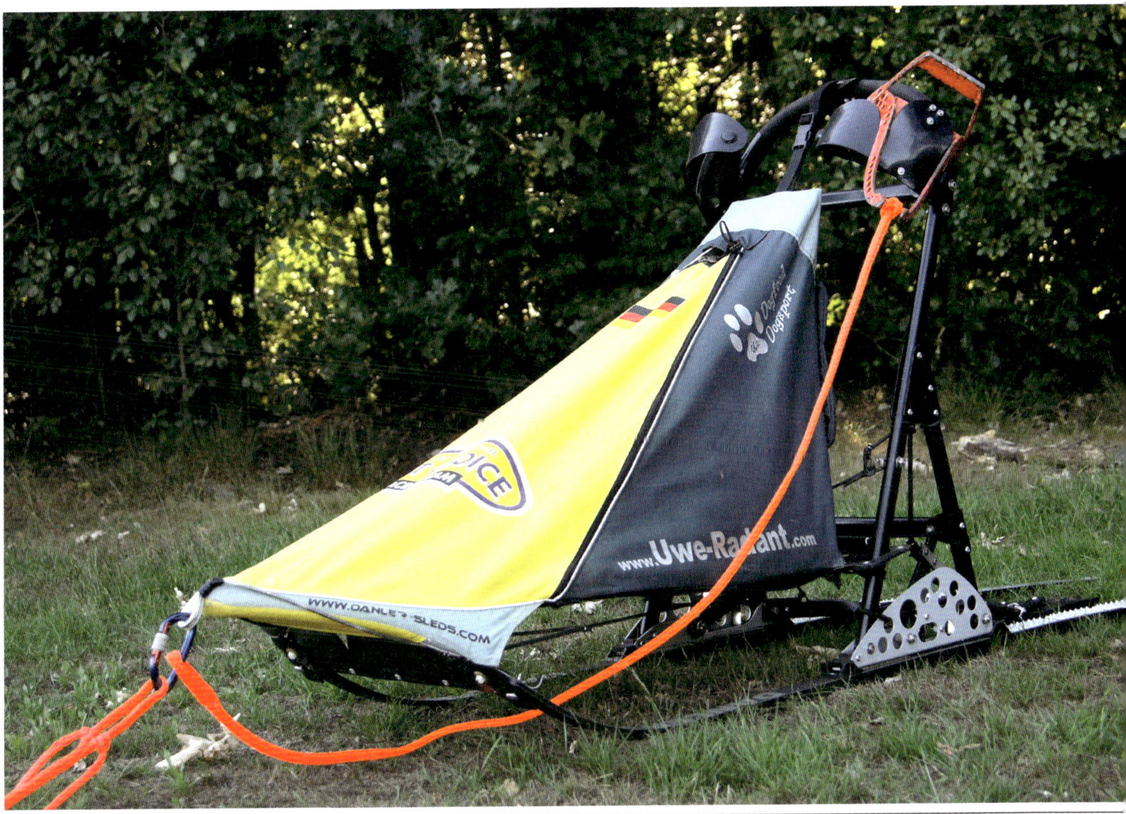

Typischer Schlitten für zwei Hunde bis Unlimited Class.

DER HUNDESCHLITTEN

Unter den Schlittenhunde-Gespannklassen ist die Zwei-Hunde-Kategorie die kleinste Klasse. National wurde diese Kategorie vor einigen Jahren ins Leben gerufen, um Mushern mit überzähligen Hunden eine Möglichkeit zu bieten, diese während der Rennwochenenden zu bewegen. Gleichzeitig bietet diese Kategorie allen Canicrossern, Scooter- und Bikejörern mit zwei Hunden eine Möglichkeit, sich mit den Hunden auf präparierten Trails im Schnee auszutoben. Inzwischen hat sich daraus eine hart umkämpfte, auf die Zwei-Hundeklasse verschworene Gemeinschaft entwickelt. Hier zählt nicht nur die Hundepower vor dem Schlitten, vielmehr sollte der Musher hinten durch Pedalen oder mit kurzen Sprints am Berg die Hunde unterstützen. Immer wieder schön, dieser Sport im Schnee, egal ob bei Kaiserwetter in herrlichem Sonnenschein oder bei klirrender Kälte mit waagerechtem Schneetreiben und „White Out"-Sichtverhältnissen. Probiert es einfach einmal aus ... „it's just a question of priority" hat mal jemand zu mir (Uwe) gesagt.

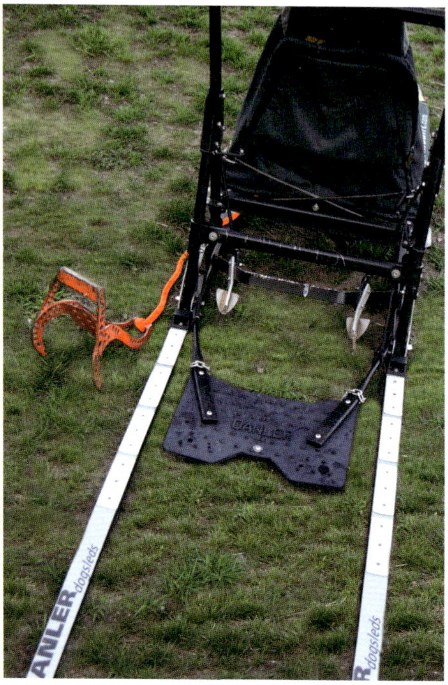

Unterschiedliche Bremsen

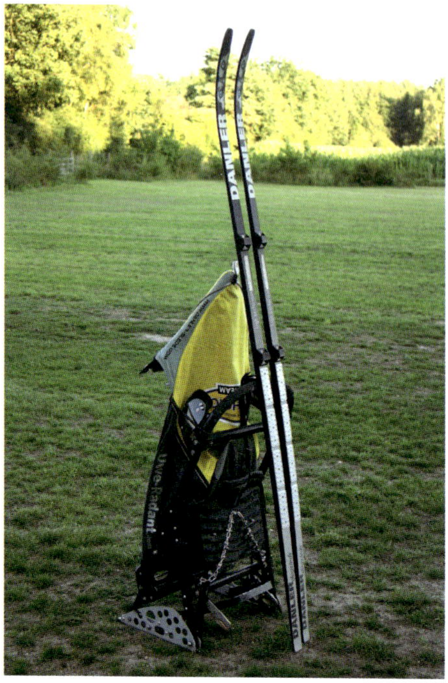

Praktischer Transport des Schlittens.

SPRINTSCHLITTEN

Typische Sprintschlitten sind ausgestattet mit einem Transportsack. Falls sich mal ein Hund verletzt, könnte er hier drin transportiert werden. Die Kufen sind abnehmbar und der Schlitten zusammenklappbar, so dass er in jedem PKW befördert werden kann. Der Tower des Schlittens ist sehr elastisch/beweglich und lässt sich nach links und rechts verschieben. Dieses Verschieben bewirkt ein Verkanten der Schlittenkufen, ähnlich wie ein Skifahrer, der den Hang hinunter wedelt. Die Technik der Kurvenfahrt ist also bei Hundeschlitten und Skiabfahrt durch das Schrägstellen der Kufen vergleichbar.

BREMSMATTE

Mit den Vorderfüßen auf den Schlittenkufen stehend, geben wir mit den Hacken Druck auf die Gummimatte, die unten mit Versteifungen, Noppen und Spikes versehen ist. Bei Bergabfahrten ermöglicht die Bremsmatte, dosierten Bremsdruck auszuüben, vergleichbar mit den Scheibenbremsen an Bike und Scooter, so dass sich die Hunde immer an straffer Leine ausbalancieren können.

Eine Bremsmatte ist nur bedingt als Bremse tauglich und ersetzt keinesfalls die Krallenbremse!

KRALLENBREMSE

Sie wird mit dem Mittelfuß (egal ob linker oder rechter) betätigt und ermöglicht, das Team auf präparierten Trails zum Stehen und Halten zu bringen. Die Krallenbremse ist zwingend Bestandteil eines jeden Schlittens. Wir sprechen das ausdrücklich an, da viele Kicksparks lediglich mit einer Bremsmatte ausgerüstet sind.

SCHNEEANKER

Der Schneeanker wird bei großen Gespannen unterstützend zum Bremsen benutzt und sichert das Team. Um den Schneeanker wirkungsvoll nutzen zu können, bedarf es einer fest gepressten Schneeauflage ... also präparierter Renntrails.

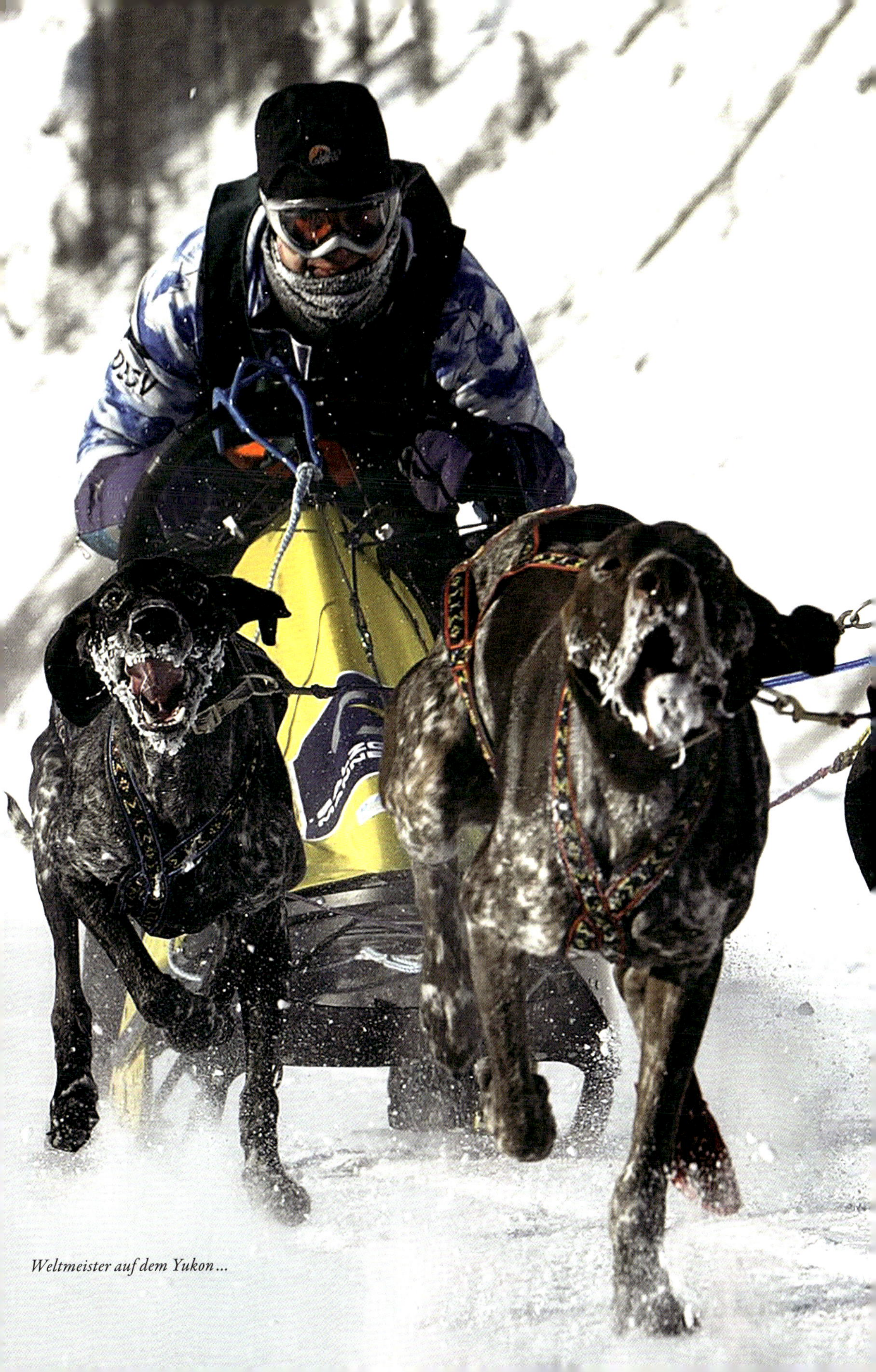

Weltmeister auf dem Yukon …

TRAININGSAUFBAU
— *Grundlagen für den Erfolg*

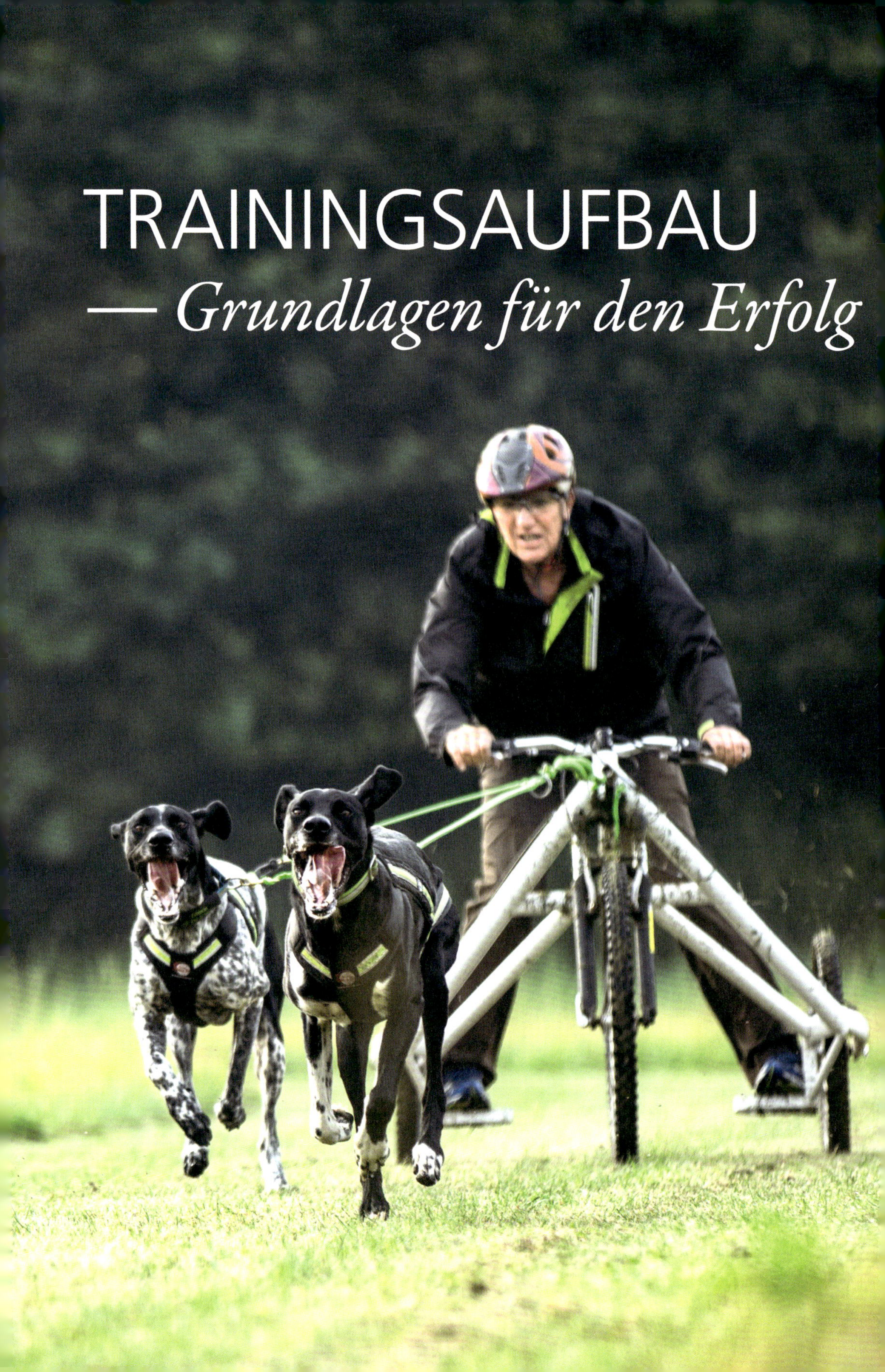

TRAININGSBEDINGUNGEN

TEMPERATUR

Der Zughundesport ist kein Sommersport! In der ersten Übungsphase spielt die Temperatur noch keine so große Rolle, da der Hund eher geistig als körperlich gefordert wird. Gehen wir jedoch ins eigentliche Training über, besteht die Gefahr, den Sportpartner zu überhitzen.

Unsere felligen Sportsfreunde regulieren ihre Körperwärme nicht wie wir Menschen über die gesamte Hautoberfläche – wir schwitzen – sondern lediglich über das Hecheln. Wirklich schwitzen können sie nur an den Pfotenballen. Durch diesen Umstand sind Hunde wesentlich hitzeanfälliger als wir und es ist unsere Aufgabe, unsere Familienhunde vor der Überhitzung zu schützen.

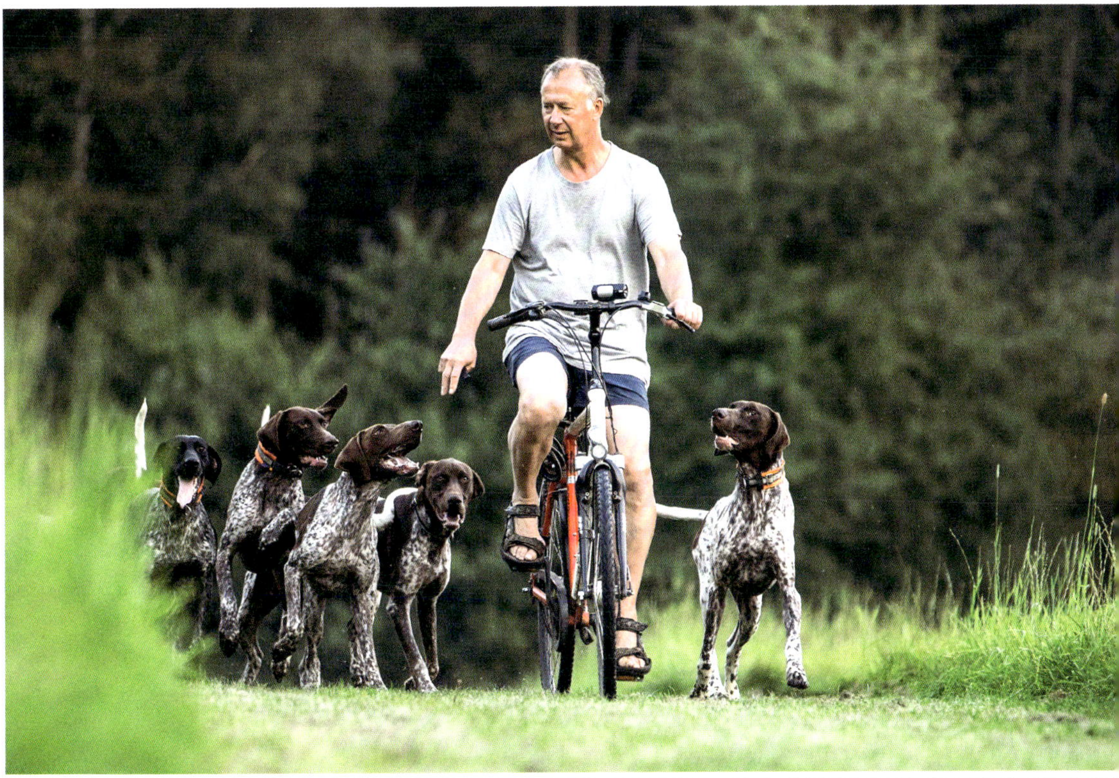

Freebiken im Sommer … im Idealfall zur nächsten Badestelle.

Es ist immer wieder auffällig, dass gerade im Sommer bei Temperaturen um 30 Grad Hundehalter dazu neigen, Fahrradausflüge mit ihrem Hund zu unternehmen. Während Frauchen/Herrchen in Boxershirt und Shorts unterwegs sind, plagt sich der Begleiter oft noch mit der Unterwolle des letzten Winters herum.

Das kann ich (Uwe) auch aus eigener Erfahrung berichten, wenn ich im Sommer mit leichtem Rückenwind auf dem Bike zügig unterwegs und dabei keineswegs gefordert bin, während meinen Jungs bereits nach einem Kilometer in der prallen Sonne die Zunge weit heraushängt.

Ganz anders sieht es bei kühlen Temperaturen um 3 Grad im Winter aus. Hier bin ich nach 10 km völlig durchgeschwitzt und konditionell am Ende, während mein Rudel freudig um mich herum schwänzelt und mich dazu drängt, weitere 10 km zu laufen. Dieses Beispiel soll verdeutlichen, wie temperaturabhängig unsere vierbeinigen Athleten in Bezug auf sportliche Leistung sind.

WÄRME

Bis zu welcher Temperatur ernsthaft trainiert werden kann, hängt ganz individuell vom eigenen Vierbeiner ab. Während zum Beispiel ein spanischer Jagdhundmix noch bei 20 °C Spaß und Leistung bei der Zugarbeit zeigt, legt sich ein stark befellter Malamute bei dieser Temperatur in den Keller und ist draußen nicht mehr zur Arbeit zu bewegen – was für ein schlauer Hund!

Viele Musher behelfen sich mit der **15 °C-Regel**, um zu entscheiden, ob angespannt werden kann oder nicht: Ist es über 15 °C, wird nicht mehr angespannt, darunter ist Training angepasst möglich. Angepasst bedeutet in etwa so viel – bei etwa 10 – 15 °C fährt der Musher etwas reduzierte Trainings-

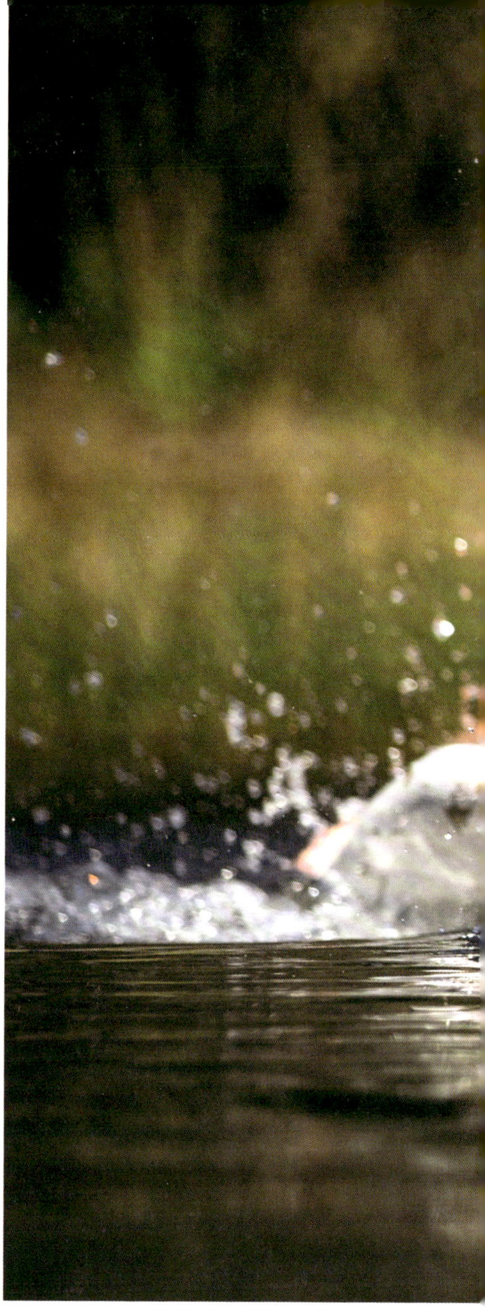

Steffi und Rocko ... Badespaß pur!

WICHTIG!

Zughunde, die im Trieb hetzen, sind durch uns vor sich selbst zu schützen! WIR tragen die Verantwortung für unseren vierbeinigen Sportskameraden und müssen ein Training gegebenenfalls abbrechen, sollte er Anzeichen für eine mögliche Überhitzung zeigen.

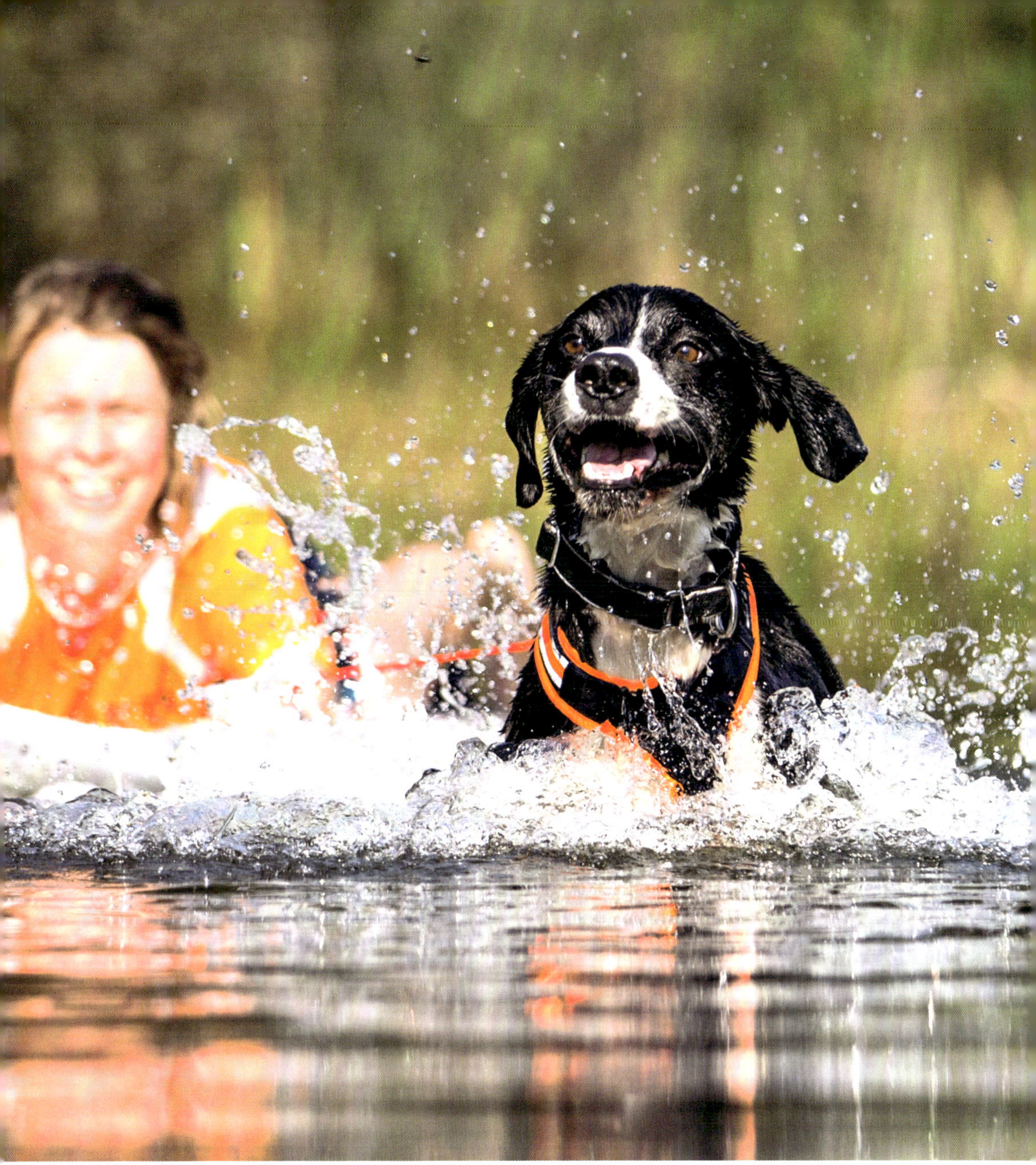

strecken, vielleicht mit Pausen – bei niedrigeren Temperaturen in den frühen Morgen- oder späteren Abendstunden dann gern volles Trainingsprogramm.

LUFTFEUCHTIGKEIT

Ein wichtiges Kriterium für die Einschätzung optimaler Temperaturen ist die Luftfeuchtigkeit, da, wie schon erwähnt, unsere Hunde ihre Körperwärme durch Verdunstung von Speichel und Sekreten über die Schleimhäute abgeben. Ist die Luftfeuchtigkeit zu hoch, kann die Außenluft keine weitere Feuchtigkeit mehr aufnehmen und es findet praktisch keine Verdunstung mehr statt. **Daher sind niedrige Temperaturen in Kombination mit einer geringen Luftfeuchtigkeit optimale Trainingsbedingungen!**

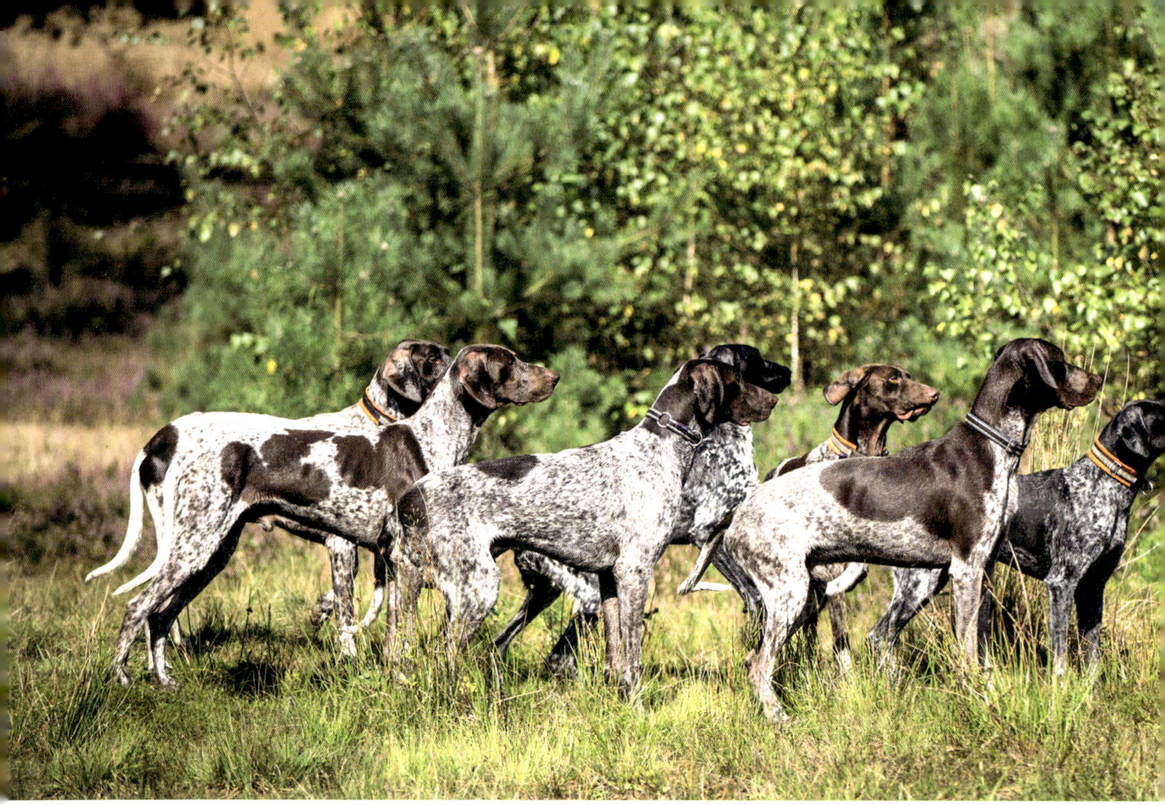

Disziplin …

SCHWÄCHSTER HUND ALS INDIKATOR

In einem Rudel nehmen erfahrene Musher den schwächsten Hund als Indikator dafür, wie intensiv das Training gestaltet werden darf. Mit der Zeit bekommt auch ihr ein Gespür dafür, was eurem Partner im Geschirr gut tut und was ihn überfordert. Vorausgesetzt, euer Hund zählt nicht zu den gefährdeten Kandidaten, die bis an ihre Grenze gehen wollen. Doch häufig tendieren Hunde, die sich überhitzt haben, dazu, sich künftig selbst zurückzunehmen. Wir stehen hier also in der Verantwortung für unseren Hund.

RENNREGELN DER IFSS

Um die Temperaturräume etwas zu benennen, schauen wir uns die Rennregeln des Internationalen Schlittenhundeverbands (IFSS) einmal genauer an. Diese Regeln gelten für die Austragung von Schlittenhunderennen und können daher auch für uns im Training gelten. Solange die Temperaturen unter 16 °C bei einer maximalen Luftfeuchtigkeit von 85 % liegen, findet das Rennen regulär statt. Für Canicross darf für die reguläre Streckenlänge die maximale Temperatur 18 °C betragen. Bei Temperaturen zwischen 16 und 18 °C wird die Rennstrecke eingekürzt auf maximal 2 km für Canicross, Bikejöring und Dogscooter. Die maximale Temperatur für Bikejöring auf der gekürzten Strecke wird mit 22 °C angegeben und für Canicross 25 °C. Daraus können wir entnehmen, dass im Canicross Hunde auch bei wärmeren Temperaturen bewegt werden können, schließlich müssen wir selbst bei der Wärme hinterherhecheln. Entsprechendes gilt auch für das Wandern oder Walken mit Hund bei Wärme. Es ist selbstverständlich darauf zu achten, dass unsere Hunde genug Zugang zu Wasser haben. Auch ein Zwischenstopp mit Möglichkeit zum Schwimmen ist eine willkommene Abkühlung für unsere Hunde.

Für die schnelleren Zughundesportarten gilt: je wärmer, desto kürzer – und wer härter arbeitet, läuft auch schneller heiß. Die Gefahr des Überhitzens ist groß.

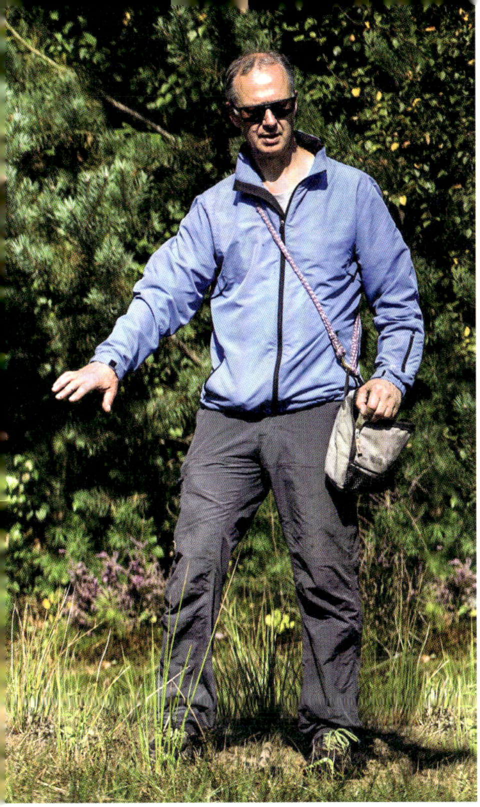

Das bedeutet, dass ein Hund, der weniger intensiv arbeitet, also eher im Schongang unterwegs ist, auch oberhalb der genannten Temperaturen noch bewegt werden kann. Hier gilt es, den eigenen Hund gut zu beurteilen. In der Regel zeigen sie dies gut an. Habt ihr Hunde mit einem starken Lauftrieb, die entsprechend hart ziehen – müsst ihr sie aktiv vor ihrem eigenen Arbeitswillen schützen. Die Gefahr des Überhitzens ist nicht zu unterschätzen und es kann für einen Hund schnell lebensgefährlich werden. Bei Temperaturen im Grenzbereich können aber gut einzelne Sequenzen trainiert werden. Neben dem ruhigen Stehen an der gespannten Leine (Line-out) und dem ruhigen Starten auf Signal, können z. B. auch Richtungssignale trainiert werden (siehe S. 104 ff.). Ihr könnt also auch die Länge der Trainingsstrecke an die vorherrschenden Temperaturen anpassen oder entsprechend Pausen machen, wenn es nicht mehr klirrend kalt ist.

ZUGSPORT-PAUSE NUTZEN

Wir nutzen z. B. die warme Jahreszeit gern für eine Zugsport-Pause und erhalten die Kondition durch Schwimmen, Spielen im Wasser und ausgedehnte Fahrradtouren mit den Hunden im Freilauf. Gerade das Freebiken (Freilauf am Fahrrad) kann zur Ausbildung der Junghunde genutzt werden – bei einem Rudel von 6 oder mehr Hunden ist die Disziplin natürlich unerlässlich!

KÄLTE

Kälte hingegen stellt in der Regel kein Hindernis dar. Selbst kurzhaarige Hunde, die im Winter einen schützenden Hundemantel tragen, laufen bei der Zugarbeit problemlos ohne Mantel. Bei extremen Temperaturen in Kombination mit Wind und Regen oder sehr empfindlichen Hunden (Windhunde, Nackthunde), kann bei langsamer Zugarbeit ein Wärme- oder Regenschutz nötig werden.

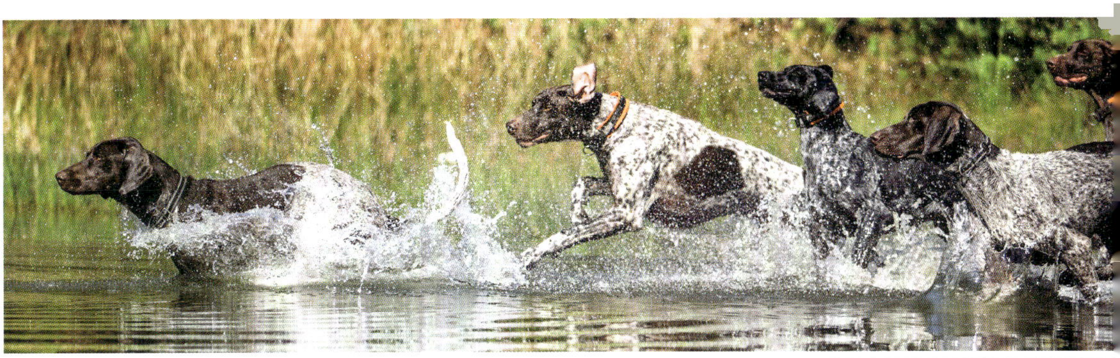

... und Fun!

OPTIMALES GELÄNDE

TRAIL – UNTERGRUND

Ein weicher und griffiger Untergrund ermöglicht unseren Hunden ein kräftiges und verletzungsfreies Laufen. Wald-, feste Sand- und Wiesenwege sind ideal, um intensiv und gelenkschonend vom Boden „abzudrücken". Auf Asphalt und Schotter sollte, wenn möglich, verzichtet werden. Wer dies nicht kann, sollte darauf achten, dass die Strecken so kurz wie möglich sind. Haben wir allerdings einen Hund, der nicht so hart arbeitet, sondern lieber sparsamer, aber länger zieht, so muss Asphalt für diese Hunde kein Problem bedeuten. Arbeitet der Hund aber hart und Asphaltstrecken sind nicht zu vermeiden, sollten Booties zum Einsatz kommen (siehe S. 40).

GELÄNDE UND ETIKETTE

Bei der Auswahl des Trainingsgeländes gilt es, mit viel Rücksicht vorzugehen. Wir wollen ein positives Bild unseres Sports in der Öffentlichkeit schaffen. Dies beginnt beim Parken auf erlaubten Parkplätzen. Wenn die Hunde sich vor dem Training gelöst haben oder dies unterwegs verrichten, werden die Hinterlassenschaften eingesammelt und entsorgt, gegebenenfalls mitgenommen.

Rücksichtnahme

Es ist sinnvoll, Stoßzeiten zu meiden, zu denen sich viele Spaziergänger mit und ohne Hund tummeln. Ebenso sind die Brut- und Setzzeiten zu beachten und besonders in dieser Zeit die erlaubten Wege einzuhalten. Ein ruhiger und routinierter Trainingsbeginn sorgt auch dafür,

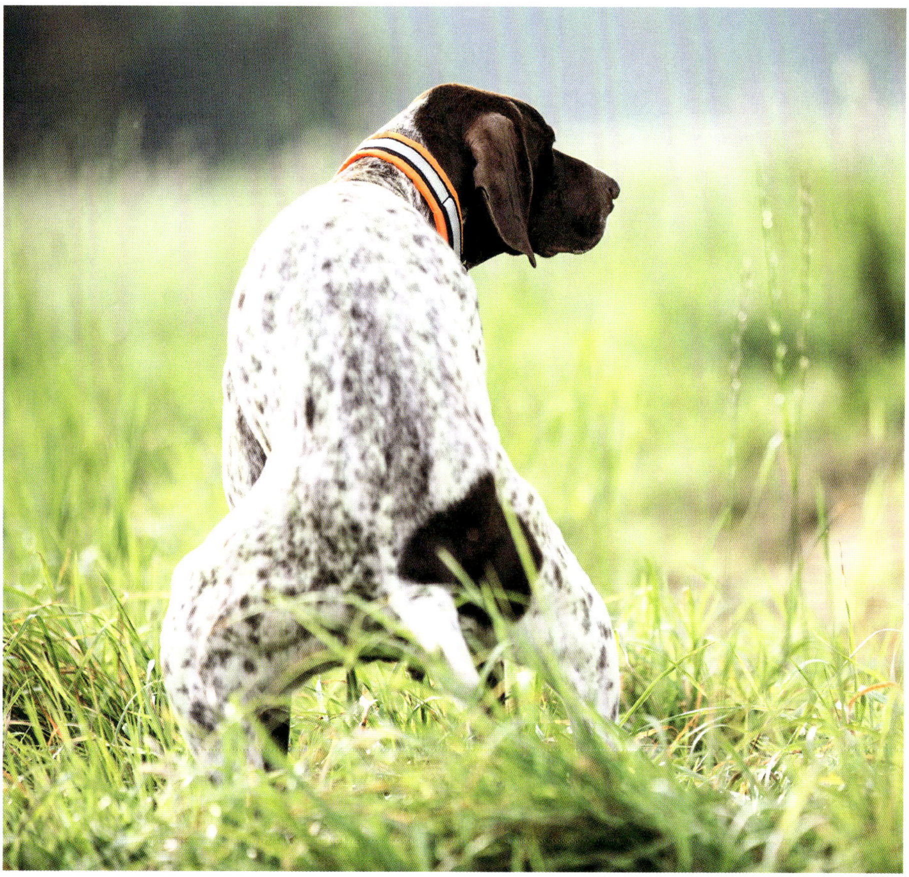

Erfahrene Hunde lösen sich ritualmäßig vor dem Lauf.

dass die Lärmbelästigung für die Nachbarschaft maximal gering ausfällt. Rücksicht wird sich auf Dauer immer auszahlen, wohingegen bereits ein kleiner Konflikt leicht zum Verlust einer schönen Trainingsmöglichkeit führen kann. Das bedeutet, dass wir anderen Spaziergängern respektvoll ausweichen oder auch anhalten und unsere Hunde sichernd am Wegrand festhalten, um entgegenkommende Menschen vorbeizulassen. Der Wald gehört nicht uns, sondern uns allen und wir wollen niemanden erschrecken.

Freilaufende Hunde

Aufgepasst – freilaufende Fremdhunde haben in der Regel einen großen Drang, schnell vorbeilaufenden Hunden nachzuhetzen. So passiert es regelmäßig, dass auch der best erzogenste Hund plötzlich Jagdtrieb entwickelt und uns direkt in das Gespann springt. Hier halten wir im Zweifelsfall lieber an, wenn der Fremdhund nicht ausreichend gesichert ist. Auch wenn die Fremdhunde an der Leine sind, sollten wir uns immer respektvoll und defensiv verhalten, damit es nicht zu Konflikten kommt. Auch ist zu beachten, dass das Fahren von Zugtiergespannen in einigen Landkreisen auf Wald- und Forstwegen verboten ist.

UNTERSCHIEDLICHE STRECKENPROFILE

Selbstverständlich gibt die persönliche Umgebung das Gelände vor. Für den Anfang eignen sich ebene und nur leicht hügelige Strecken am besten, da wir besonders zu Beginn auf eine gleichmäßige Zugbelastung achten wollen. Für den geübten Canicrosser dürfen die Strecken auch gern über Stock und Stein gehen – das macht sowohl dem Hund als auch dem Läufer viel Spaß!
Je extremer das Höhenprofil der Strecke aussieht, desto höher ist die Belastung auch für den Hundehalter, der in jeder Disziplin in steilen Anstiegen ordentlich helfen muss. Gleiches gilt natürlich auch für sehr weichen Untergrund wie Matsch, weiche Wiese oder

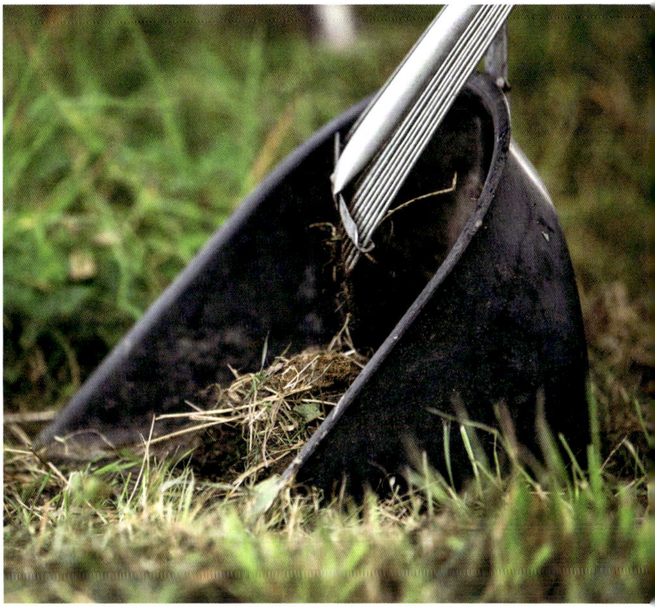

Die Hinterlassenschaften sollten grundsätzlich beseitigt werden.

tiefen Sand, hier muss je nach Hund auch ohne Steigung häufig mitgeholfen werden. Ein Abgehen und Beurteilen der geplanten Strecke ist empfehlenswert. Nehmen wir den Hund dabei mit, kann er sich auch schon einmal merken, wohin es gehen soll. Fahren wir danach die Strecke mit Bike oder Scooter, wird er normalerweise direkt den richtigen Weg einschlagen.

VERGLEICH DER STRECKEN

Dank GPS-Technologie in den Smartphones ist heute für nahezu jeden im Nachhinein ein objektiver Vergleich der einzelnen Strecken möglich. Im Vorfeld können so auch neue Trainingsstrecken geplant und ausgekundschaftet werden.
Auch das Aufzeichnen der gefahrenen Strecken kann zur Überprüfung der gefahrenen Distanzen interessant sein. Dies ist ebenfalls mit normalen Fahrradtachos machbar.
Neben der gefahrenen Distanz zeichnen sie die aktuelle Geschwindigkeit, die Durchschnittsgeschwindigkeit und je nach Modell noch viele weitere Parameter wie z. B. Höchstgeschwindigkeit auf. Ähnliche Funktionen besitzen auch Laufuhren mit GPS-Tracking.

SO LERNT DER HUND DAS ZIEHEN

Viele Wege führen zum Ziel! Und mit vielen verschiedenen Trainingsansätzen können wir einen Hund an die Zugarbeit heranführen. Dabei sind unsere Vierbeiner alle individuell lernfähig. Manch einer lernt die Aufgabe nahezu von allein, bei anderen bedarf es eines geduldigen Trainingsaufbaus.
Wir wollen euch eine Methode vorstellen, die für nahezu jeden Hund geeignet sein sollte und auch unerfahrenen Hundebesitzern die Möglichkeit bietet, Schritt für Schritt zu einem sicheren Zugverhalten zu gelangen. Dieser Prozess kann einige Wochen dauern. Es gibt Hunde, die ihre neue Aufgabe fast über Nacht lernen und täglich eine längere Strecke ziehen können, bei anderen arbeiten wir uns Schritt für Schritt behutsam vor. Seid fair zu euren Familienmitgliedern und geht individuell auf sie ein!
Die von uns beschriebene Methode hat das Ziel, dass der Hund für etwa 3 bis 5 km in „Renngeschwindigkeit" läuft. Wollt ihr mit euren Hunden in niedriger Intensität über längere Strecken fahren, kann das Training entsprechend abgeändert werden (siehe S. 110). Weitere Ideen, wie wir einem Hund die Zugarbeit beibringen können, könnt ihr auf Seite 101 erfahren.

WICHTIG
- Je kleinschrittiger wir arbeiten und je häufiger wir wiederholen, desto stärker können wir unseren Hund auf die Zugarbeit konditionieren.
- Durch die kurzen Strecken lernt der Hund, sich stark ins Geschirr zu hängen.
- Ein routinierter Hund lässt sich kaum von seiner Umwelt ablenken und rennt an (fast) allem vorbei.

BESUCH VON KURSEN

Der Zughundesport boomt und daher gibt es auch immer mehr Hundeschulen, die Seminare für Zughundesport anbieten. Diese arbeiten in der Regel mit Variationen der hier vorgestellten Methoden. Der Vorteil eines Kurses liegt darin, dass die Ausbilder im Idealfall keine Fehler im Aufbau von euch und euren Hunden machen und ihr verschiedenes Equipment direkt ausprobieren könnt. Gerade was die Auswahl des passenden Zuggeschirrs angeht, ist dies ein wichtiger Punkt, den Anfänger häufig falsch einschätzen. Auch die verschiedenen Dogscooter unterscheiden sich und sollten nach Möglichkeit ausprobiert werden.

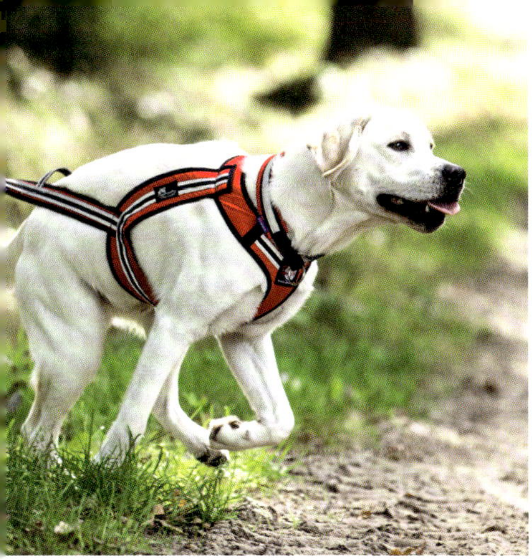

Lucky, unser Lehrling beim Fotoshooting…

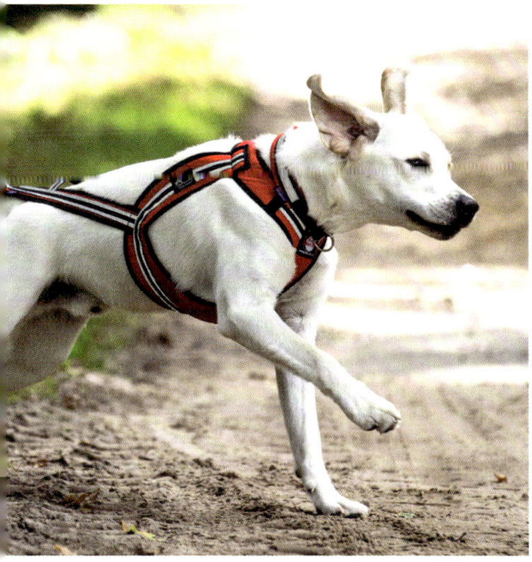

… volle Konzentration…

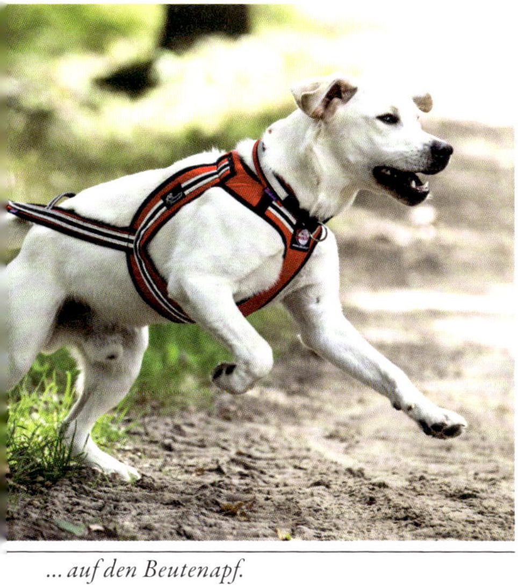

… auf den Beutenapf.

ZUGARBEIT IM GESCHIRR

Wir arbeiten bei unserer Trainingsmethode über eine kleinschrittige Konditionierung der Zugarbeit im Geschirr. Der grobe Plan dafür sieht so aus:

Schritt 1 Der Hund lernt, auf ein Signal von uns zu einem gefüllten Napf zu laufen (Belohnung).

Schritt 2 Der Hund lernt, mit einem angehängten Gewicht am Zuggeschirr auf ein Signal von uns zu einem gefüllten Napf zu laufen.

Schritt 3 Der Hund lernt, mit dem angehängten Scooter/Bike/Mensch am Zuggeschirr auf ein Signal von uns zu einem gefüllten Napf zu laufen.

Danach wird die Strecke verlängert.

TRAININGSAUFBAU – JETZT GEHTS LOS!

WAS BENÖTIGEN WIR?

— Einen hungrigen Hund, einen Napf, extra leckeres Futter,
— ein passendes Zuggeschirr (Kurzgeschirr oder Langgeschirr) *,
— eine Jöringleine,
— ein Gewicht (Sandsack),
— einen tauglichen Scooter/taugliches Bike oder CC-Gurt/Laufschuhe für uns.

* Das Kurzgeschirr hat hierbei den Nachteil, dass die Jöringleine in einem Winkel nach unten zum Sandsack verläuft und damit etwas auf den Hunderücken drückt. Da wir hier ein eher geringes Gewicht ziehen lassen und später am Scooter der Zug nach schräg oben vom Hunderücken weg verläuft, können wir während der kurzen Zeit der Übungen diesen Gesichtspunkt vernachlässigen. Langgeschirre enden hinter dem Hund, so dass die Jöringleine nicht auf den Hunderücken drückt.

GUTE ERFAHRUNGEN

Ihr könnt dieses Training allein aufbauen oder euch von einer Hilfsperson helfen lassen. Achtet darauf, dass euer Hund stets nur gute Erfahrungen beim Training macht. Natürlich können Fehler passieren – daraus lernen beide Seiten auch! Aber es ist wichtig, dass euer Hund gerade zu Beginn keine schlechten Erfahrungen sammelt. Sei es, dass ein miesgelaunter Fremdhund in das arbeitende Gespann läuft, oder dass eure Laune kippt, weil es nicht so toll klappt, wie hier beschrieben. Rück- oder Seitenschritte sind normal und keiner ist perfekt! Wir wollen uns trotzdem über jeden gelernten Schritt mit unserem kleinen Sportpartner freuen. Beendet jedes Training mit einer guten Erfahrung. Wenn euer Lehrling am Ende der Einheit nochmal von vorn beginnen könnte und beide Teampartner vor Stolz platzen – dann habt ihr alles richtig gemacht. Sucht euer Trainingsgebiet dementsprechend aus, damit möglichst keine Fremdhunde oder Ähnliches ablenken können. Unterbrecht euer Training, wenn sich eine Ablenkung nähert und erklärt freundlich, wieso euer Hund gerade nicht spielen soll. Macht zwischendurch immer wieder kleine Pausen zum Auflockern und Lösen – das hält euren kleinen Schüler bei Laune.

DAUER DER TRAININGSEINHEIT

Die Dauer der einzelnen Sequenzen sollte immer kurz gehalten werden, maximal 30 Minuten inklusive einiger Pausen reichen völlig aus. Dafür könnt ihr auch mehrere kurze Sequenzen am Tag üben, damit euer Hund schnell versteht, was ihr von ihm wollt. Übereilt diese einzelnen Schritte nicht, sondern lasst ihm Zeit zu verstehen und abzuspeichern. Je häufiger ihr es wiederholt, desto stärker wird dies den Hund konditionieren, und er wird ein gut belastbares Startritual erlernen – das ist für eine spätere Wettkampfteilnahme wünschenswert. Ob ihr für die gesamten Schritte Tage oder Wochen braucht, hängt von eurem Lehrling ab – geht individuell darauf ein!

SCHRITT 1

Der Hund läuft auf unser Signal zum gefüllten Napf.

Stehen an der Leine

Wenn euer Hund noch nicht an Ort und Stelle stehen bleiben kann, könnt ihr zu Beginn zuerst das Stehenbleiben und Loslaufen auf Signal üben. Dafür lasst ihr den Hund mit einem Handsignal und einem „Bleib/Steh“ o. ä. stehen und lasst ihn dann mit Auflösung des Signals zu euch kommen und belohnt ihn. Natürlich könnt ihr nicht erwarten, dass er dies sofort versteht. Ihr beginnt also damit, ihn nur eine Sekunde stehen zu lassen und löst direkt auf. Wenn das klappt, folgt eine zweisekündige Stehpause und so weiter. Diesen Schritt könnt ihr so weit verändern, dass ihr im „Steh“ um den Hund herum geht, euer Signal aufrecht erhaltet und euch der Hund die ganze Zeit anschaut, sich dabei aber nicht vom Fleck bewegt. Nun geht ihr wieder in Laufrichtung des Hundes, löst das Signal auf und lasst ihn zu euch kommen. Dies ist eine schöne Übung für das spätere saubere Stehen an der gespannten Leine. Vielen Hunden ist diese Übung bereits aus der Hundeschule bekannt und somit nichts Neues.

Die richtige Belohnung

Nun kann der Hund auf Signal stehen und loslaufen – und es kommt der gefüllte Futternapf ins Spiel. Ob ihr Futter oder ein Spielzeug als Bestätigung nehmt, müsst ihr individuell für euer Team entscheiden. Futter macht deshalb Sinn, weil der Hund damit seinem Selbsterhaltungstrieb folgt. Welches Futter ihr nehmt, hängt ganz von euren Vorlieben und denen eures Sportpartners ab. Wir nehmen gern normales Nassfutter, da dieses für unsere Hunde eine seltene Leckerei darstellt und sie dies immer gut annehmen. Habt ihr Leckermäuler mit anderen Vorlieben, geht ebenso Frischfleisch oder Pansen, Wurst oder Käse –

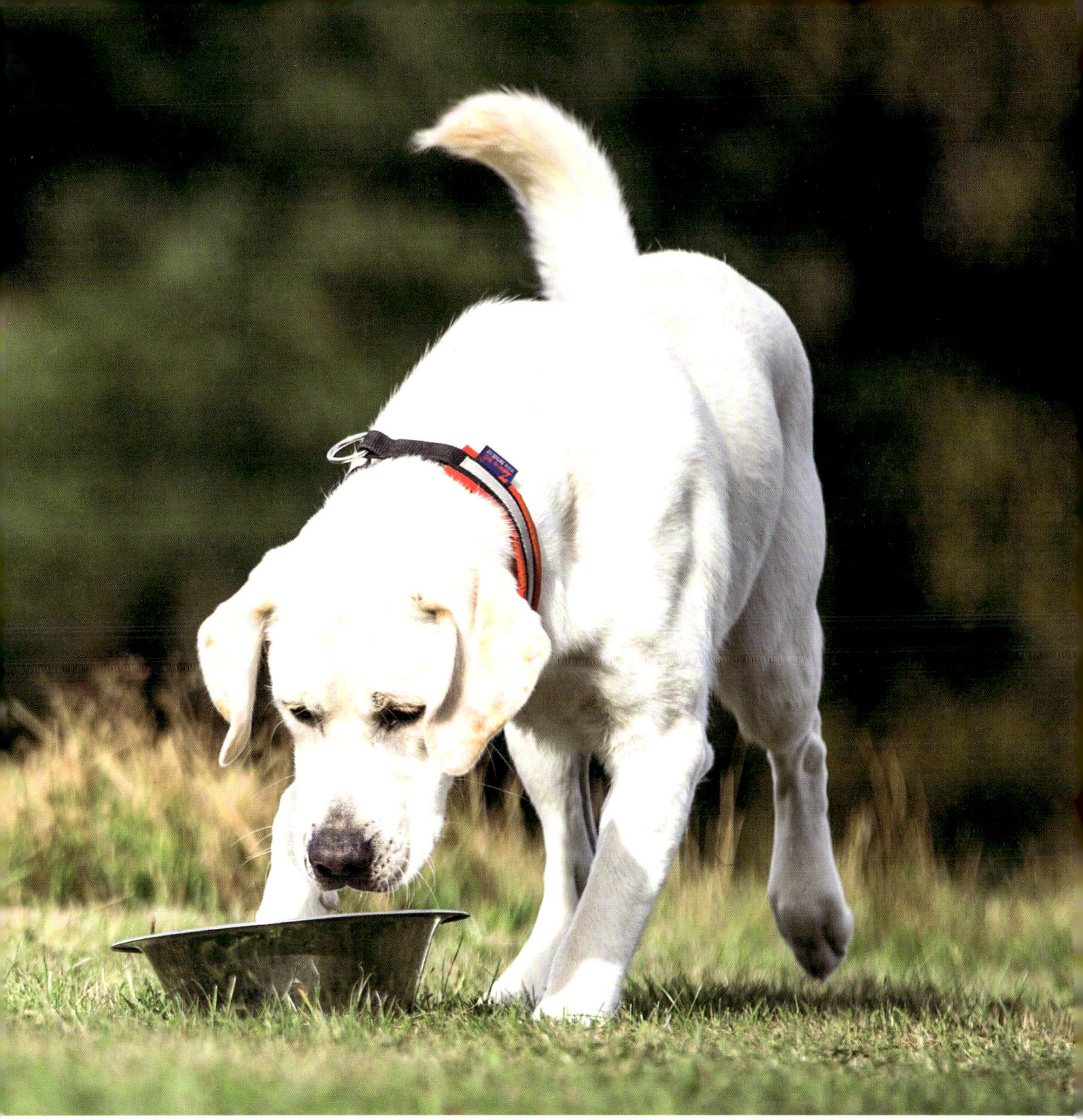

Anfangs immer in Sichtweite – die fette Beute im Futternapf.

Hauptsache, das Futter wird sehr gern angenommen und kann gut weggenascht werden. Es soll allerdings nicht übermäßig durstig machen. Da wir viele kleine Einheiten üben wollen, sollten die Portionen entsprechend klein sein, sonst ist unser vierbeiniger Freund schnell satt und mag sich vollgefuttert nicht mehr bewegen – das wäre kontraproduktiv! Es ist wichtig, dass unser Hund ganz scharf auf das Laufen ist – dieses positive Gefühl des Laufenwollens möchten wir positiv konditionieren!

Aufstellen des Futternapfs

Wenn ihr eine Hilfsperson habt, so bleibt ihr mit eurem Lehrling in wenigen Metern Entfernung stehen und lasst die Hilfsperson in Sichtweite ein wenig Futter in den Napf füllen, unsichere Hunde könnt ihr gern auch jetzt schon aus dem Napf naschen lassen. Ohne Hilfsperson könnt ihr den Napf selbst füllen und abstellen und dann mit eurem Hund ein paar Meter auf Abstand gehen. Eventuell ist eine Leine dafür notwendig, später sollte dies aber ohne Leine möglich sein.

Spannung aufbauen und Startsignal

Macht den Hund auf das Futter „heiß“, baut Spannung auf, lasst ihn mit eurem eventuell schon geübten Signal stehen und dann mit einem erlösenden „Go“ oder beliebigem anderen Startsignal loslaufen. Euer Hund soll auf direktem Weg zum Futternapf rennen und sich seine Belohnung holen. Tut er dies nicht, könnt ihr ihn die ersten Male begleiten oder am Halsband zum Napf führen. Schnell sollte dies nicht mehr nötig sein und der Hund läuft allein und ohne Umweg zu seiner Belohnung. Diese Übung wird so oft wiederholt, bis der Hund es kaum erwarten kann, dass der Napf gefüllt ist und freudig galoppierend zum Napf rennt. Übt jetzt schon, dass er auch einmal ein paar Sekunden auf euer Signal zum Loslaufen wartet. Lasst euren Hund euch anschauen und gebt dann erst das Startsignal. Ihr könnt den Hund hier auch schon einmal starten, wie es beim Zughundesport üblich ist – also wenn ihr zwei Meter hinter ihm steht.
Funktioniert diese Übung, könnt ihr zum nächsten Schritt übergehen.
Ein Hund, der gleich beim ersten Schritt dieser Ausbildung in dem Napf „eine fette Beute“, quasi den Jackpot, vorfindet, wird das sein Leben lang nicht vergessen und diese Übung, dieses Verhalten immer wieder abfordern wollen.

SCHRITT 2

Der Hund läuft mit einem angehängten Gewicht am Zuggeschirr auf unser Signal zum gefüllten Napf.

Als Gewicht nutzen wir gern einen mit Sand gefüllten Jutesack. Ein Sandsack bietet den Vorteil, dass er wenig Eigendynamik entwickelt, nicht nachrollt und keine lauten Klappergeräusche macht. Der Hund muss den Sack aus eigener Kraft bewegen und bekommt so stetigen Zug von hinten. Das Gewicht sollte für einen Hund von 25 kg etwa 3 – 4 kg betragen. Umgelegt auf andere Gewichtsklassen sind dies etwa 10 bis 15 %. Er soll den Zug dabei schon spüren und lernen, gegen diesen Druck zu arbeiten, um nach vorn zu gelangen. Wenn wir direkt auf ein Gefährt umsteigen – was selbstverständlich möglich ist – laufen wir Gefahr, dass wir unbewusst zu viel helfen und der Hund selbstständig zu wenig Zug aufbaut. Damit erziehen wir uns einen Hund, der zwar vorausläuft und „zieht“, aber sobald es schwierig wird, bricht er ein und schaut sich nach hinten um, weil es „zu schwer“ wird. **Die Zugleine soll allerdings immer gut gespannt sein und niemals durchhängen.** Die straffe Leine gibt dem Hund Sicherheit beim Laufen, weil er sich „voll reinhängen“ kann. Deshalb ist es sehr wichtig, den Hund schon zu Beginn richtige Zugarbeit leisten zu lassen.

Geschirr positiv belegen

Bevor der Hund nun einfach an den Sandsack geleint wird, belegen wir das Zuggeschirr positiv – dies ist besonders für Hunde, die Geschirre nicht mögen, wichtig. Belohnt euren

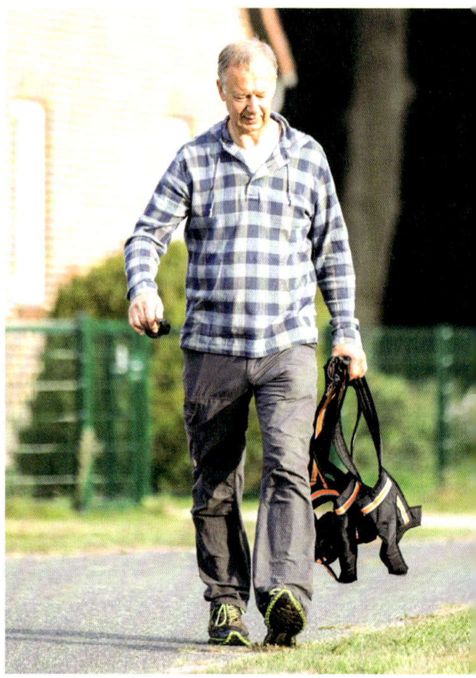

Die Geschirre lösen Vorfreude bei den Hunden aus.

Sportler, wenn ihr das Geschirr hervorholt, es ihm anzieht, füttert ihn oder spielt mit ihm, wenn er es trägt. So vergisst er sein Unbehagen schnell. Ihr könnt das Geschirr an der Schlaufe in einer Hand halten und den Hund mit der anderen Hand mit Futter oder Spielzeug locken, so dass er sich selbstständig in das Geschirr lehnt und einen angenehmen Zug aufbaut. Damit soll euer Lehrling ein gutes Gefühl mit dem Geschirr verbinden. Wenn eure Hunde generell triebstark und unerschrocken sind, könnt ihr natürlich auch direkt mit der Zugübung starten.

Mit Sandsack zum Napf

Der Übungsablauf ist euch und eurem Hund vom ersten Schritt schon bekannt. Nun trägt er ein passendes Zuggeschirr und der Sandsack wird mittels Jöringleine an dem Geschirr befestigt. Um den Hund an die Geräusche und das Gewicht des Sandsackes zu gewöhnen, führt ihr ihn ein paar Meter herum. Der Hund steht an einem definierten Startpunkt und läuft auf euer Signal zu seinem gefüllten Napf – es reichen wenige Meter aus. Achtet hier schon darauf, dass der Hund aus einer gespannten Leine heraus startet, damit kein negativer Ruck auf das Geschirr kommt und er nicht erschrickt. Wenn nötig, führt ihr euren Hund am Halsband mit und ermutigt ihn, sich ins Geschirr zu legen. Wenn er diese Aufgabe mit euch gemeinsam meistert, dann entfernt ihr euch mit jeder kleinen Einheit ein wenig nach hinten, so dass euer Schüler letztlich vor euch steht, euch möglichst anschaut und dann auf euer Signal hin startet. Fühlt er sich nach einigen Malen sicher genug, dass er auf euer Signal ohne zu zögern losrennt, könnt ihr die Strecke zum Futternapf verlangern, bis ihr bei etwa 15 m angelangt seid. Diese Übungen wiederholt ihr wieder mehrmals, bis er völlig sicher und zielgerichtet zieht. Tendiert euer Hund dazu, „stiften“ zu gehen, können diese Übungen auch im eingezäunten Garten aufgebaut werden. Jetzt könnt ihr auf das Gefährt umsteigen!

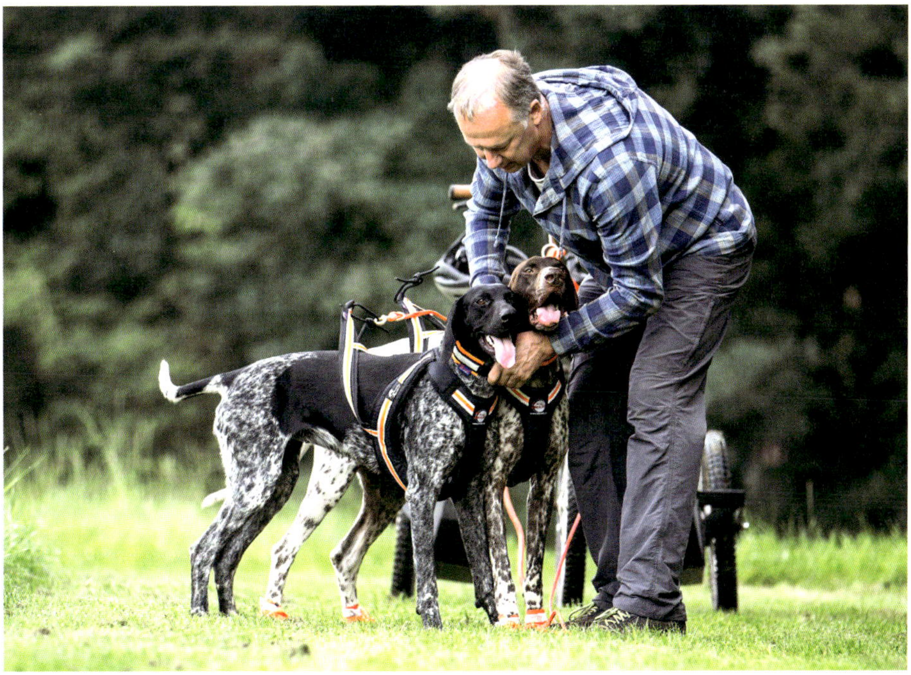

Das Einspannen der Hunde sollte immer in aller Ruhe vonstatten gehen.

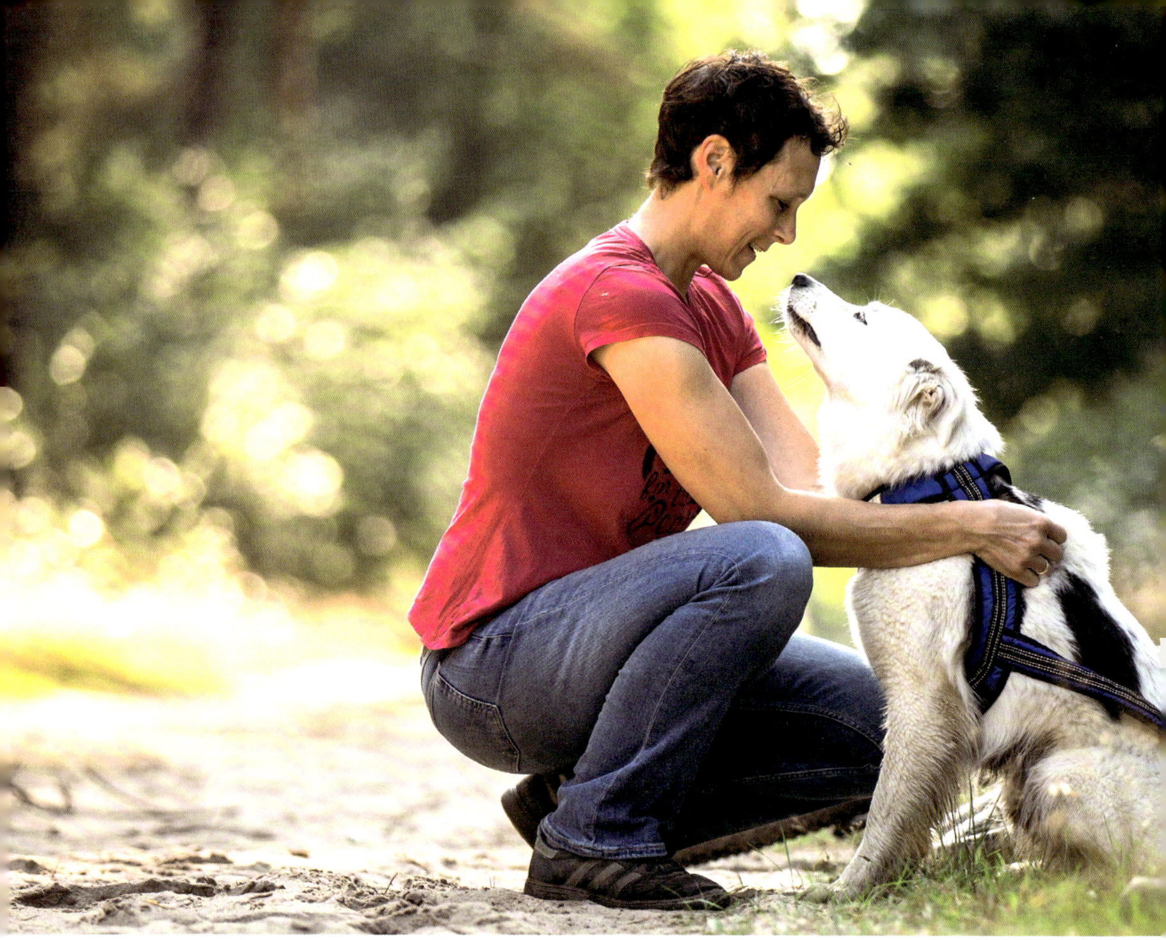

Ulrike und Chubby gemütlich, den Temperaturen angepasst, unterwegs mit kleinen Päuschen.

SCHRITT 3

Der Hund läuft mit dem angehängten Scooter/Bike/Mensch am Zuggeschirr auf unser Signal zum gefüllten Napf.

Das Gefährt/ihr (Canicross) ersetzt nun den Sandsack, alles andere bleibt jedoch gleich. Der gefüllte Napf befindet sich in einigen Metern Abstand (20 m oder mehr), euer Hund ist an der gespannten Leine, wie ihr es die letzten Male immer geübt habt. Auf euer Signal läuft er „volle Pulle" zum gefüllten Napf. Am Scooter eignet sich die Methode mit der alleinigen händischen Geste nun nicht mehr, da wir beim Starten unbedingt beide Hände am Lenker haben müssen, sonst landet man schnell im Graben! Am Rad oder beim Canicross ist das Handsignal aber möglich (siehe hierzu fliegender Start beim Canicross, S. 107).

Vor Beginn der Übung solltet ihr euch unbedingt mit dem Scooter bzw. Bike vertraut machen.

Eingangs haben wir erwähnt, dass es ganz wichtig ist, dass eure Hunde keine schlechten Erfahrungen zu Beginn sammeln. Stellt euch vor, ihr stürzt durch einen Fahrfehler bei der allerersten Zugübung – diese negative Erfahrung würden wir vermutlich nie wieder glattbügeln können …

Wenn euer Hund losläuft, kann es nötig sein, dass ihr ein- oder zweimal mit antretet, damit der Hund auf Touren kommt. Die Geschwindigkeit ist hier jedoch nicht primär wichtig. Ein freudiger, kraftvoller Galopp ist jedoch wünschenswert – zumindest im Hinblick auf unser definiertes Ziel (Sprintgeschwindigkeit auf kurzer Distanz). Geht der Hund nur in den langsamen Trab, Pass oder Schritt, weil er definitiv nicht schneller

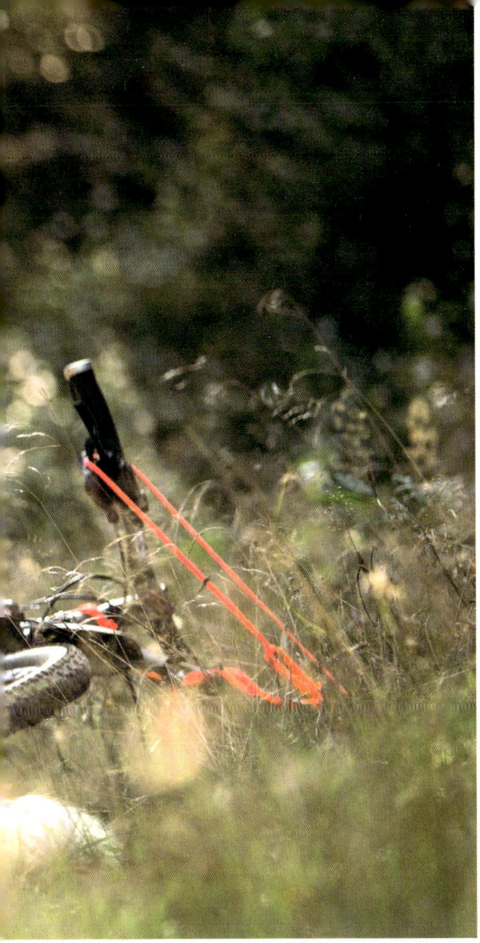

kann, dürft ihr selbstverständlich helfen. Achtet aber darauf, dass euer Schüler schön arbeitet und sich kraftvoll in sein Zuggeschirr hängt. Läuft der Hund nun kraftvoll im Galopp/Trab los, dann legt die Finger leicht auf die Bremsen, damit ihr schnell reagieren und abbremsen könnt, falls der Hund einen ungeplanten Stopp einlegt. Beim Erreichen des Napfs bremst ihr dann vorher schon langsam ab und gebt eurem Lehrling ein entsprechendes Signal dafür (z. B. „Haaaaalt").

ROUTINE ERARBEITEN

Hunde erlangen durch Routine eine gewisse Sicherheit und Vorfreude auf das, was kommt. Das bedeutet, dass wir unsere Einheiten immer gleich ablaufen lassen. Dadurch optimieren unsere Sportpartner den Ablauf zum Teil auch selbst.

Lösen vor dem Anspannen

Vor dem Anspannen nehmt ihr das Zuggeschirr in die Hand, geht noch ein wenig auf und ab und ermutigt ihn, sich zu lösen. Mit der Zeit wird euer Hund sich selbstständig zum Lösen hinsetzen, sobald er das Zuggeschirr sieht – er weiß ja, was kommt. Tut er dies nicht, weil er zu aufgeregt ist – unsere Hunde sind ja alle sehr individuell – so nehmt euch vorher genug Zeit und geht eine kleine Gassirunde. Danach holt ihr dann erst das Equipment hervor.
Diese kleine Runde könnt ihr wiederum gut als Warm-up benutzen – siehe S. 121. Selbstverständlich ist es, dass ihr die Hinterlassenschaften eurer Hunde entsorgt und nicht einfach auf dem Weg liegen lasst!

Ruhe und Gelassenheit

Fehler passieren ... Gerade als Einsteiger müssen wir uns selbst erst an alles herantasten und ausprobieren. Damit unser Hund möglichst wenig Fehler „ausbaden" muss, nehmt euch immer genug Zeit und plant die nächsten Schritte gut. Wenn Fehler mit dem Hund passieren, geratet nicht in Panik, bleibt immer ruhig und gelassen und behebt den Fehler einfach gut gelaunt. Die Ruhe ist umso wichtiger, wenn ihr ein sensibles Hundeseelchen besitzt. Es ist nicht selten, dass ein sensibler Hund eine schlechte Erfahrung derart negativ abspeichert, dass er sich davon nicht mehr erholt und sich dafür verweigert. Es gibt auch unter Profi-Schlittenhunden Individuen, die z. B. Angst vor dem Überholen haben, weil sie dabei einmal gebissen oder bedrängt wurden!

Beispiel: Verheddern in der Zugleine

Das passiert auch den Profis. Wichtig ist hier, dass der Hund nicht mit verhedderter Jöringleine losprescht und sich am scharfen Material der Leine die Innenseite der Schenkel aufschürft ... Und wenn euer Zugschüler einmal nicht aufnahmefähig ist oder sich ständig ablenken lässt, gönnt ihm eine Pause und beginnt das Training danach ein paar Schritte davor.

TRAININGSAUFBAU
— *in Bildern*

Im Rahmen eines Fotoshootings für dieses Buch kamen auch Annett und Lucky dazu. Der damals 10-monatige Lucky hatte schon Erfahrungen mit dem Apportieren von Dummys gesammelt. Unser Ziel war, dass Lucky ruhig vor dem Scooter an gespannter Leine steht – im Line-out – und erst auf ein Signal hin losrennt ... und seinen Job erledigt!

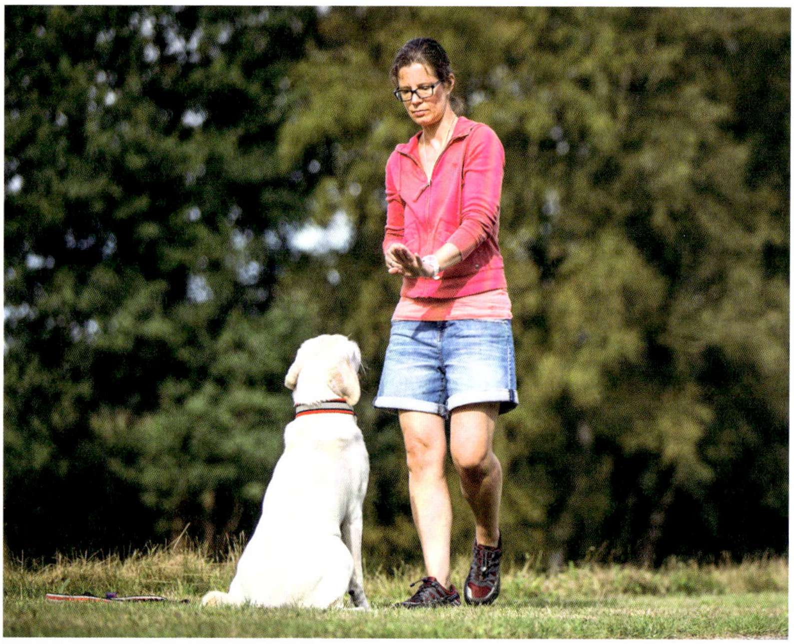

01

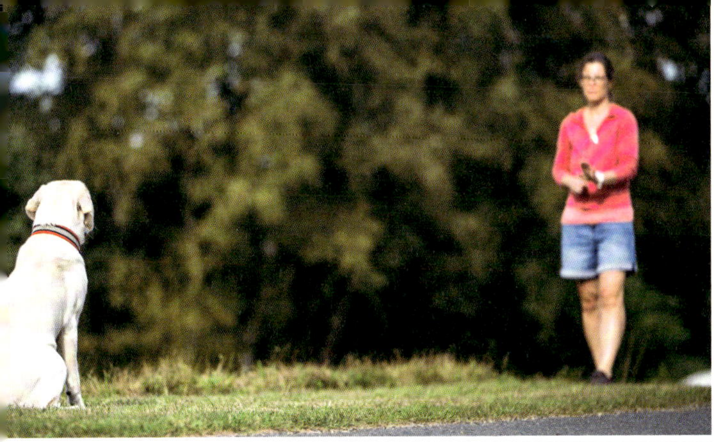

02

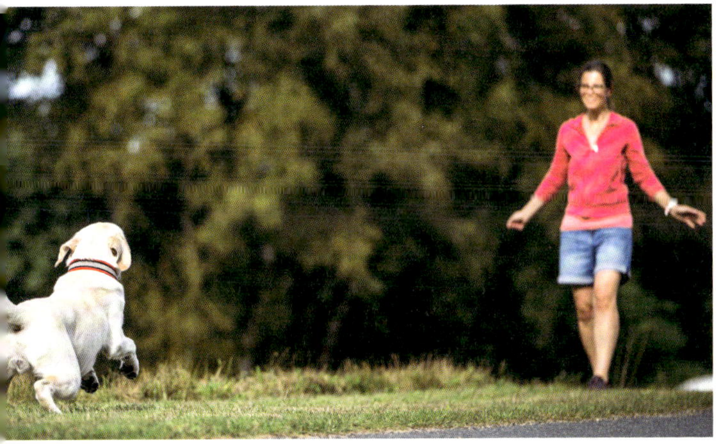

03

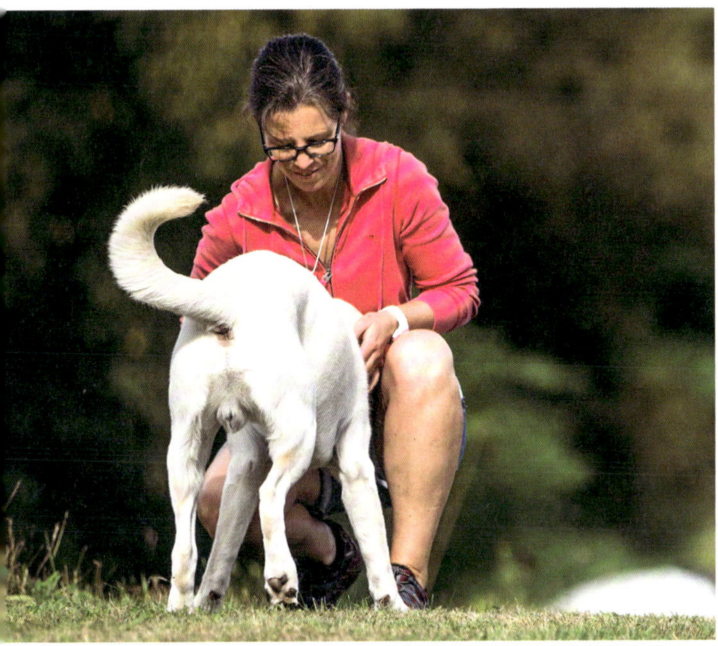

04

01 Lucky lernt ein „Bleib" oder „Steh", um später vor dem Dogscooter an gespannter Leine ruhig im Line-out zu stehen und dann auf ein Signal hin zu starten. Der Musher, dem es nicht gelingt, seinem Hund diese Lektion verständlich zu machen, muss stets mit einem unkontrollierten Start rechnen.

02 „Bleib!" Volle Konzentration auf beiden Seiten. Die ausgestreckte Hand und ein wiederholtes „Bleib" lassen Lucky in seiner Position verharren.

03 Endlich das befreiende „Komm". Annetts Körperanspannung und Konzentration weichen dem aufmunternden „Komm".

04 Leckerchen und viel Lob für Lucky.

01 Der nächste Schritt: Jetzt soll Lucky lernen, sich auf Signal von Annett zu entfernen. Dazu kommt ein Helfer. Lucky wird eine Schüssel mit Leckereien vor die Nase gehalten. Diese Leckerlischüssel wird noch wochenlang eine wichtige Rolle spielen.

02 Die Schüssel mit den Leckereien, das „Objekt der Begierde", wird anfangs nur wenige Meter entfernt vor Lucky platziert.

03 Annett hat beruhigend auf ihren Hund eingewirkt. Jetzt ein euphorisches „Lauf"-Signal. Lucky stürmt los.

04 Lucky ist seinem Selbsterhaltungstrieb gefolgt und wird nun in vielen Wiederholungen eine Verknüpfung zu dem Signal „Lauf" lernen. Beim ersten „Run" zum Napf sollte der Hund einen Jackpott vorfinden. Das wird er niemals vergessen … auch wenn wir später nur kleinere Häppchen positionieren.

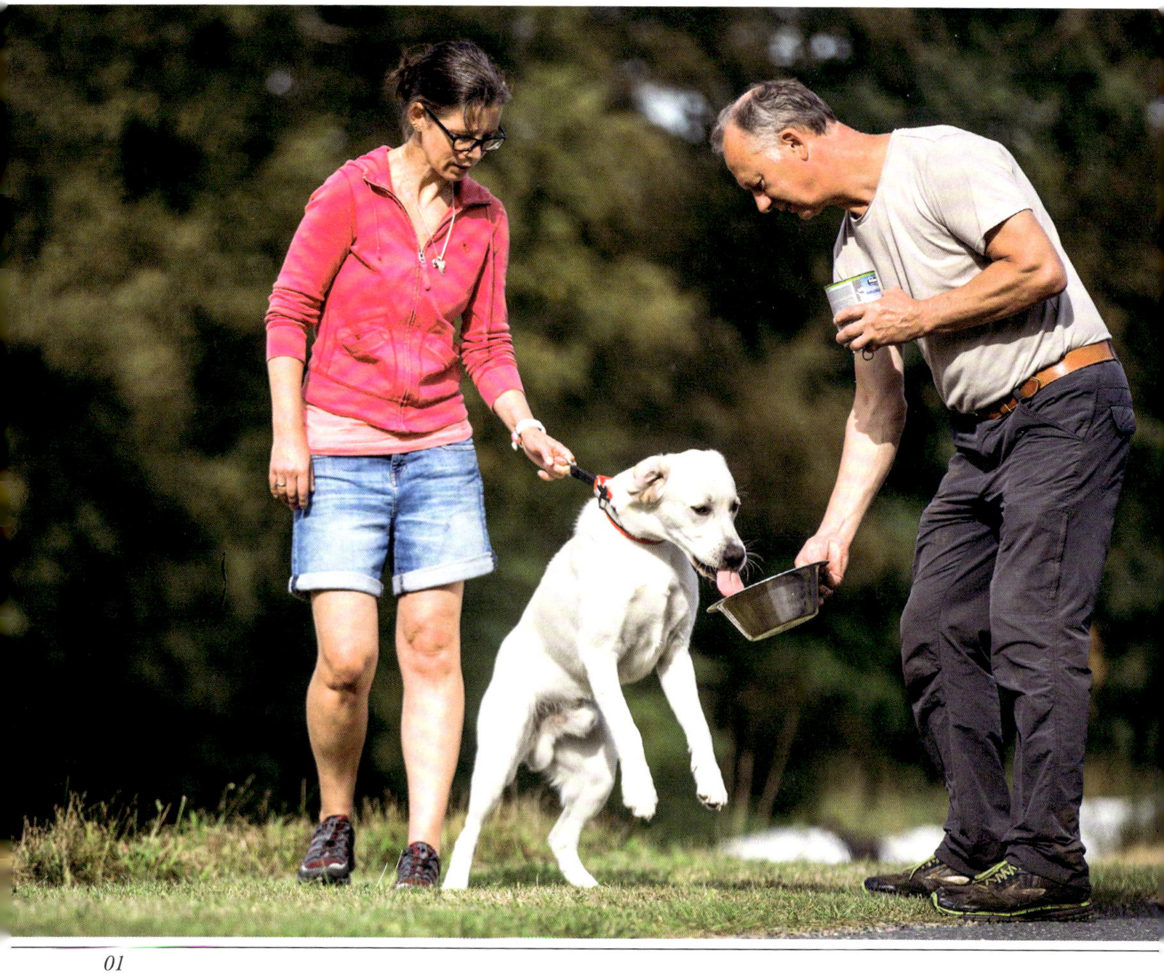

01

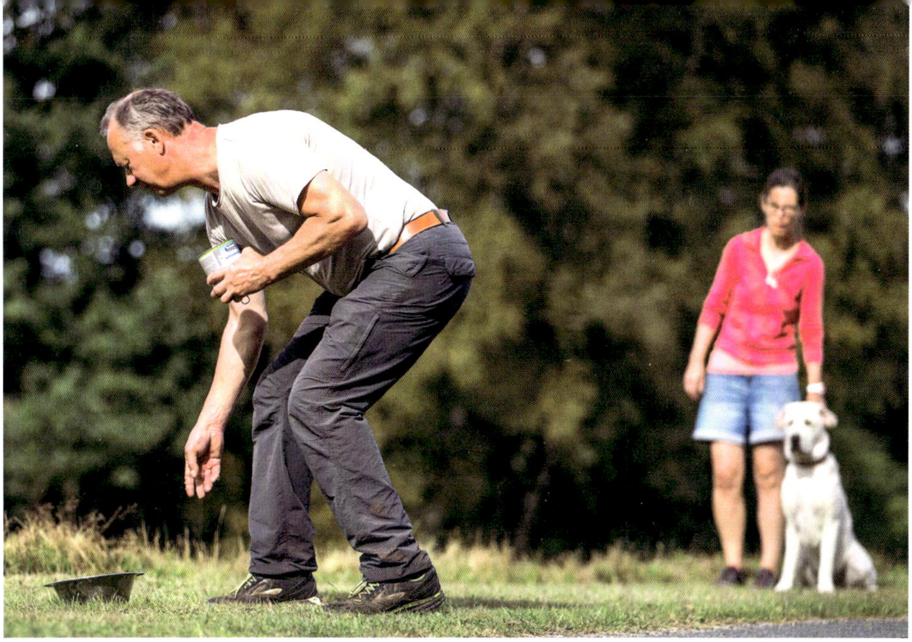

02

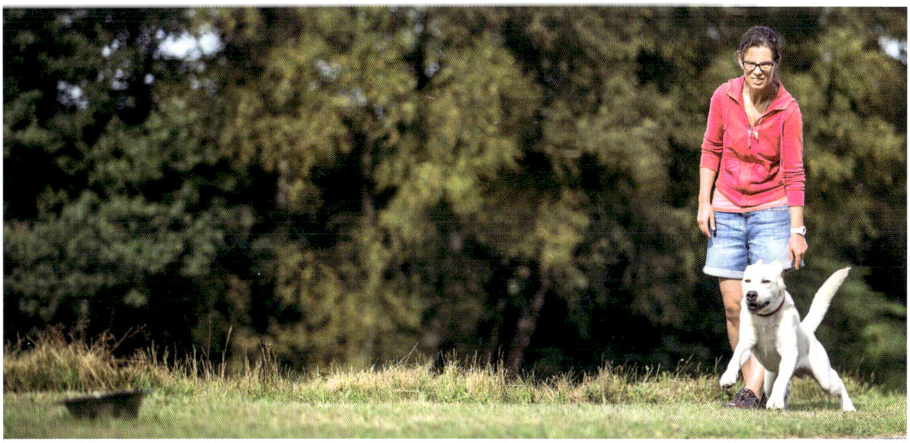

03

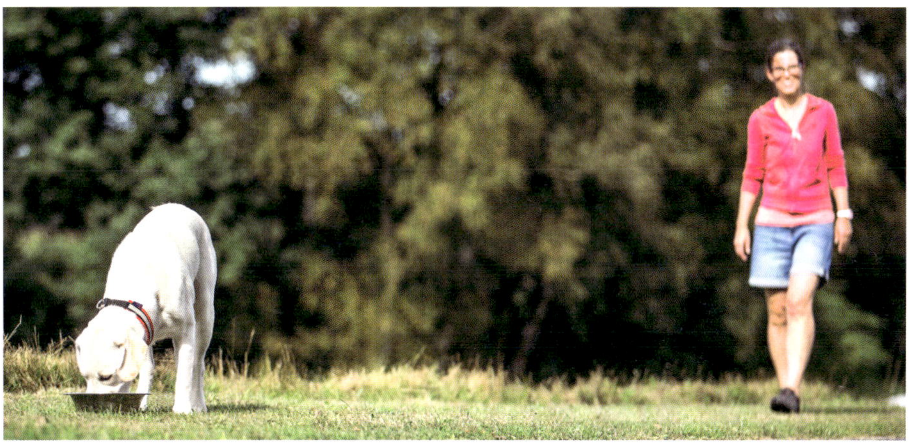

04

01 Jetzt wird es spannend. Lucky hat ein Zuggeschirr angezogen bekommen und ist durch eine Jöringleine mit einem Sandsack verbunden. An einer normalen Führleine hat Annett ihn ein paar Minuten herumgeführt, so dass er sich an den Sandsack mit den 3 kg Gewicht (ca. 10 bis 15 % des Körpergewichts) gewöhnen konnte. Annett steht hinter dem Auszubildenden. Auf ihr anfeuerndes „Lauf" soll Lucky mitsamt dem Sandsack Richtung Napf losrennen. Hund und Frauchen scheinen nicht sonderlich konzentriert.

02 Lucky vorbildlich im Line out. Den Körper nach vorn ausgerichtet, den Kopf zu Annett gedreht. Annett bewegt sich rückwärtsgehend zu dem Sandsack, was später der Scooter sein wird. Besser geht es nicht! Ein großes Lob an die beiden. Toll!

03 Doch jetzt scheint Luckys Konzentration überfordert. Das Rascheln im Gras ist interessanter als der Futternapf.

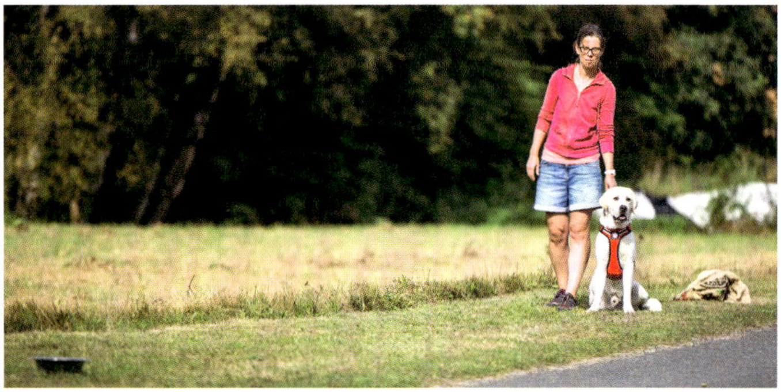

01

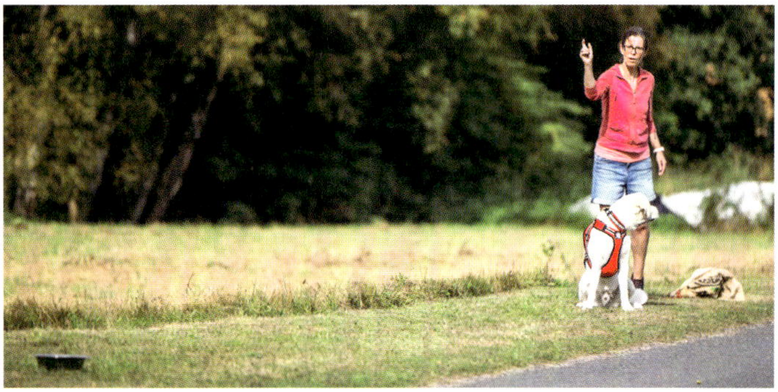

02

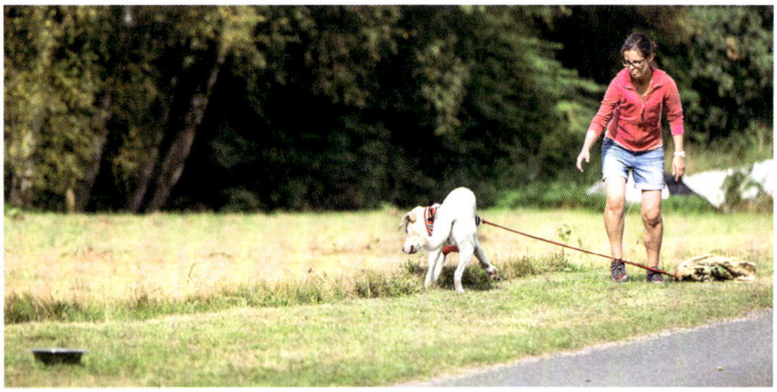

03

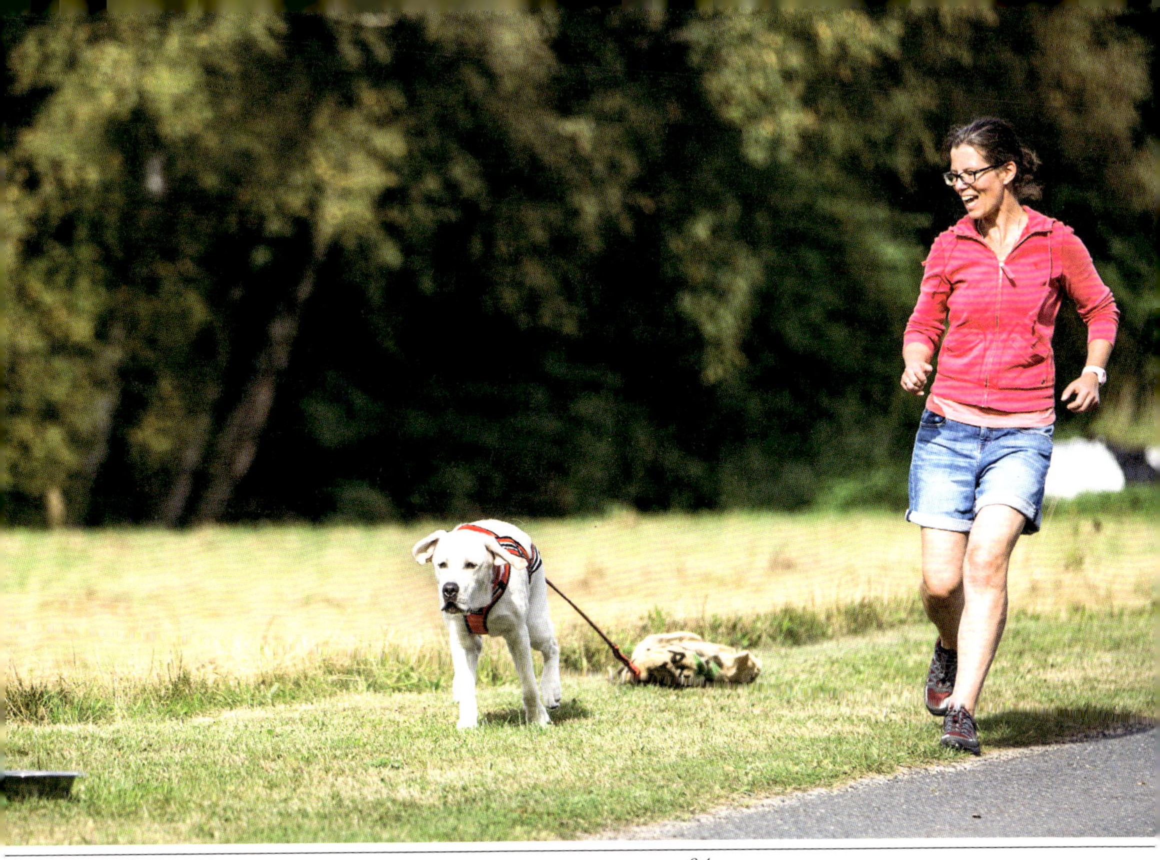

04

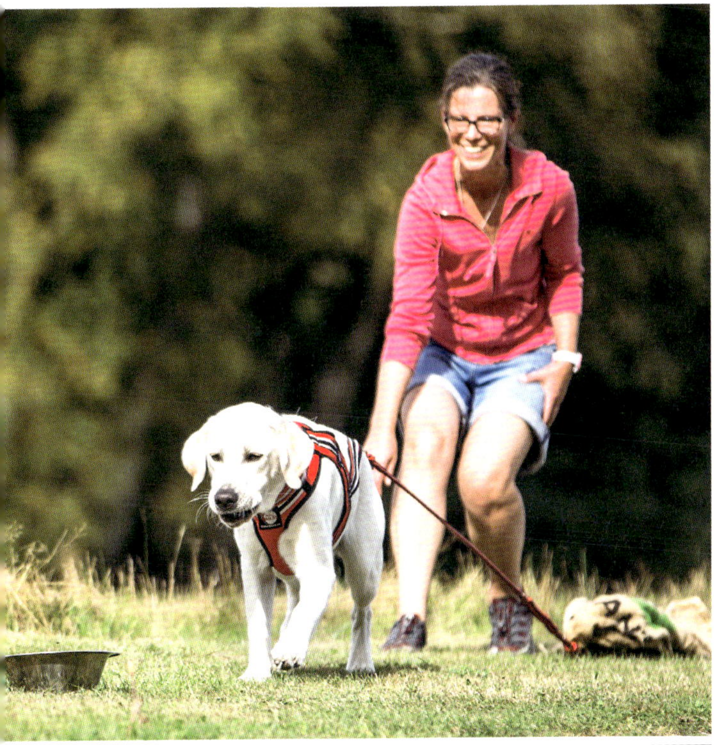

05

04 Annett rettet die Situation, indem sie einfach ein paar Schritte mitläuft.

05 Mit jedem weiteren Versuch klappt es besser. Hier schön zu sehen, dass das Ganze von sehr viel Lob und Freude umgeben ist. Das, was wir hier üben, ist purer Spaß!

01 Jetzt steigt die Spannung. Lucky, der „Streber", setzt das bis dahin Erlernte zu 100 % um. Angespannt, doch trotzdem ruhig, den Körper nach vorn ausgerichtet. Frauchen muss beide Hände am Lenker haben, andernfalls würde das unweigerlich zum Sturz führen. Am Dogscooter wird also zwangsläufig auf ein Handzeichen für den Start verzichtet. Eine durchhängende Leine kann durch einen losstürmenden Hund einen enormen Ruck auslösen. Im Extremfall ist der Hund dann völlig irritiert und rennt in eine andere Richtung oder sucht an Frauchens Seite Geborgenheit. Der Ruck könnte aber auch einen unvorbereiteten Fahrer vom Scooter reißen.

02 Das Line-out, die gespannte Jöringleine zwischen Hund und Dogscooter, ist beim Start sehr wichtig! Dazu hat Annett den Scooter hier etwas zurückgezogen und die Jöringleine auf Spannung gebracht.

03 Mit dem „Lauf"-Startzeichen kickt Annett unterstützend mit. Genial … dieses Foto entstand ca. 2 Stunden nach den ersten „Bleib"-Übungen.

04 Es klappt!

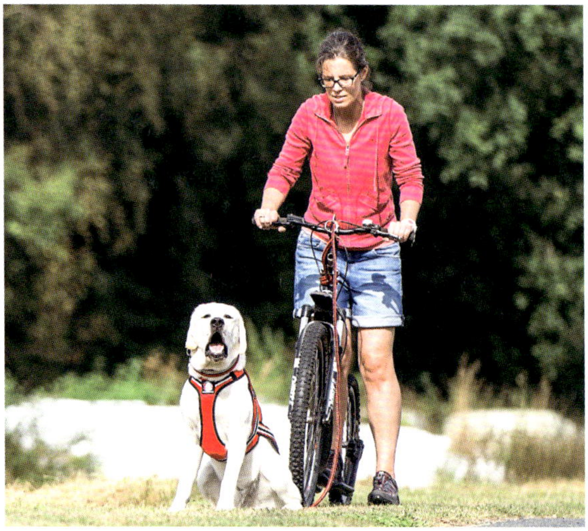

01

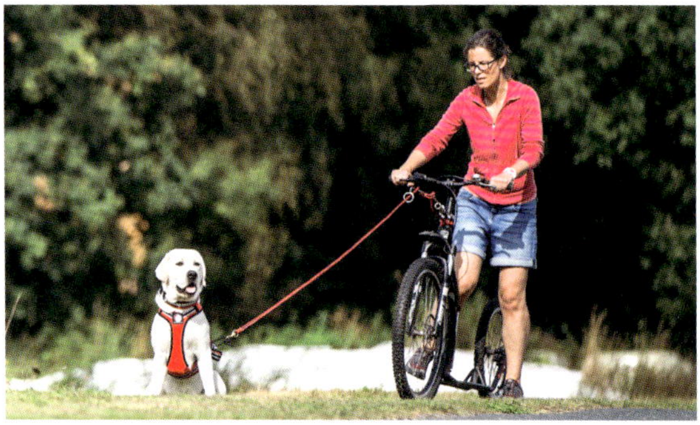

02

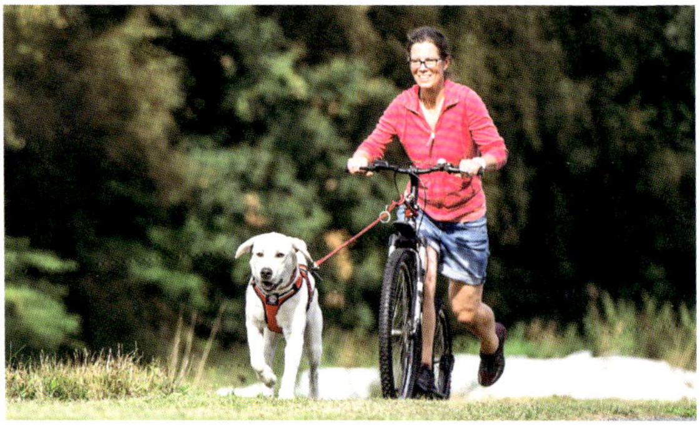

03

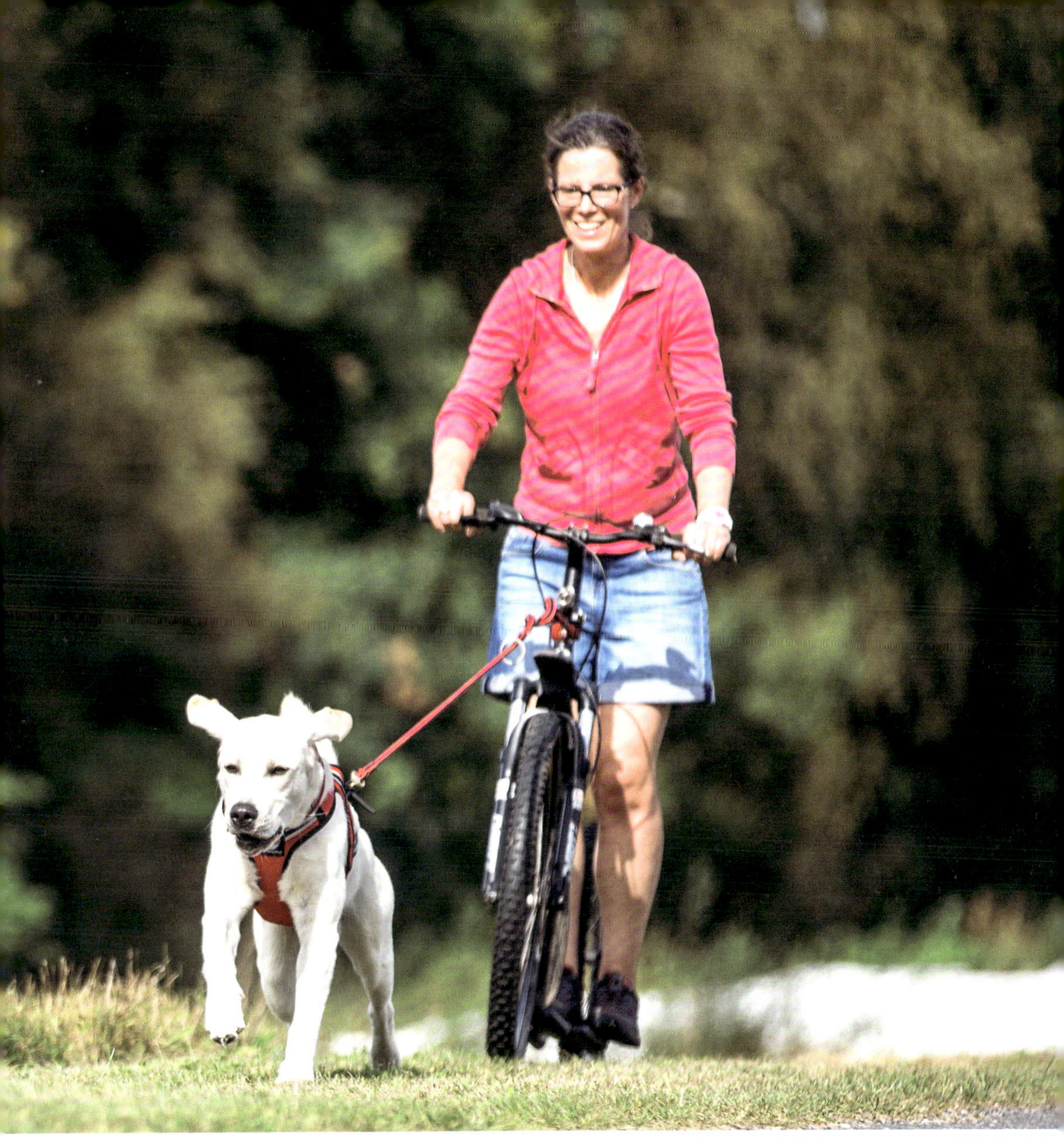

04

HINWEIS

Bei uns hat das alles an diesem Sonntagmorgen so wahnsinnig gut geklappt. Das wird bei 95 % aller Neueinsteiger NICHT der Fall sein. Also besser die einzelnen Schritte auf einen längeren Zeitraum ausdehnen und dem Hund die Möglichkeit gewähren, die einzelnen Schritte zu verinnerlichen.

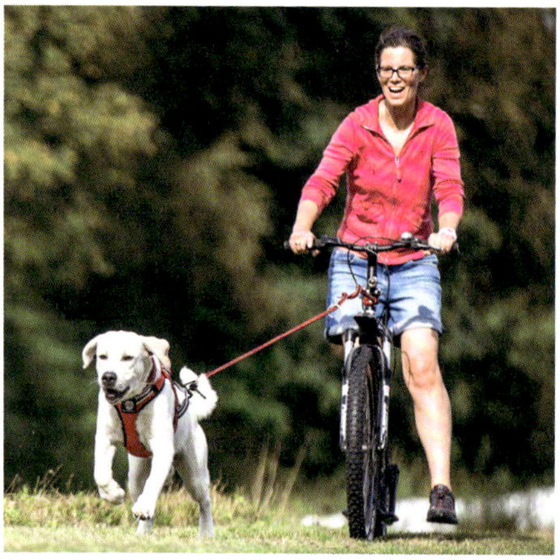

01

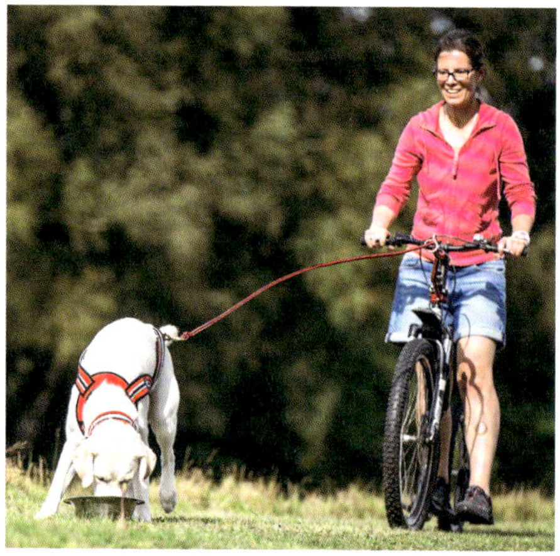

02

01 Begeisterung pur!

02 Im Ziel!
Gestartet sind wir in einer Entfernung von nur 10 bis 15 Metern, die Lucky bis zu seinem Beutenapf zu bewältigen hatte. In den folgenden Wochen wird der Zielpunkt identisch bleiben. Der Startpunkt wird Schritt für Schritt weiter zurückverlegt. So wird die Strecke immer länger, die Lucky zu ziehen hat.
Später wird er das so Erlernte beibehalten, und wir stellen keinen Leckerlinapf mehr im Ziel auf. Das Laufen vor dem Scooter ist nun selbstbelohnend geworden.

03 Wir sind ein Team! Gemeinsam haben wir die Jagd auf den imaginären Hasen erfolgreich beendet. Das schweißt zusammen und fördert die Kommunikation Hund – Mensch.

04 Lucky und Annett gemeinsam unterwegs, um sich in der Natur auszutoben. Dabei bleiben sie stets auf den Wegen.

Lieber Leser, wir demonstrieren das Ganze hier sehr spielerisch und mit viel Know-how. Diesen Schritt mit der 1. Fahrt möchten wir jedoch nicht verharmlosen. Schnell kann der Hund auch in eine ganz andere Richtung starten, hinter einer Katze herjagen, oder, oder, oder ... Darum ist es für die eigene Sicherheit ganz wichtig, sich mit Sturzhelm und gegebenenfalls mit weiteren Protektoren zu schützen.

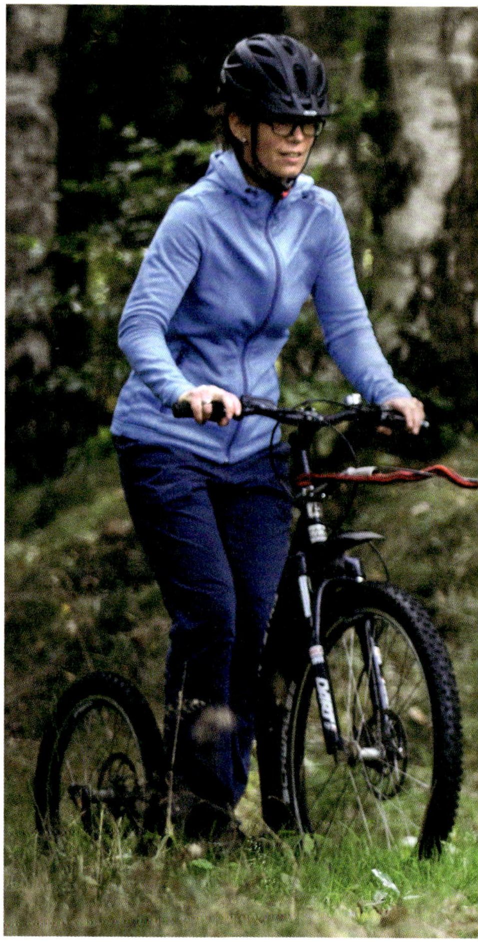

04

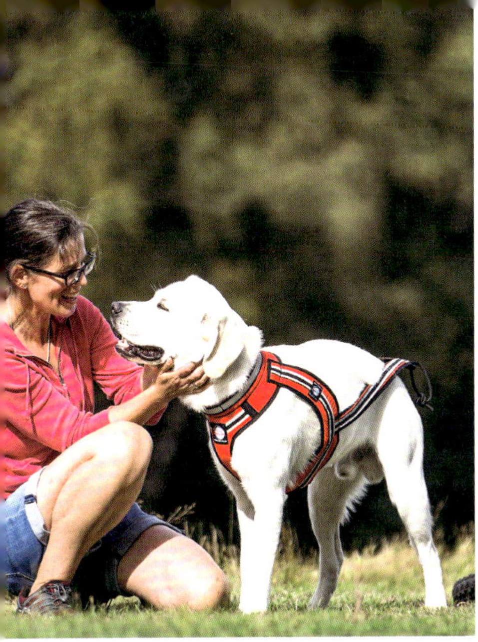

03

ENTFERNUNG LANGSAM STEIGERN

Je langsamer wir die Strecke erweitern und auf diese Art den Hund in seine neue Aufgabe einführen, umso intensiver kann sich der Hund mit seiner neuen Aufgabe – seinem Job – identifizieren. Im Idealfall verknüpft er das Erlernte so stark, dass selbst kreuzendes Wild oder entgegenkommende Hunde ihn nicht irritieren können. Er ist fixiert auf den Napf im Zielpunkt – seine Beute.

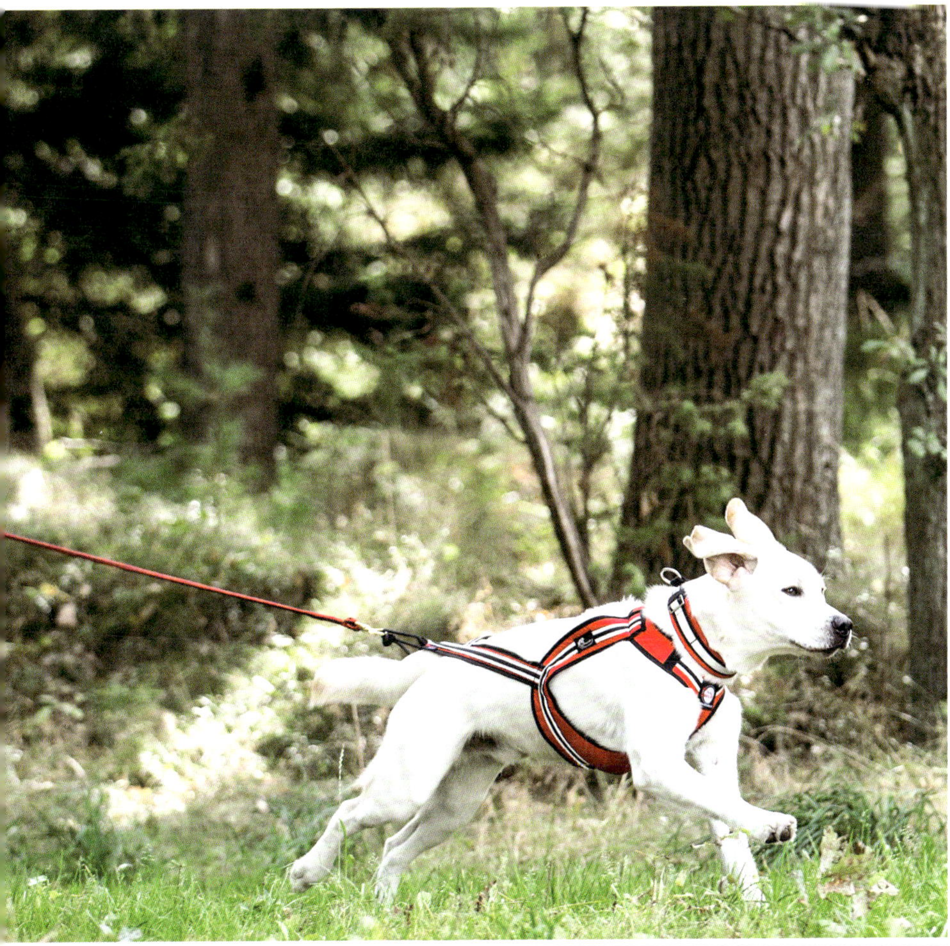

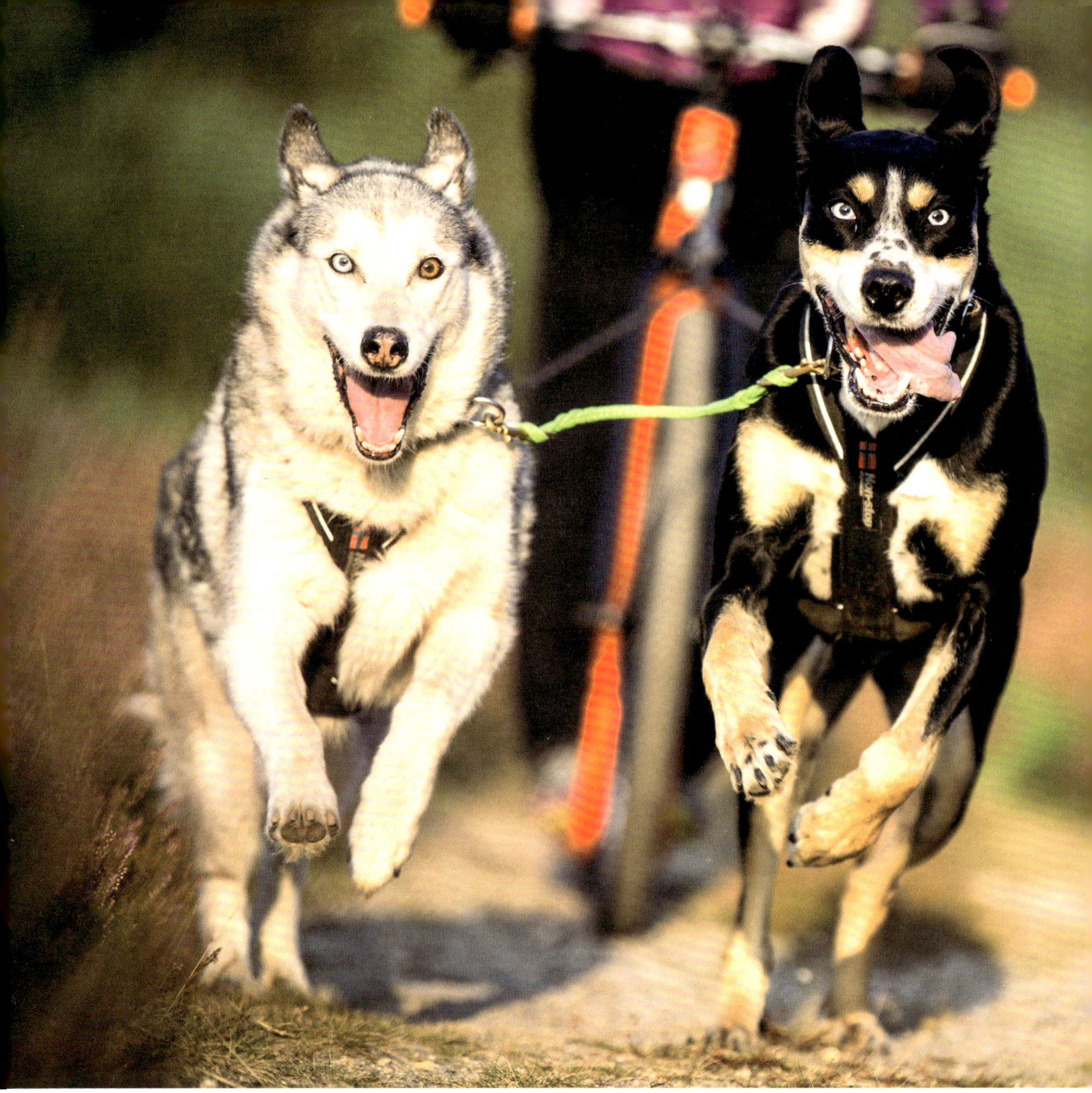

„Keep smile" – sie lieben ihren Job!

MEIN HUND ZIEHT NICHT!

Und wenn mein Hund nicht ziehen will? Diese Frage stellen sich erst einmal die wenigsten, die mit dem Zughundesport beginnen wollen. Die Idee dafür entspringt nämlich meist in uns und nicht in unserem Hund. Das Dogscootern ist „cool" – vielleicht machen es Freunde auch – so wächst der Wunsch auch in einigen Hundebesitzern, deren Hunde selbst lieber andere Aufgaben erledigen würden.

Es gilt also am besten schon vorher zu erahnen, ob unser Familienfreund überhaupt Lust auf Zugarbeit haben könnte. Haben wir einen eifrigen Hund, der beim Spazierengehen sowieso schon wie ein kleiner Ochse an der Leine zieht und auch nicht genug davon bekommt – so ist die Wahrscheinlichkeit groß, dass er auch im Geschirr ziehen mag. Ziehen wir aber unseren Hund beim Gassigehen eher hinter uns her, weil er hier und dort nur schnüffeln möchte – kann es auch gut sein, dass er einfach keine Lust auf das Ziehen hat.

Vieles können wir zwar mit unserem Hund erarbeiten, aber wir sollten auch akzeptieren, dass nicht jeder Familienhund als Zughund geeignet ist. Es gibt tatsächlich extra für Zugarbeit gezüchtete Schlittenhunde, die nie die Lust zum Ziehen entwickeln und lieber „nur" Familienhund sein wollen.

GRÜNDE FÜR NICHTZIEHEN

Manche Hunde haben aber auch einen echten Grund, wieso sie nicht ziehen wollen. In einem **unpassenden Geschirr** zieht es sich z. B. nicht gut. Vielleicht überwindet unser Vierbeiner dieses unangenehme Gefühl anfangs noch, wenn die Motivation groß ist. Sobald dann aber längere Strecken gezogen werden sollen, mag er nicht mehr ziehen. Der Sitz des Geschirrs ist also enorm wichtig auch für die Zugfreude unserer Hunde! Möglicherweise hat der Hund aber auch **Schmerzen** durch das Ziehen und will es deshalb einfach nicht – mit Rücken- oder Gelenkschmerzen wollen wir ja auch keinen Sport ausüben. Ebenso können auch **Herz-Kreislauf-Erkrankungen** sowie **hormonelle Schwankungen** ursächlich sein. Hier schadet es nicht, euren Tierarzt zu befragen, ob körperliche Probleme vorliegen.
Wenn der Wunsch nach dem Zughundesport in euch größer ist als in eurem Familienmitglied, so macht es manchmal wirklich Sinn, sich nach einem Zweithund umzusehen, der genauso viel Lust auf den Sport hat wie ihr. Denn wir haben euch eingangs schon gewarnt: Zughundesport macht süchtig …

MOTIVATION ZUM ZIEHEN

Wenn ihr nach dem hier ausgeführten Trainingsaufbau trainiert habt (siehe S. 78 ff.), ist die Motivation zu ziehen für die Hunde vorerst der gefüllte Futternapf. Sobald wir nicht mehr nur die kurzen Konditionierungsläufe direkt auf den Napf zu fahren, sollte die Motivation für unsere Vierbeiner eher eine imaginäre Hatz/Jagd werden. Das Laufen/Ziehen an sich wird die Belohnung und der gefüllte Futternapf am Ende nur noch das i-Tüpfelchen. Wie uns das gelingt, ist von Hund zu Hund unterschiedlich.

Steigerung der Motivation

Wer sich keine Gedanken um die Motivation seines Hundes machen muss, weil er wunderbar zieht und nach vorne gerichtet läuft – der kann sich glücklich schätzen! Andere müssen mehr Arbeit leisten. Sei es durch kürzere Intervalle, besonders wildreiche Trainingsgebiete, kurvenreiche oder hügelige Trails, schnellere oder langsamere Geschwindigkeiten – auch häufig wechselnde Trails sind für viele Hunde „Motivationsspritzen". Einige Hunde mögen nicht als **Single Leader** (siehe S. 122) laufen und haben große Lust auf das gemeinsame Arbeiten mit einem Hundekumpel. Andere laufen in der Gruppe mit gleichgesinnten Zughundesportlern motiviert. Vielleicht läuft ein Hund besonders gern in der Dämmerung oder gar bei Nacht – mit einer entsprechenden Ausrüstung, die auch bei schnelleren Gangarten die Trails genügend ausleuchtet – es ist vieles möglich. Seid kreativ und beobachtet eure Sportskameraden gut, um beide Enden der Leine glücklich zu machen!

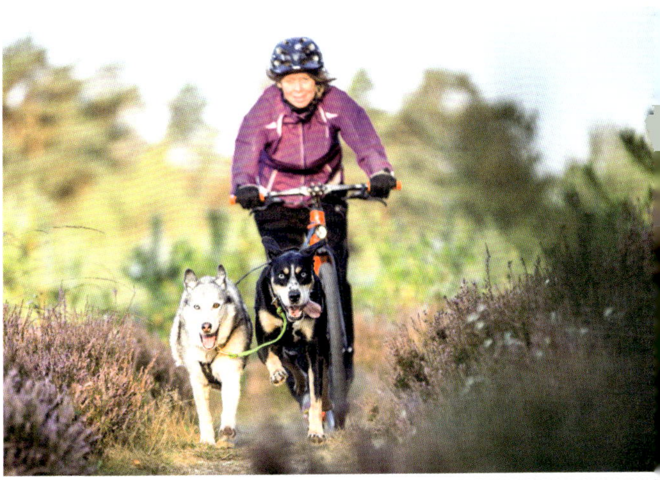

Mountain, Ronja und Steffi unterwegs mit dem Scooter.

VERLÄNGERN DER STRECKE

KLEINSCHRITTIGER AUFBAU

Bisher sind bei den Trainingseinheiten immer Streckenabschnitte von wenigen Metern absolviert worden. Wie erfolgt nun also der Schritt zum richtigen Fahren – vom Start/Ziel weg und wieder zurück?

Die Idee hinter der vorgestellten Trainingsmethode ist die reine Konditionierung des Hundes auf die Zugarbeit. Er soll das Ziehen lernen, wie Sitz oder Platz. Durch das häufige, kleinschrittige Wiederholen der kurzen Zugsequenzen wird das Ziehen also ritualisiert und der Hund wird nach kurzer Zeit auch den gefüllten Napf nicht mehr als sichtbaren Lockpunkt benötigen. Wie schnell wir diesen Punkt erreicht haben, hängt ganz vom individuellen Mensch-Hund-Team ab. Einige Hunde lernen innerhalb von ein bis zwei Wochen, was genau wir von ihnen wollen. Sie ziehen dann nicht mehr bloß zu dem gefüllten Napf hin, weil sie dort an das Futter wollen, sondern weil sie die Zugarbeit an sich ausüben, so wie sie es gelernt haben. Andere brauchen mehr Zeit und müssen immer wieder in kurzen Distanzen zum Napf laufen, bis sie verstanden haben, worum es geht. Die kurzen Sequenzen können in der Anfangszeit täglich, eventuell auch mehrmals täglich, geübt werden, um diese Konditionierung zu erreichen. Zu Beginn ist es auch von Vorteil, die Übungen immer auf der gleichen, möglichst reizarmen und nicht zu schwergängigen Strecke zu trainieren. Damit kann der gefüllte Napf als Endzielpunkt auch schon etwas abgebaut werden – sprich, der Napf wird z. B. erst beim gemeinsamen Erreichen mit einem Happen Futter gefüllt. Wenn möglich, kann auch eine Kurve eingebaut werden, somit kann der Hund den gefüllten Napf nicht mehr direkt sehen.

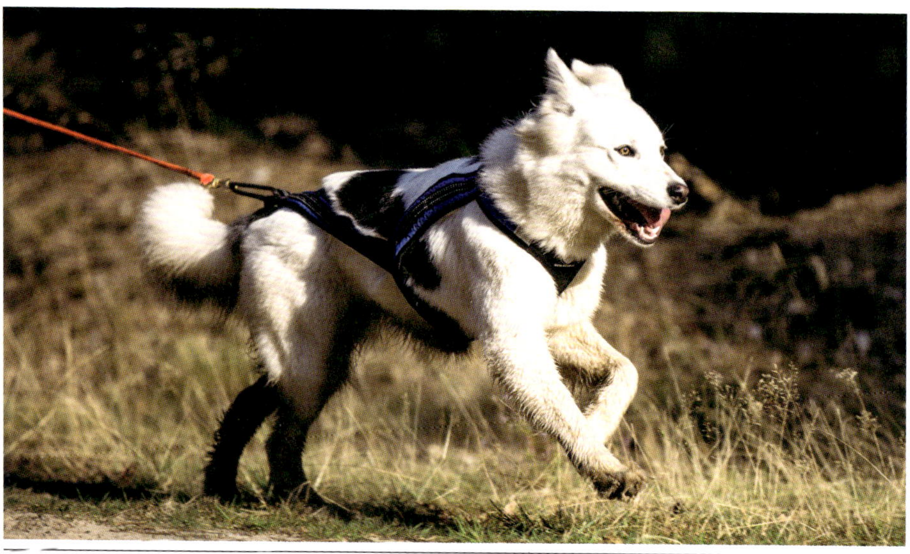

Chubby aus der Nachbarschaft …

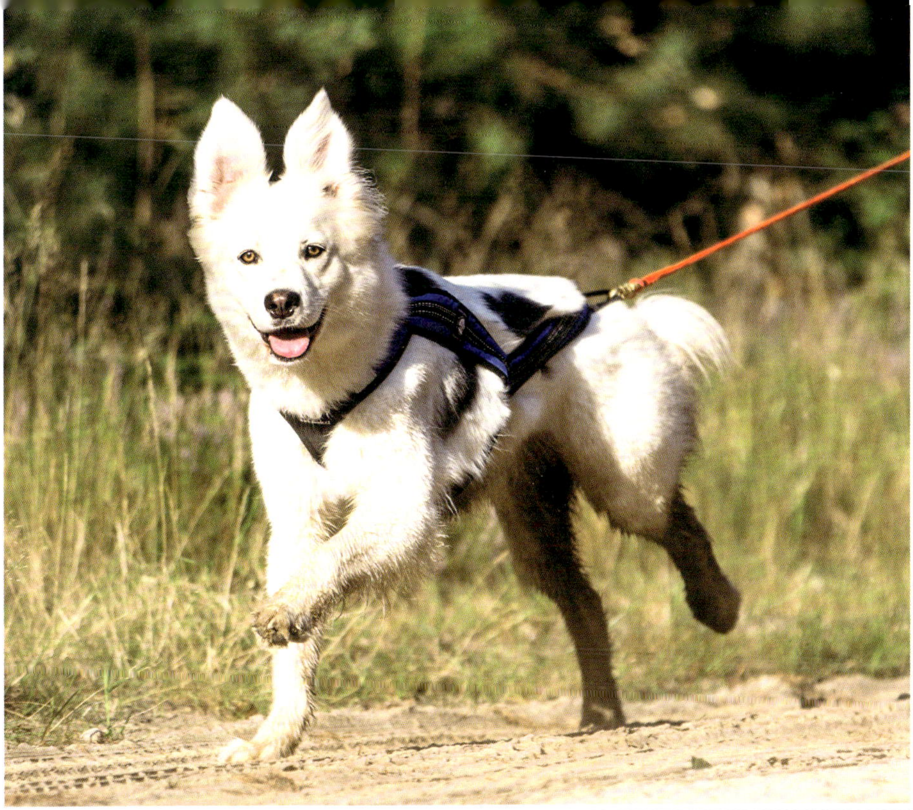

... ist immer freundlich, wenn man ihn trifft.

ENDPUNKT BLEIBT GLEICH

Wenn wir sicher sind, dass unser Hund beginnt, die Zugarbeit an sich zu verinnerlichen, verlängern wir die Strecke stetig. Dabei bleibt der Ziel-Endpunkt gleich, aber wir entfernen uns weiter und wählen einen immer weiter entfernt liegenden Startpunkt. Dadurch wird der sichtbar gefüllte Futternapf automatisch immer unwichtiger für den Hund, weil er außer Sicht verschwindet – und er läuft nur noch auf ein imaginäres Ziel zu. Die Konditionierung schreitet fort, der Hund beginnt zu laufen und zu ziehen und dies wird für den sportlichen Hund im Lauf des Trainings die Belohnung selbst. Das Futter am Ende ist nur noch das i-Tüpfelchen.

Sein neuer Job, das Laufen und Ziehen, dient nun der Triebbefriedigung und ist somit selbstbelohnend geworden.

WECHSELNDES GELÄNDE

Theoretisch sollte unser Zughund nun bereit sein, auch woanders zu ziehen, genauso wie er das Sitz auch an jedem anderen Ort irgendwann ausüben kann. Sucht eure Trainingsgebiete zu Beginn nach reizarmen Gegenden mit recht leichtem Untergrund aus. Je mehr der Hund die Zugarbeit verinnerlicht hat, desto mehr kann dann variiert werden.

VORTEIL DES KLEINSCHRITTIGEN TRAININGS

Der Vorteil des kleinschrittigen und intensiven Erlernens der Zugarbeit ist folgender: Unser Teampartner ist sehr fokussiert und wird zu Beginn nie überfordert, sondern immer das Ziel erreichen, wenn er konzentriert und körperlich nicht erschöpft ist. Dadurch lernt er, möglichst intensiv zu laufen und lässt sich dadurch weniger durch andere Hunde, Menschen oder gar kreuzendes Wild ablenken.
Sein Job besteht darin, auf dem Weg nach vorn gerichtet zu laufen, bis der Teampartner auf dem Gefährt dahinter ein Signal gibt anzuhalten (Zielpunkt erreicht).

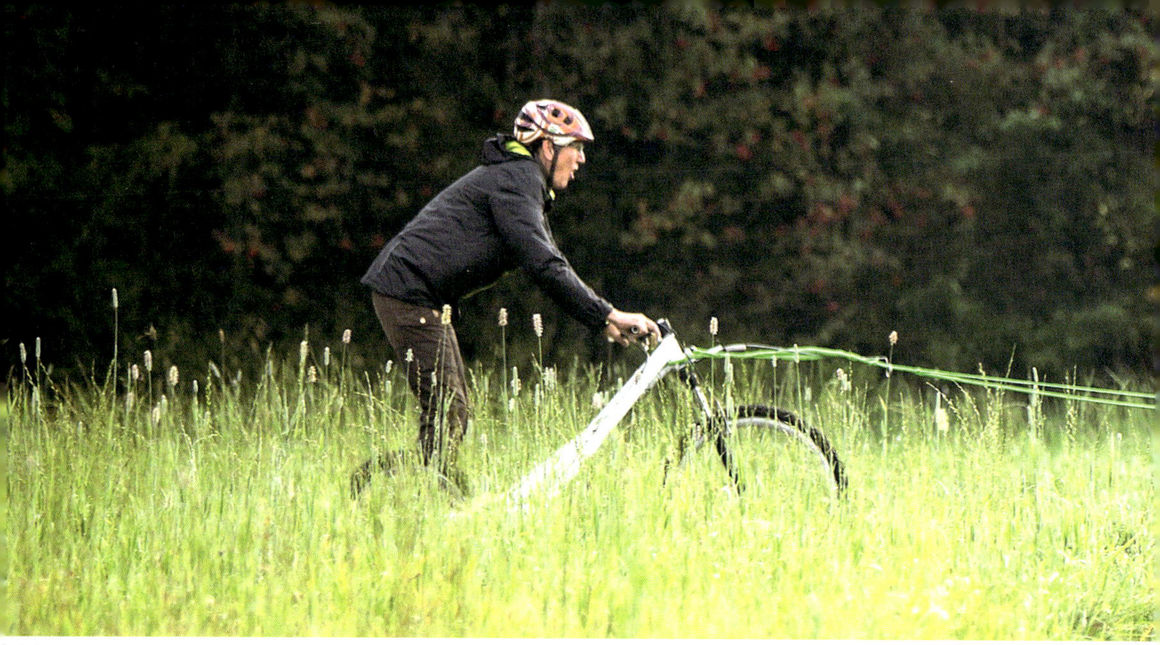

AUSBAU DER STRECKE

Voraussetzung ist, dass unser Zughund schon das Ziehen verinnerlicht hat und mit Freude kraftvoll nach vorne zieht. Nun können wir beginnen, unsere Trainingsstrecken kleinschrittig zu erhöhen. Wie schnell erhöht werden kann und welche Distanzen/Gangarten erreicht werden, wird uns unser Sportpartner zeigen.

GESCHWINDIGKEIT

Wenn wir einen schnellen Hund haben, der nur eines kennt: 100 % Zug nach vorn, sollten wir nicht versuchen, mit ihm lange Distanzen in Trabgeschwindigkeit zu trainieren. Mit diesem Hund sollten besser kurze Intervalle trainiert werden, damit er freudig bei der Arbeit bleibt. Die Konzentration und körperliche Voraussetzung, die Strecke nach einiger Zeit durchzulaufen, wird er mit ausreichend Training von allein entwickeln.

Fordern wir ihn aber zu früh und überlasten ihn, so besteht die Gefahr, dass wir den Hund überfordern. Dabei lernt er, besser nicht mehr alles zu geben, damit er nicht völlig kaputt am Ziel ankommt. Deshalb sollten wir unsere Hunde zu Beginn immer eher etwas unterfordern, damit sie fröhlich und mit Power bei der Arbeit bleiben. Hier ist es von Vorteil, Trainingsstrecken in Intervallen zu fahren, also Pausen einzubauen. In den Pausen können wir unseren Teampartnern Wasser anbieten, sie wenn möglich ableinen und frei laufen lassen, damit sie sich geistig und körperlich ein wenig lockern und erholen können.

Ist unser Hund jedoch eher langsamer unterwegs – etwa in einem kräftigen und freudigen Trab, so können die Distanzen recht schnell verlängert werden. Der Trab ist der Energiespargang der Hunde (siehe auch S. 114) und kann auch untrainiert recht lange ausgeführt werden.

EINSCHÄTZUNG DES TEAMPARTNERS

Beobachtet eure Partner gut – nicht jeder Hund hat Lust, langsam und dafür länger zu laufen, sondern einige möchten lieber schnell und dafür kurz sprinten. Geht auf die Vorlieben eurer Hunde ein, sonst kann es passieren, dass eure Hunde frustriert sind und sich unter Umständen noch eine Nebenbeschäftigung suchen (Pinkeln, Aufstöbern von Wild, etc.).

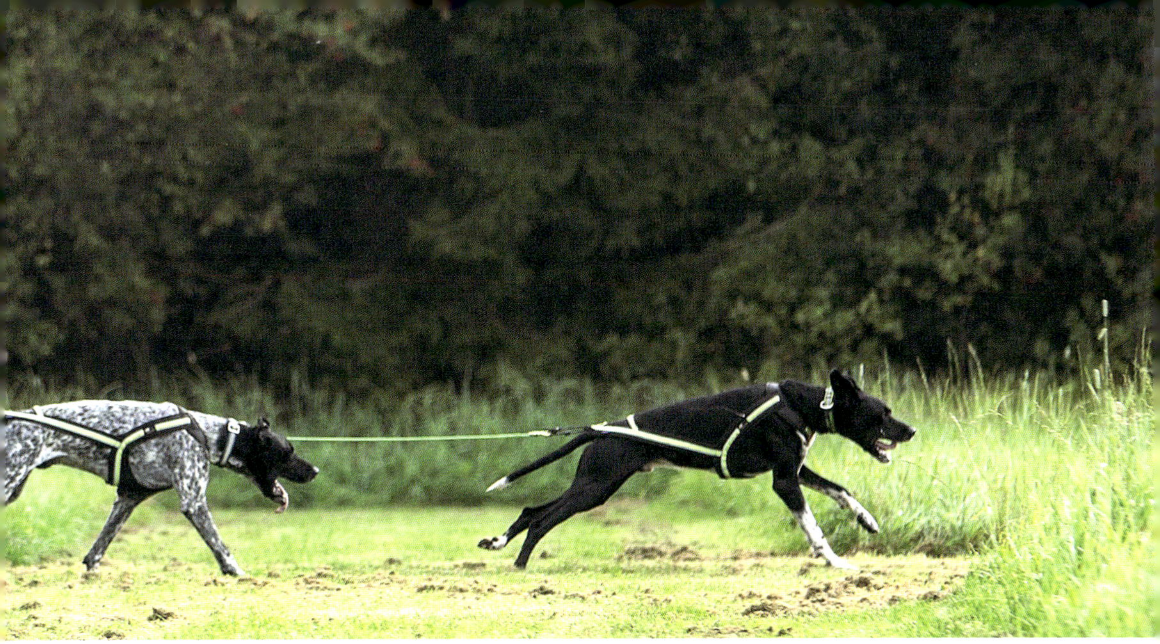

Ideal, um einen „Neuling“ anzulernen – ein erfahrener Hund voraus, der unerfahrene hetzt als Verfolger hinterher.

DER LOCKVOGEL

Häufig lesen wir auch von einem „Hasen“, wenn wir vom Training mit einem Lockvogel sprechen. Das bedeutet schlicht, dass wir den Hund aus der Ferne locken und ihn somit einem echten Ziel hinterherhetzen lassen. Als Lockvogel eignen sich unbekannte oder bekannte Personen (oder auch der Hundehalter selbst), die dann mit Futter, Spielzeug oder auch einem Hundekumpel locken. Es kann auch einem anderen Gespann hinterhergefahren werden.

Nachteil eines Lockvogels

Die meisten Hunde lassen sich hervorragend locken und geben alles, um zu ihrem Hasen zu gelangen. Hier ist aber Vorsicht geboten, da es auch Hunde gibt, die so nicht lernen, von sich aus zu laufen, sondern nur, wenn sie einem Hund/einer Person hinterherhetzen können. Sobald sie den Hasen erreicht haben, ist die Luft plötzlich raus und es wird nicht mehr nach vorne gezogen. Hier heißt es, den Lockvogel nur kurzfristig und auf größere Distanz einzusetzen, ihn möglichst schnell wieder auszuschleichen und nur das eigentliche Ziehen auf ein imaginäres Ziel (oder unseren Futternapf als Endziel, S. 80 ff.) zu konditionieren.

DER TEACHER-HUND

Als Teacher, also Lehrer, eignen sich ruhige und ausgebildete Zughunde, die den Neulingen zeigen, wie das mit dem Ziehen funktioniert. Diese Methode wird von den meisten Mushern genutzt und in den meisten Fällen eignet sie sich wunderbar, um Gespannhunde auszubilden. Dabei werden die „Jung“hunde direkt neben die Teacher oder auch dahinter gespannt und es werden nur kurze Distanzen gefahren, die dann zur Konditionierung des Ziehens dienen. Als Einsteiger haben wir diese Möglichkeit jedoch eher selten. Deshalb möchte ich hier kurz erwähnen, dass es hin und wieder auch Probleme bereiten kann, dem Hund das Laufen als „Single Leader“ – also als alleinigem Hund – wieder beizubringen. Vielen Hunden fehlt dann die Motivation bzw. Sicherheit, auch allein zu ziehen. Hier macht es also Sinn, den Teacher möglichst schnell wieder auszuschleichen. Für Besitzer von zwei Hunden, die ohnehin nicht vorhaben, die Hunde einzeln zu fahren, kann diese Methode jedoch sinnvoll sein. Dabei macht es Sinn, den „Auszubildenden“ als „Verfolger“ hinter den Teacher zu spannen. Einem erfahrenen Hund hinterherrennen kann eigentlich jeder Hund. Das ist natürlicher Hetz- und Spieltrieb, ideal für die Ausbildung von Junghunden.

SIGNALE IM ZUGHUNDESPORT

Je schneller wir als Team unterwegs sind, desto wichtiger sind verbale Signale, um unseren Leithund vor uns zu „lenken".

Für das Wandern oder das entspanntere Canicrossen sind diese Signale nicht ganz so wichtig, weil wir einfach in die Leine greifen können und den Hund „mitziehen" können. Sitzen oder stehen wir allerdings auf einem Gefährt, so ist es zu unserer eigenen Sicherheit, dass unser Hund vorne nicht selbstständig entscheidet, ob das Team nun anhält, abbiegt oder weiterläuft. Wir üben als Team also Signalworte für das Stehenbleiben vor dem Gefährt, das Starten und Anhalten, die Richtungen und für Fortgeschrittene stehen auch Signale für das langsamere und das schnellere Laufen, um zu überholen oder überholt zu werden (was z. B. auf Rennen wichtig ist), auf dem Lehrplan. Auch Signale für das Laufen auf einer bestimmten Wegseite sind sinnvoll.

Das Start- und Stoppsignal übt ihr als Team schon bei den allerersten Übungseinheiten. Dabei solltet ihr auch schon das Stehenbleiben in Erwartungshaltung üben – in Mushersprache auch Line-out genannt.

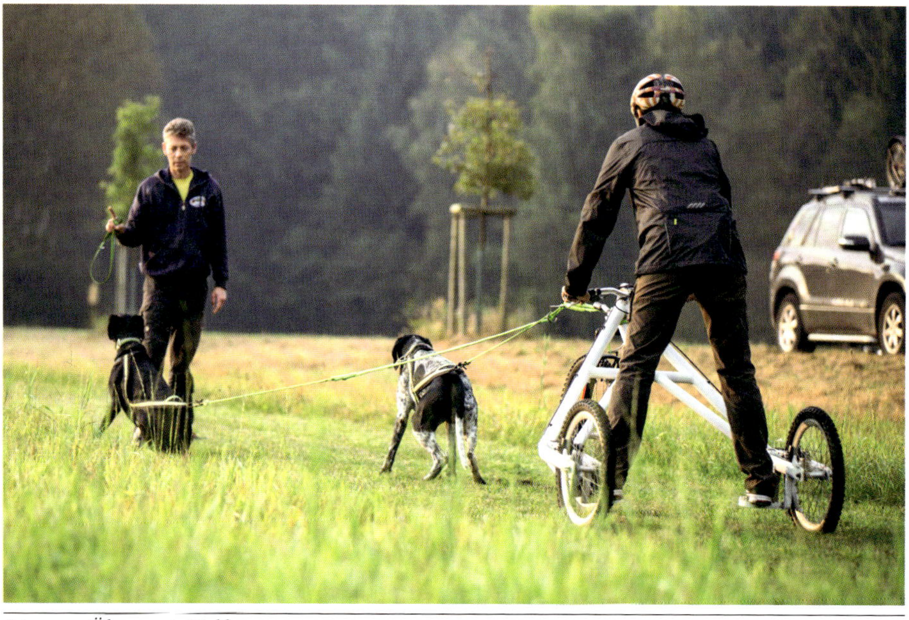

Line-out-Übung mit Helfer.

DER START

Beim **Line-out** (siehe S. 106) sollen unsere Zughunde die Jöringleine auf leichter Spannung halten, bis wir das erlösende Startsignal geben. Der Sinn dahinter ist folgender: Startet unser Sportsfreund aus der gespannten Leine heraus und wir lösen am Gefährt die Bremsen, so setzt sich das Bike, der Scooter oder das Trike direkt in Bewegung und unser Hund hat ständig vollen Zug auf der Leine. Startet unser Hund allerdings aus einer locker bis auf den Boden liegenden Leine, so rennt er mit voller Wucht erst einmal in die Leine hinein und wird dann durch die Leine so stark ausgebremst, dass er einen starken Ruck in das Geschirr bekommt. Erst dann setzt sich das Gefährt dahinter in Bewegung und der Hund kann korrekt anziehen. Ihr könnt euch vorstellen, dass das ziemlich unangenehm für den Hundekörper ist – dieser Ruck kommt auch bei uns auf dem Gefährt an und kann uns den Lenker im schlimmsten Fall aus den Händen reißen. Aber nicht nur das – der „geistige Ruck" kann für sensible Hunde so negativ sein, dass das Zugtraining damit negativ belegt wird. Versucht also gleich bei den ersten Übungen auf ein korrektes Line-out zu achten und lasst euren Hund bewusst mit einem Signal starten. Ein gängiges Startsignal ist das kurz und knackig gerufene **Go**.

STOPPSIGNAL

Als Signal sollten wir eher ein langgezogenes Wort rufen, wie z. B. ein **Haaalt**. Dieses führt ihr auch bei den ersten Übungen ein. Dabei ruft ihr das „Haaalt" (oder ein beliebiges Signalwort) und bremst das Gefährt langsam aber kraftvoll herunter, bis der Hund direkt am Napf stehenbleibt. Das Signal sollte später auch aus voller Geschwindigkeit heraus geübt werden, damit ihr in Gefahrensituationen eine sichere Vollbremsung durchführen könnt.

Richtig Abbremsen Auf dem Gefährt möglichst nach hinten lehnen und das Gewicht hinter den Lenker bringen, nur so kann euch ein kräftiger Hund nicht vom Gefährt ziehen – dies geschieht meist über den Lenker.

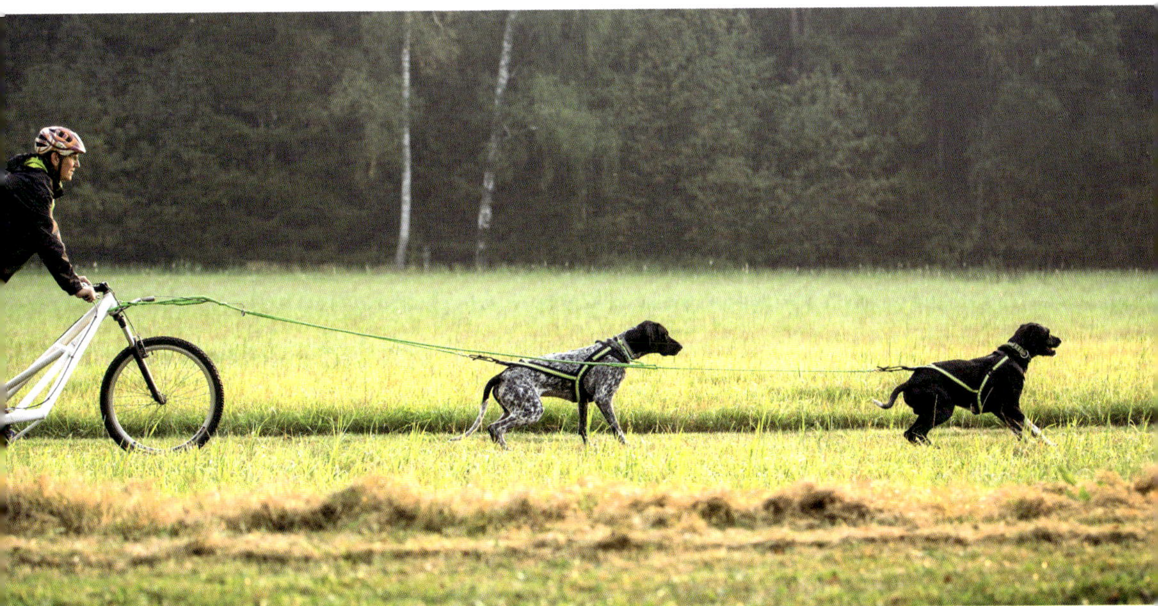

Line-out: Die Hunde stehen ruhig und warten auf das erlösende „Go".

RICHTUNGSSIGNALE

Die üblichen Richtungssignale in der „internationalen“ Mushersprache sind das **Gee** für Rechts, das **Haw** für Links und **Ahead** für Geradeaus. Viele Musher nutzen das Gee/Haw auch in unseren Gefilden, da es zwei sehr unterschiedliche Wortlaute sind, die die meisten Hunde gut unterscheiden können. Der Musher kann zusätzlich für eine bessere Unterscheidung für das „Gee“ die Stimme heben und für das „Haw“ dieselbe senken.
Für das Geradeaus können **Weiter**, **Voraus** oder einfach **Gerade** genutzt werden, der Fantasie sind bei der Signalwortfindung keine Grenzen gesetzt. Hauptsache, sie sind für euren Lehrling gut zu unterscheiden.

RICHTUNGSSIGNALE ÜBEN

Es bietet sich an, die Richtungen bei Spaziergängen (mit oder ohne Leine) immer anzusagen, wenn ihr die entsprechende Richtung einschlagt. Viele Hunde lernen bei diesem Learning by Doing die Richtungssignale problemlos und können diese auch beim Jöring umsetzen.
Wenn die Richtungssignale beim Fahren geübt werden, sollte vor Abbiegungen rechtzeitig etwas heruntergebremst und das Signal deutlich gerufen werden. Dabei könnt ihr den Hund über die Leine auch schon in die richtige Richtung „ziehen“, also herüberlenken. Sobald der Hund in die gewünschte Richtung rennt, wird die Bremse aufgemacht und der Hund bekommt von uns eine kurze verbale Bestätigung (z. B. **Okay** oder **Jep**).
Ihr könnt die Richtungssignale hervorragend auch wandernd oder laufend am Bauchgurt (Hund im Zuggeschirr) üben und gezielt in Gebiete gehen, wo ihr die Richtungen häufig hintereinander üben könnt.

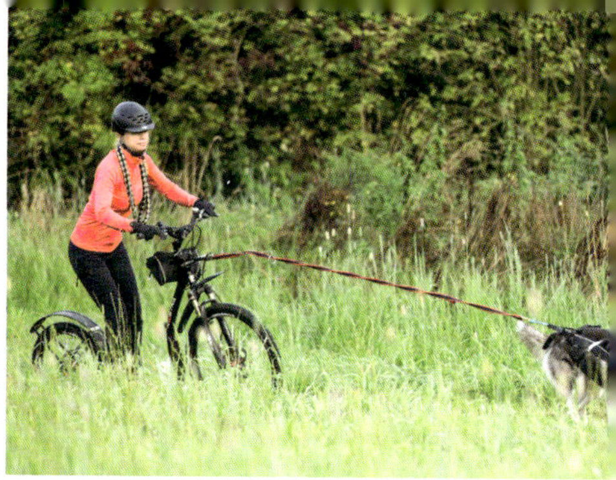

01

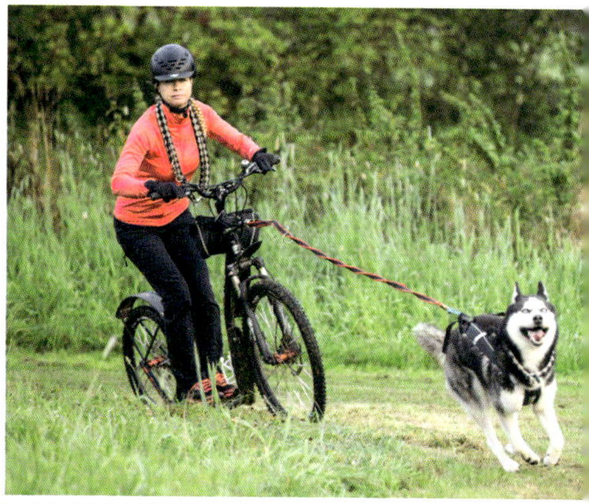

02

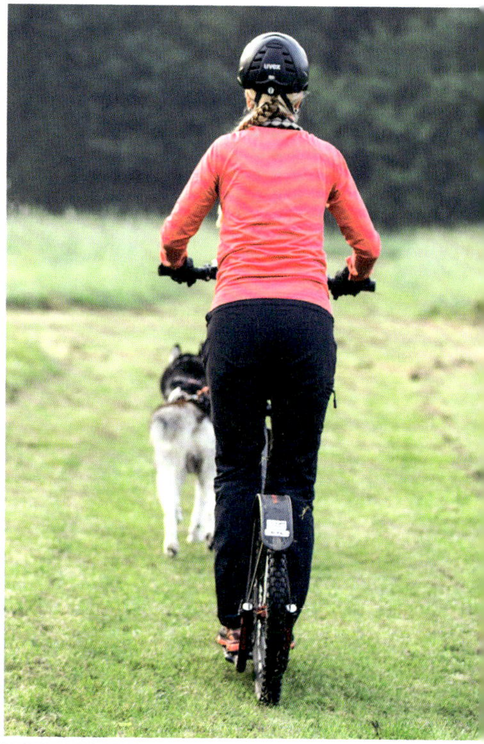

03

RICHTUNGEN EINZELN ÜBEN

Es macht Sinn, die Richtungen einzeln zu üben, sprich immer nur eine Richtung zu üben. Das bedeutet, wir fahren im Viereck. Dies lässt sich aber nicht in jedem Gelände umsetzen. Ihr solltet also immer nach eurem Trainingsgebiet individuell entscheiden.

GESCHWINDIGKEITS-SIGNALE

Die Signalworte für Langsamer und Schnellerwerden lassen sich hervorragend im Freilauf am Bike üben. Dabei heizt ihr euren Hund mit einem knackigen Wort an und fahrt mit ihm um die Wette – so übt ihr das Schnellerwerden. Im Englischen wird als Signal gern das **Hike** genommen. Um langsamer zu werden, nutzen wir wie beim Anhalten auch ein langgezogenes Wort wie **Langsaaam**. Dies ist für unsere Hunde meist gut zu verinnerlichen. Im Englischen wird häufig das **Easy** genutzt. Selbstverständlich kann das Langsam- und Schnellerwerden auch auf Zug trainiert werden. Dazu bremst ihr euren Hund mit „Langsaaam" stetig herunter (lasst ihn aber nicht anhalten), und nach wenigen Sekunden öffnet ihr die Bremse wieder und gebt gleichzeitig ein anstachelndes „Hike" oder „Ja" oder auch euer normales Startsignal. Der Hund wird allein durch das Lösen der Bremse schneller werden und lernt gleichzeitig das Signal für „Speed".

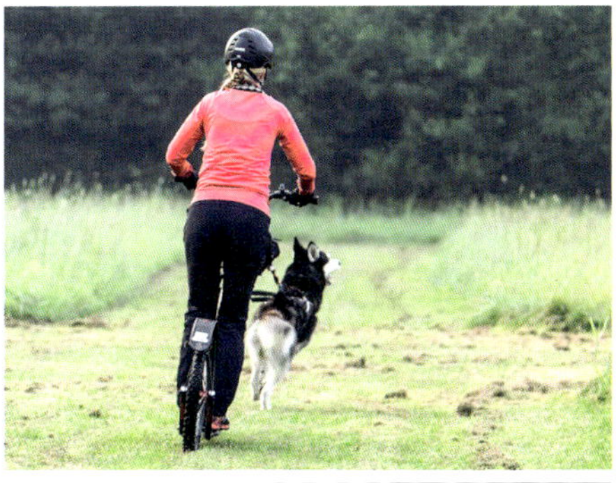

04

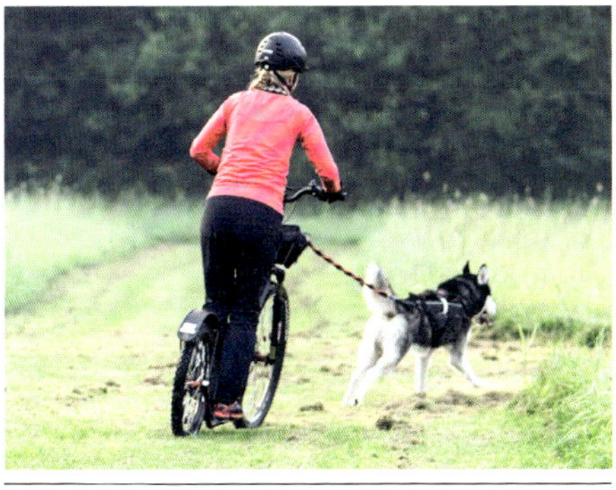

05

01 Hier eine Alternative zu „Richtungen üben".

02 Steffi und Frodo auf einem speziellen Trainingsgelände.

03 Vor den beiden eine Wegkreuzung.

04 Zirka 15 m vor der Wegkreuzung das Signal „Gee" für rechts abbiegen geben.

05 Frodo nimmt das Signal an. Nach 50 m wird gestoppt und mit einem „Kehrt" gewendet. Beide fahren (oder laufen) wieder auf dieselbe Kreuzung zu. Erneut das Signal „Gee", wieder stoppen und „Kehrt" usw. bis zweimal alle Abzweigungen gefahren wurden. In vielen Wiederholungen über mehrere Tage üben. Dann dieselbe Übung mit „Haw" für links abbiegen. Erst wenn beide Richtungen klappen, wird im Wechsel abgefragt.

SIGNALE FÜR WEGSEITEN

Um euren Hund auf einer bestimmten Wegseite laufen zu lassen, kann man ein Signal vor oder nach der jeweiligen Richtung nutzen, z. B. **Over Gee/Over Haw** oder im deutschen **Rechts ran/Links ran** und dann gleichzeitig den Hund durch Gegenlenken und Abbremsen auf die Seite ziehen. So könnt ihr Richtungen vorgeben, wenn ein Hindernis umlaufen werden soll, wie z. B. eine größere, tiefe Pfütze, Äste oder Steine. Hier sei erwähnt, dass es auch Hunde gibt, die von selbst versuchen, den besten Weg zu laufen und die man dann auch mit Gegenlenken nicht unbedingt von einer anderen Lösung überzeugen kann.

LINE-OUT

Wie bereits erwähnt, ist das Line-out ein wichtiger Bestandteil in der Startsequenz und es ist wichtig, dies gut zu trainieren (siehe S. 103). Das ist umso wichtiger, je triebstärker euer Zughund ist – da manche Individuen derart motiviert sind, dass ein ruhiger Start nicht mehr möglich ist.
Wenn ihr mit der hier beschriebenen Methode das Training beginnt, wird das Line-out direkt vom ersten Üben an trainiert.
Unser Sportpartner steht an der gespannten Jöringleine in Erwartungshaltung zum gefüllten Napf und darf erst auf das erlösende Startsignal hin loslaufen. Das Warten vor dem Startsignal benennt ihr dann mit „Line-out" oder einem beliebigen anderen Wort. Habt ihr anders mit dem Training begonnen oder das Line-out nicht richtig aufgebaut, kann diese Sequenz auch separat trainiert werden.

ÜBUNG FÜR TRIEBSTARKE HUNDE

Bei triebstarken Hunden kann es helfen, die Situation vom eigentlichen Fahren zu lösen. Dazu kann die Jöringleine an einem Baum o. Ä. befestigt werden und der Hund wird im Zuggeschirr angespannt. Er kann nun hüpfen und springen wie er mag, der Baum bewegt sich nicht und er kann keinen hinter sich liegenden Scooter durch die Gegend zerren. Ihr könnt dem Hund als Zielpunkt einen Ball oder ein wenig Futter hinlegen, zu dem er schaut. So könnt ihr ein Steh an gespannter Leine kleinschrittig aufbauen und euch mit der Zeit von ihm wegbewegen: Vor ihm weggehen, dann seitlich und auch mal hinter den Hund gehen – während der Hund nach vorn gerichtet stehen bleibt. Hat er das erst einmal verinnerlicht, kann auch am Startpunkt geübt werden. Scooter oder Bike können dazu auch mit einer weiteren Leine an einem Baum/Auto o. Ä. festgebunden werden, damit das Gespann gesichert ist. Nehmt euch Zeit für diese Übungen! Manch ein Musher nimmt sich einen Becher Kaffee für dieses Training mit …

ÜBUNG ÜBER IMPULSKONTROLLE

Eine andere Möglichkeit, das Line-out zu üben, ist über eine Art Impulskontrolle. Sie eignet sich gut für beuteorientierte Hunde. Hier soll das Stehenbleiben, „Einfrieren" und Loslaufen auf Signal erfolgen. Für die Hunde ist es hierbei einfacher, wenn wir mit Körpersprache arbeiten und das Loslaufen mit einer deutlichen Geste verknüpfen. So sind sie gezwungen, uns die ganze Zeit anzuschauen, damit sie die Geste nicht übersehen. Das Training verläuft hier in der ersten Zeit völlig losgelöst vom Zugtraining und kann daher auch gut in der Sommerzeit geübt werden. Im ersten Schritt soll der Hund lernen, beim Werfen oder Ablegen der Beute nicht sofort loszurennen. Für triebstarke Hunde ist dafür zu Beginn eventuell eine Leine notwendig. Die erhobene Hand ist gut geeignet, um den Hund auf Spannung zu halten und beim Herunternehmen der Hand (deutliche Geste) wird der Hund losgeschickt. In den nächsten Schritten bewegt ihr euch nach dem Werfen der Beute – mit erhobener Hand – neben und dann nach und nach hinter den Hund. Euer

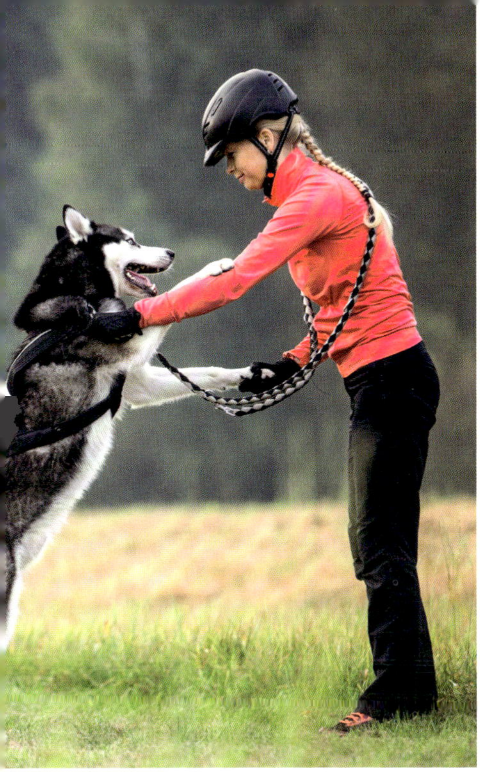

01

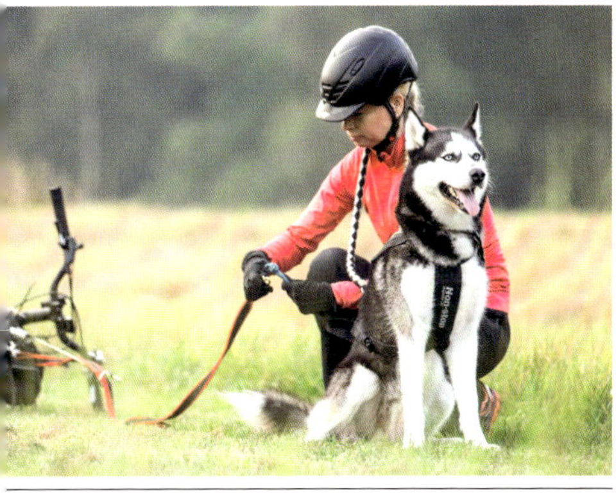

02

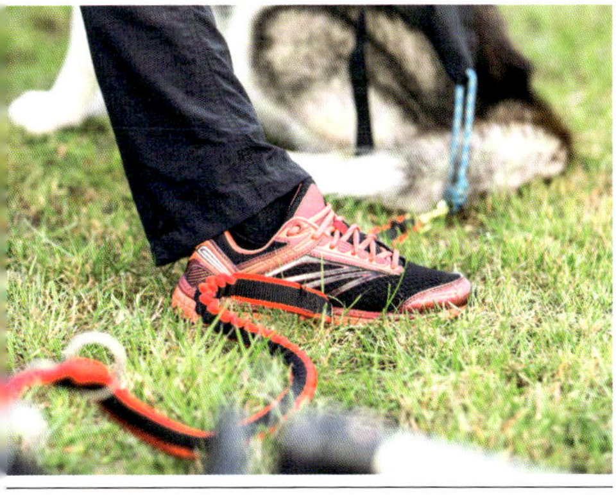

03

Schüler soll euch die ganze Zeit anschauen, aber in Laufrichtung auf die Beute stehen bleiben. Nach genügend langer Konditionierung hat euer Hund gelernt, auf das Signal stehen zu bleiben und loszulaufen, wenn ihr die Hand senkt. Das wird er dann auch tun, ohne dass die Beute vor ihm liegt. Diese Methode ist gut geeignet für Canicross, Bike oder Trike – nicht jedoch für den Scooter. Beim Scooterfahren ist es sehr wichtig, beide Hände am Lenker zu haben, um den Scooter unter Kontrolle zu behalten. Fährt man einhändig, verreißt man schnell den Lenker und landet im Graben. Natürlich kann man diese Methode auch ohne die körperliche Geste trainieren und dafür ein verbales Signal nutzen. Doch das ist für die Hunde etwas schwerer einzuhalten und Fehlstarts passieren schneller einmal.

FLIEGENDER START BEIM CANICROSS

Das Line-out ist für Canicross möglich, die meisten Canicrosser lassen ihre Hunde jedoch fliegend starten. Dabei halten sie ihren Hund nah am Körper, geben ein Signal zum Aufmerksammachen (**Aufpassen**) oder zählen von 5 runter und auf das Startsignal lassen sie den Hund aus der Hand starten und laufen gleichzeitig los. Die Leine gleitet aus der Hand, bis sie zu Ende ist. Der Hund läuft also nicht ins Leere, sondern gleitet quasi ins Leinenende. So wird ein Ruck vermieden.

01 Triebstarke Hunde sind manchmal vor dem Start sehr aufgeregt.

02 Frodo hat gelernt, beim Anspannen brav sitzen zu bleiben.

03 Auf dem Weg zum Scooter sichert Steffi mit einem Fuß.

☞ SIGNALE IM ZUGHUNDESPORT

Wortlaute können immer individuell gewählt werden. Wichtig ist, dass man das Signal beibehält, das man gewählt hat. Die Signale in der Tabelle sind weit verbreitete im Zughundesport bzw. Vorschläge.

SIGNAL	BEDEUTUNG
Go	Startsignal, der Hund darf loslaufen
Haaalt	Sofortiges Stehenbleiben, Anhalten
Gee	Rechts abbiegen
Haw	Links abbiegen
Ahead (Weiter, Voraus, Gerade)	Geradeaus
Okay, Jepp, Fein	Bestätigung für richtiges Verhalten
Hike (Ja)	Schneller werden
Langsaaam (Easy)	Langsamer werden
Over Gee/Over Haw (Rechts ran, Links ran)	Rechte bzw. linke Wegseite nutzen
Line-out	Signal zum Stehenbleiben vor dem Start
Aufpassen	Hinweis kurz vor dem fliegenden Start im Canicross

KÖRPERLICHE FITNESS

Das Training hat zum Ziel, durch bestimmtes Setzen von Reizen die körperliche Fitness unserer Hunde zu verbessern. Sprich, wir wollen unsere gefahrenen Distanzen verlängern und dabei vielleicht noch die Zeiten verbessern. Selbst Zughundesportler, die keine Rennen bestreiten wollen, sollten ein gewisses Maß an Training mit ihren Hunden durchführen. Dabei geht es einfach darum, die gefahrene Distanz schrittweise zu erhöhen und die Hunde nicht zu überfordern. Wenn wir die Hunde gleich nach dem Antrainieren „müde" fahren (also überfordern), wird dies die Motivation eher hemmen und den Hunden unter Umständen die Freude an der Zugarbeit nehmen. Wer als Zughundesportler an Wettkämpfen teilnehmen möchte, sollte sich ein wenig mehr mit den Trainingsmethoden befassen. Im Prinzip verhält es sich im Hundesport ähnlich wie beim Menschensport. **Es wird in der Regel über die drei Bausteine Kraft, Ausdauer und Geschwindigkeit gearbeitet.**

KRAFTTRAINING

Krafttraining bedeutet: gegen einen stärkeren Widerstand arbeiten. Dies erreicht ihr, indem ihr dosiert bremst oder einen schwierigeren Untergrund wählt. Euer Hund muss stärker ziehen und wird dabei die Muskulatur stärken. Da dies für eure Hunde anstrengend ist, solltet ihr einige Pausen einplanen, damit der Hund motiviert bleibt und intensiv arbeitet.

AUSDAUERTRAINING

Nach ca. 3 – 4 Wochen regelmäßigen Trainings kommt das Ausdauertraining hinzu. Die Strecke wird schrittweise verlängert, der Hund aber weiterhin leicht gebremst. Die Pausen werden verkürzt oder ausgelassen. Ganz langsam gewinnt der Hund zunehmend an Kondition und wir können zur dritten Phase übergehen: der Geschwindigkeit.

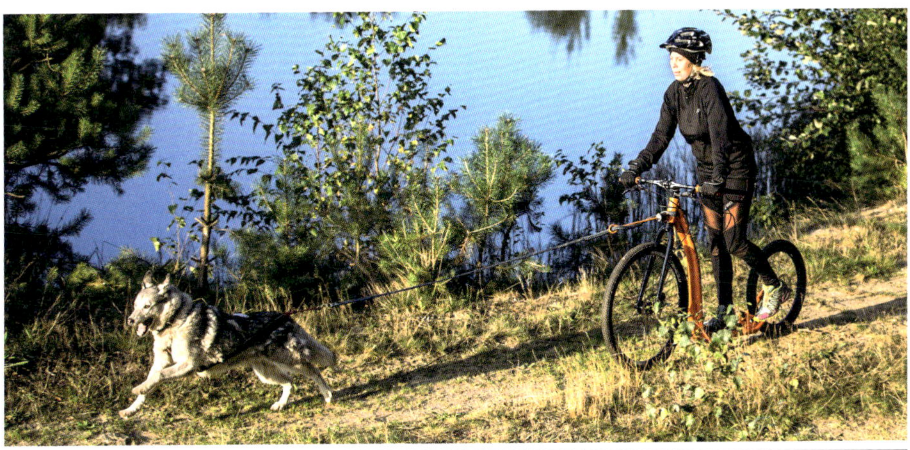

Idyllisch an einem See entlang – ein idealer Platz für ein Päuschen.

GESCHWINDIGKEIT

Diese kommt von ganz allein, wenn der Hund nicht mehr gegen die Bremse gefahren wird. Da es sehr anstrengend ist, schnell zu laufen, ist es wichtig, die Hunde nicht zu lange laufen zu lassen, um sie nicht zu überfordern. Hier bietet es sich ebenso wie beim Krafttraining an, Intervalle zu fahren, die dann mit den Trainingseinheiten verlängert werden können. Hier spielt die Umgebungstemperatur eine maßgebende Rolle, je kälter es ist, desto länger und schneller können die Hunde laufen (siehe S. 71). Für das rennorientierte Training von Sporthunden ist es sinnvoll, sich an Musher mit Rennerfahrung zu wenden, oder sich weitere spezielle Literatur zu besorgen. Da jeder Sportler seine eigenen Erfahrungen und Methoden hat, würde dies den Rahmen dieses Buches für Einsteiger sprengen.

GEWÖHNUNG AN LANGE STRECKEN

Will man einen auf kurze Distanzen trainierten, hart arbeitenden Hund an eine längere Distanz heranführen, so geht das nur Schritt-für-Schritt. Der Hund weiß am Start nicht, wie lang die Strecke ist, die wir heute mit ihm zurücklegen wollen.
Er ist, um ein Beispiel zu nennen, auf 5 km intensive Zugarbeit trainiert. Darauf verlässt er sich am Start, weil er ja nichts anderes kennt, und gibt auf diesen 5 km alles, was in ihm steckt. Ist dieser Hund bereits über einen längeren Zeitraum auf diese Distanz eingespielt, wird sein Selbsterhaltungsinstinkt ihm gewisse Reserven auferlegen und entsprechend sein Tempo drosseln. Mit diesen Voraussetzungen wird der Hund also bei entsprechend kühlen Temperaturen auch einen oder gar 2 km weiter laufen können, bis er an den Punkt kommt, an dem es ihn überfordert. Jedes Mal, wenn der Hund auf diese Art überfordert wird, reagiert er mit dem Selbsterhaltungsinstinkt und dem damit verbundenen Notausschalter etwas früher. Er lernt, dass es ihm nicht gut tut, die 7-km-Strecke mit der gleichen Durchschnittsgeschwindigkeit zu rennen wie die 5-km-Strecke.
Will man nun die Distanz von 5 km auf 10 km erhöhen, sollte man dem Hund die Möglichkeit geben, sich darauf einzustellen und die Distanz in kleinen Schritten über einen längeren Zeitraum aufbauen, um ihn nicht zu überfordern. **Dein Hund vertraut dir, enttäusche ihn nicht!**
Im Umkehrschluss bedeutet das: Unser Hund ist nun auf 10 km trainiert und hat seine Wohlfühldurchschnittsgeschwindigkeit für diese längere Distanz gefunden.
Stufen wir nun die Distanz abrupt wieder zurück auf 5 km, wird er nach diesen 5 km entsprechend mindestens weitere 5 km Reserve haben. Er rennt diese 5 km also nicht mehr so schnell wie vor dem Zeitpunkt, an dem wir begonnen haben, die Distanz auf 10 km zu erhöhen.
Wollen wir nun wiederum die Distanz auf 5 km reduzieren und auf die anfängliche hohe Durchschnittsgeschwindigkeit zurückkommen, müssen wir einige Trainingseinheiten unterhalb von 5 km absolvieren.
Dieser Absatz trifft hauptsächlich auf diejenigen Hunde zu, deren wichtigstes Körperteil für diesen Sport zwischen den Ohren sitzt: der **Desire to Run** (siehe Kasten), die Härte im Kopf, der gnadenlose Wille zu rennen! Für Hunde, die den neuen Job eher als lockeren Ausflug anstatt als wilde Hatz betrachten, sind die Distanzen eher von untergeordneter Wichtigkeit.

DESIRE TO RUN

Desire to Run – bedeutet so viel wie: **Wunsch zu laufen**. Die meisten Schlittenhunde besitzen ihn und auch viele andere Hunde sind mit mehr oder minder großem Willen zu laufen ausgestattet.

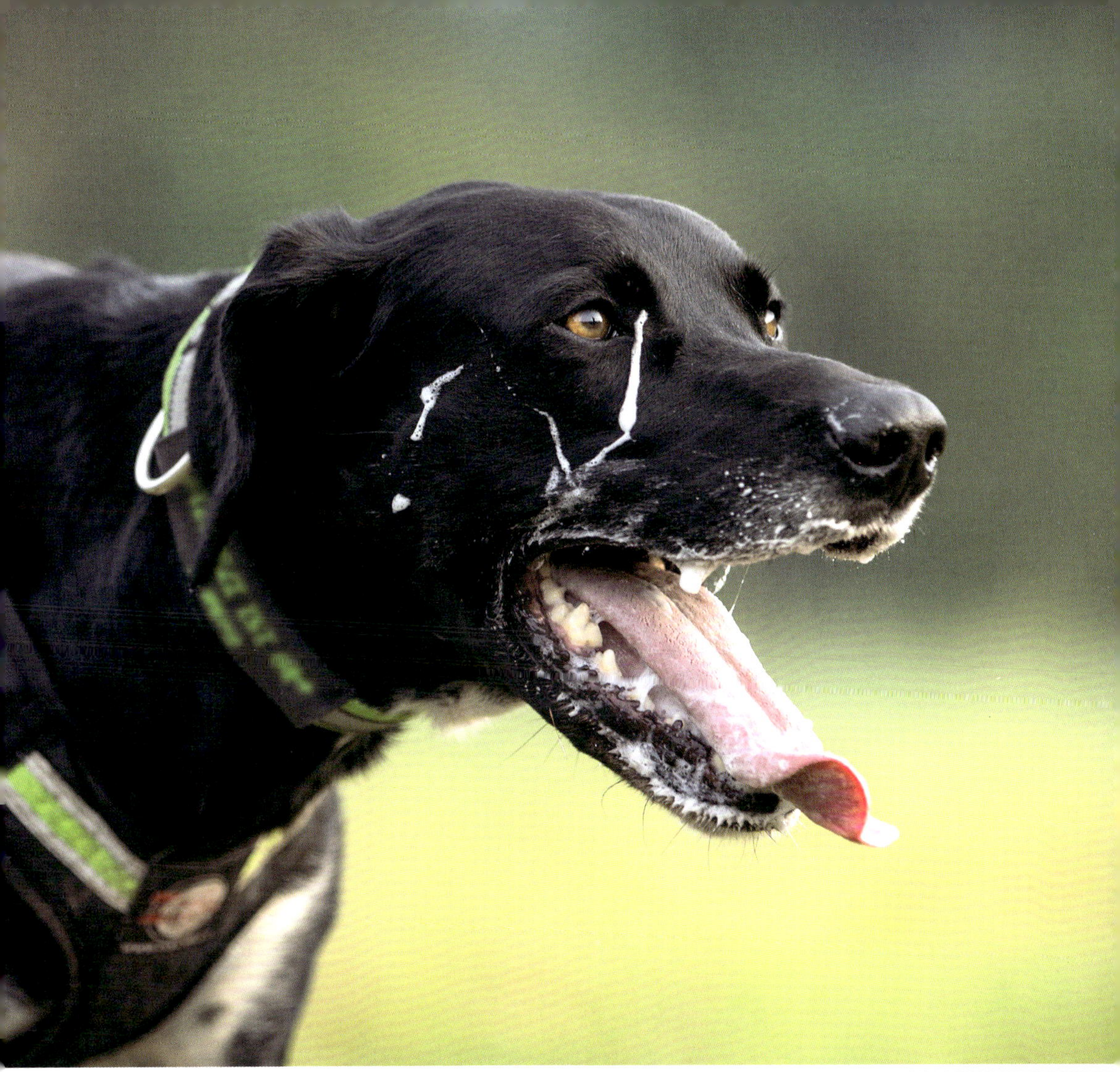

Schlittenhunde haben eine Art Verlangen danach, schnell laufen zu dürfen.

Was ist der „Desire to Run"?

Für erfolgreiche Schlittenhunde ist das Laufen eine Art Verlangen. Während ein Schäferhund auf dem Hundeplatz dafür brennt, seinem Besitzer zu gefallen und für ihn jede Menge Aufgaben meistert (das nennt man Will to Please, also der Wille zu gefallen) – will der Schlittenhund nur eins: Laufen. Bis zum Horizont und noch weiter. Das Laufen ist selbstbelohnend und er läuft und zieht nicht, weil am Ende eine Belohnung wartet. Er läuft auch nicht, weil er jemandem hinterherhetzt oder Wild hinterherjagt. Einige von ihnen laufen, bis sie erschöpft zusammenbrechen …

In den Genen verankert

Den „Desire to Run" können wir nicht antrainieren, er ist eine Art Charaktereigenschaft und er wurde durch gezielte Zucht in den Schlittenhunderassen bzw. -kreuzungen erhalten und verstärkt. Durch Training kann man diesen starken Laufwillen nicht wecken, wenn er nicht im Ansatz vorhanden ist. Aber durch entsprechende Konditionierung können wir das, was der Hund von sich aus anbietet, herauskitzeln und stärken. Wenn unser Hund das Laufen und Ziehen so stark verinnerlicht hat, wird er Ablenkung auch ausblenden können und vorbeilaufendes Wild oder Fremdhunde am Rand weitgehend ignorieren.

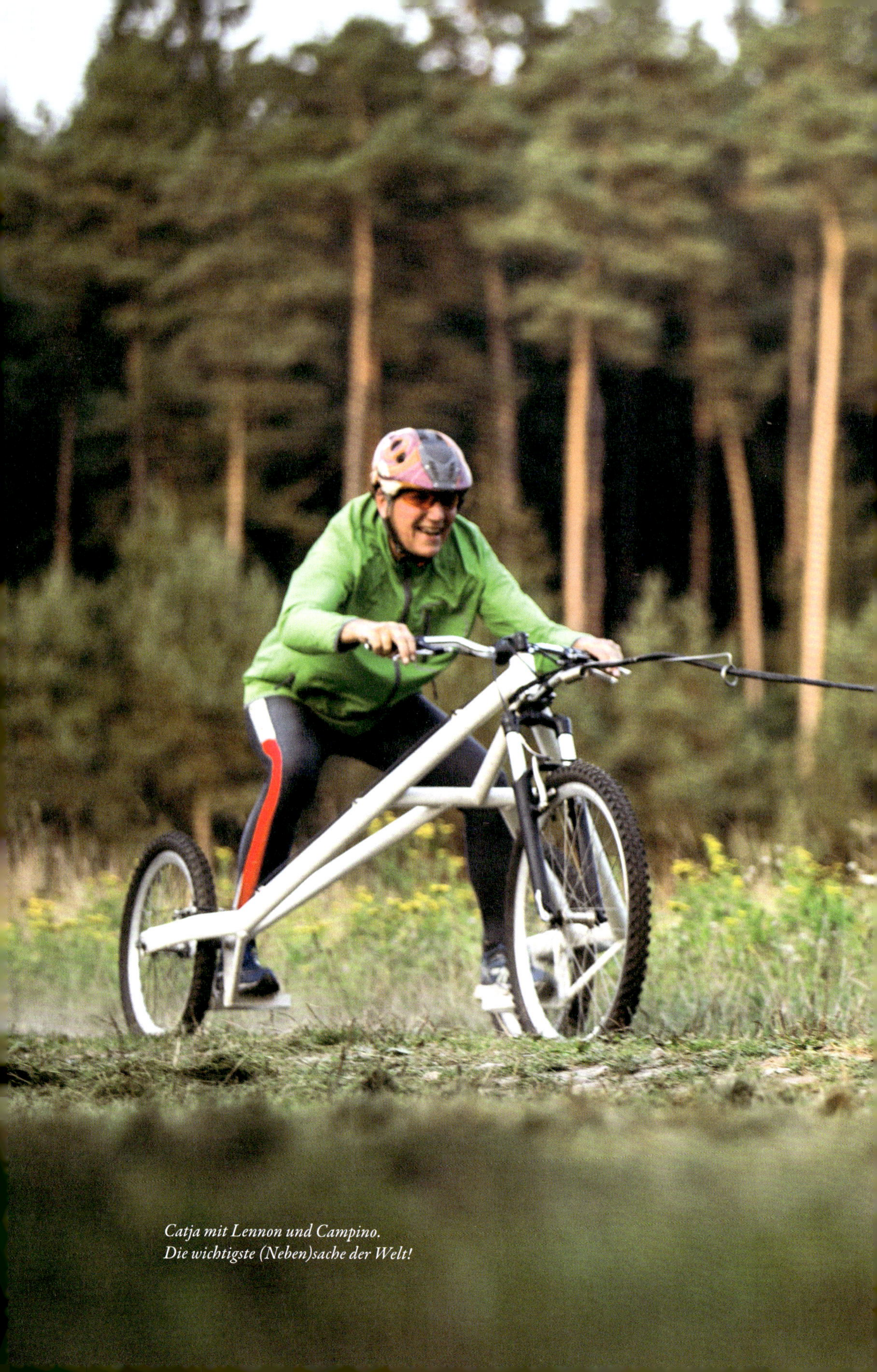

Catja mit Lennon und Campino.
Die wichtigste (Neben)sache der Welt!

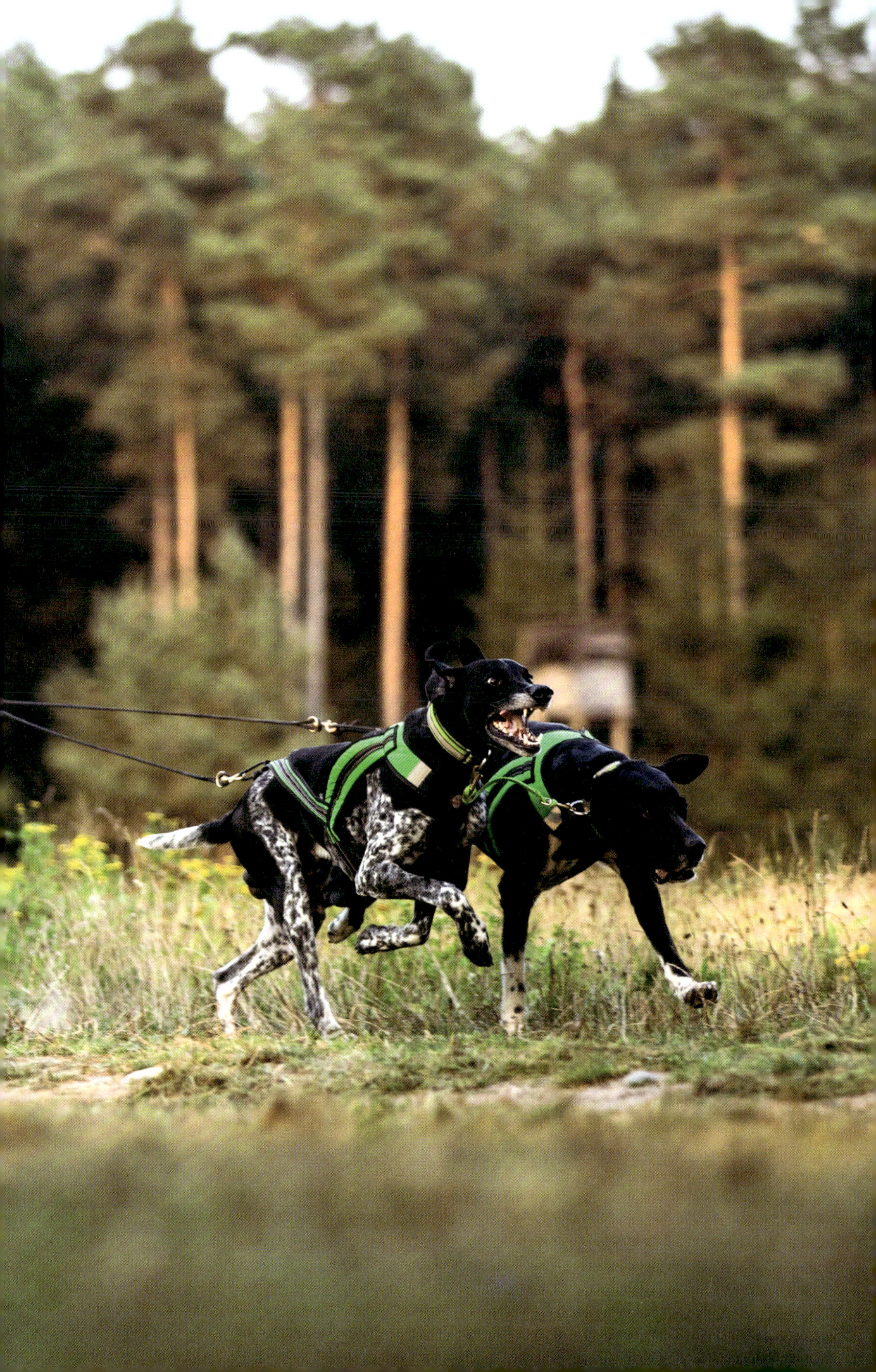

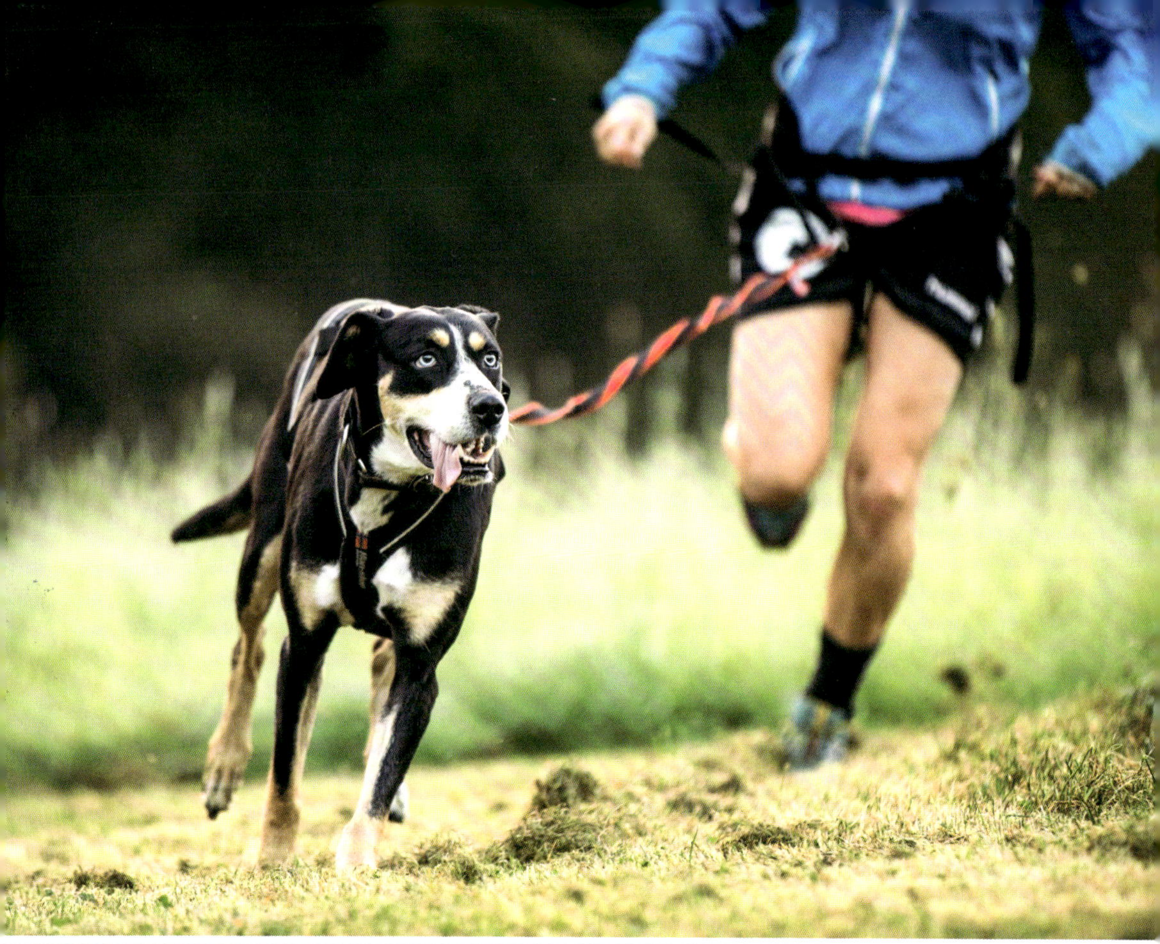

Als Team durch die Natur hecheln …

RICHTIG BERGAB FAHREN

Ungeübten Schlittenhundefahrern passiert es häufig, dass sie in Bergab-Passagen nicht ausreichend bremsen. Der Schlitten wird dann plötzlich schneller als die Hunde und beim Versuch, das wieder auszugleichen, kommt es häufig zum Sturz.
Es ist speziell in Abwärtspassagen sehr wichtig, ausreichend Zug auf der Leine zu haben. Der Hund muss auch bergab ständig so viel Zug auf der Leine haben, als würde er bergauf ziehen. Ist kein Zug auf der Leine, besteht die Gefahr, dass er zu schnell wird. Dies kann ihn verunsichern und er verlangsamt abrupt oder blockiert sogar, weil von hinten der Scooter/das Bike „drückt". Auch hier kann es zu Stürzen kommen, häufig weil sich die Jöringleine im Vorderrad verwickelt und es plötzlich blockiert.

GANGARTEN

Die Gangart unserer Hunde hängt in erster Linie von der ausgeübten Sportart ab. Vom Schritt über den Trab, zum Teil auch Passgang, bis hin zum Galopp ist alles dabei.
Beim **Walken** befindet sich unser Hund hauptsächlich im Schritt oder Pass – die Geschwindigkeit und die Distanz hängen beim Wandern in erster Linie von uns selbst ab.
Im **Canicross** laufen unsere Hunde entweder im Trab, Pass oder Galopp. Wie schnell ein Hund in den Galopp wechselt, ist sehr individuell. Einige wechseln schon bei 15 km/h in den Galopp, während andere noch bei 28 km/h wie eine Nähmaschine kraftvoll traben. Wer für den wettbewerbsmäßigen Canicross trainiert, wird sich hauptsächlich den Galopp als Ziel setzen und sich selbst auch auf Sprintgeschwindigkeit trainieren. Im Freizeitbereich,

wenn wir selbst eher entspannter unterwegs sind, ist der Trab (oder Pass) die übliche Gangart unserer Hunde. Die Distanz, die wir dabei zurücklegen, hängt ganz von uns selbst ab. Beim **Dogscooting**, **Bikejöring** oder **Trike** ist der Trab oder der Galopp die übliche Gangart. Einen Passgang sehen wir meist bei Hunden, die längere Distanzen unterwegs sind. Die Distanzen hängen beim Fahren am Gefährt hauptsächlich von der Geschwindigkeit ab. Je schneller und härter unser Sportsfreund arbeitet, desto kürzer kann er dies durchhalten. Wir orientieren uns hier an den gefahrenen Distanzen der gängigen (Off-Snow)-Sprintrennen, diese reichen je nach Temperaturbedingungen von ca. 3 bis 8 km. Längere Distanzen sind wohl möglich, wenn wir entsprechende Pausen für unsere Hunde einlegen – oder einfach die Geschwindigkeit drosseln.

TRAINING GIBT DAS TEMPO VOR

Viele Hunde geben uns die **Lieblingsgeschwindigkeit** von sich aus vor, ein gewisses Shaping (Formen) durch unsere Trainingsmethodik ist jedoch möglich. Wer seinen Hund von Beginn an immer unter seiner Leistungsgrenze trainiert, der wird einen Hund formen, der immer versucht, alles zu geben, weil er nie an sein Limit gebracht wurde. Wenn wir unseren Hund aber gleich an längere Distanzen heranführen und „müde“ laufen lassen, so lernt der Hund, sich seine Kräfte zu Anfang schon einzuteilen. Wer also lieber längere Distanzen fahren möchte, der kann diese frühzeitig ausweiten und versuchen, die Hunde in niedrigeren Geschwindigkeiten zu trainieren. Hier wäre also ein Laufen im Trab wünschenswert. Der Trab ist die natürliche Langdistanz-Gangart des Wolfes und kann über viele Kilometer durchgelaufen werden, ohne sonderlich Kondition besitzen zu müssen. Haben wir aber einen fleißigen Hund, der stets versucht, im Galopp zu laufen, um schneller zu werden, so sollten wir diese Vorliebe unbedingt akzeptieren und unser gemeinsames Training entsprechend gestalten, um seine Motivation aufrecht zu erhalten.

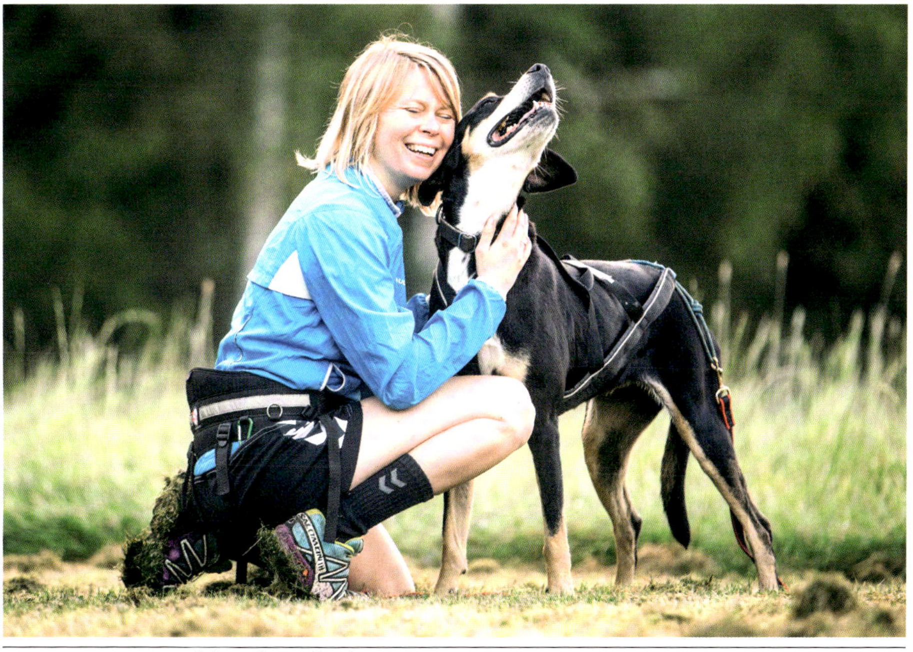

... etwas gemeinsam erleben, das verbindet.

WIE OFT TRAINIEREN?

Um eine gewisse Kondition zu erreichen und zu halten, müssen sich unsere Hunde regelmäßig bewegen. Wird der Vierbeiner zu selten trainiert, so stellt sich kein Trainingseffekt ein und die Kondition/Kraft kann nicht verbessert werden. Wird der Hund jedoch überfordert und bekommt keine Pausen, so kann der Körper die Trainingsreize nicht umsetzen, irgendwann bricht er ein und bekommt eventuell sogar Überlastungssyndrome.
Wie häufig ist also richtig? Pauschal kann dies nicht in x-mal pro Woche gesagt werden. Vielmehr hängt es von einigen Faktoren ab:

— Alter,
— vorhandener Trainingsstand,
— emotionaler Zustand bzw. Motivation des Hundes.

Bei den allerersten Zugübungen, wie wir sie kleinschrittig erklärt haben (siehe S. 78 ff.), können die Trainingssequenzen täglich – auch zwei- oder dreimal täglich – durchgeführt werden. Hier ist es zu Beginn weniger die körperliche Kraft, die eure Hunde anstrengt, sondern mehr das geistige Training. Daher sind kurze und knackige Einheiten sinnvoll, damit der Hund das Erlernte schnell abspeichern kann.
Sobald ihr dann beim eigentlichen „Fahren“ angelangt seid, kann etwa drei- bis fünfmal die Woche trainiert werden. Dabei macht es Sinn, nach zwei bis drei Trainingstagen einen oder mehrere Pausentage einzulegen. An Pausentagen sollten die Hunde wirklich „frei“ haben, also kein weiteres körperliches Training absolvieren. Bänder und Sehnen sollen sich erholen können und Muskeln sollen „wachsen“. Die Pausentage sind besonders auch für Zughunde wichtig, die nicht von sich aus die allergrößte Motivation zum Laufen haben. Für sie mag es sogar sinnvoll sein, nur ein- oder zweimal die Woche Zugarbeit zu trainieren, damit sie „heiß“ auf das Ziehen bleiben – und den Rest der Woche kann man sie etwas unterfordern, damit sie sich auf die körperliche Arbeit regelrecht freuen. Je trainierter die Hunde sind, desto häufiger könnt ihr anspannen. Es spricht nichts gegen tägliches Training – jedoch solltet ihr immer auf trainingsfreie Tage achten, an denen sich Körper und Geist regenerieren können.
Habt ihr weniger zugstarke Hunde, die eher „spazierenfahren“, als durch die Landschaft zu „donnern“, könnt ihr problemlos häufiger anspannen, solange sie natürlich dazu Lust haben. Die Gefahr, diese Hunde zu überfordern, ist hier weniger gegeben.
Es gilt wie überall: die Sportpartner gut zu beobachten und einen individuellen „Bewegungsplan“ zu erstellen.

GRUNDLAGEN-TRAINING

Unter Grundlagentraining verstehen wir das Schaffen einer Ausdauer für das Laufen in einer bestimmten Geschwindigkeit. Die Ausdauer ist auch für die allgemeine Fitness und körperliche Gesundheit unerlässlich. Ein kräftiger Bewegungsapparat schützt vor Sportverletzungen, hält das Herz-Kreislaufsystem fit und ist damit ein essentieller Bestandteil der Gesundheitsprophylaxe.
Die Ausdauer kann auf verschiedene Weise aufgebaut und erhalten werden.

FREILAUF, FREEBIKEN

Unsere Hunde sollen dabei vorzugsweise im Freilauf eine Kondition aufbauen oder erhalten, die dann in der Zugarbeit als Grundlage dienen kann. Unterschätzt die Zugarbeit nicht, diese ist um ein Vielfaches anstrengender als das freie Laufen. Wenn ein Freilauf nicht möglich ist – etwa während der Brut- und Setzzeit, oder weil unser Hundekollege mit einer großen Portion Jagdtrieb ausgestattet ist, kann das Training natürlich auch kontrolliert an der Leine stattfinden, allerdings eben ohne Zugarbeit.

Streckenlänge

Ein gesunder Hund sollte aus dem Stegreif ca. 5 km im lockeren Galopp durchlaufen können – im Trab auch 10 km und mehr, da in dieser Gangart wie erwähnt nicht sehr viel Energie verbraucht wird. Dies könnte er ohne entsprechendes Training allerdings niemals im Galopp kraftvoll ziehen. Nach einiger Zeit würde unser Hund immer langsamer werden und irgendwann stehen bleiben. So würde er dann völlig demotiviert ein „Training" beenden und sich beim nächsten Lauf vermutlich überlegen, nicht ganz so stark zu ziehen/schnell zu laufen. Das ist natürlich kontraproduktiv, zumindest für die schnelle Zugarbeit. Gerade zu Beginn ist es wichtig, dass unsere Sportpartner niemals überfordert werden und ein Training immer mit dem Wissen: „Ich bin noch nicht müde! Ich will weiter!" beenden.

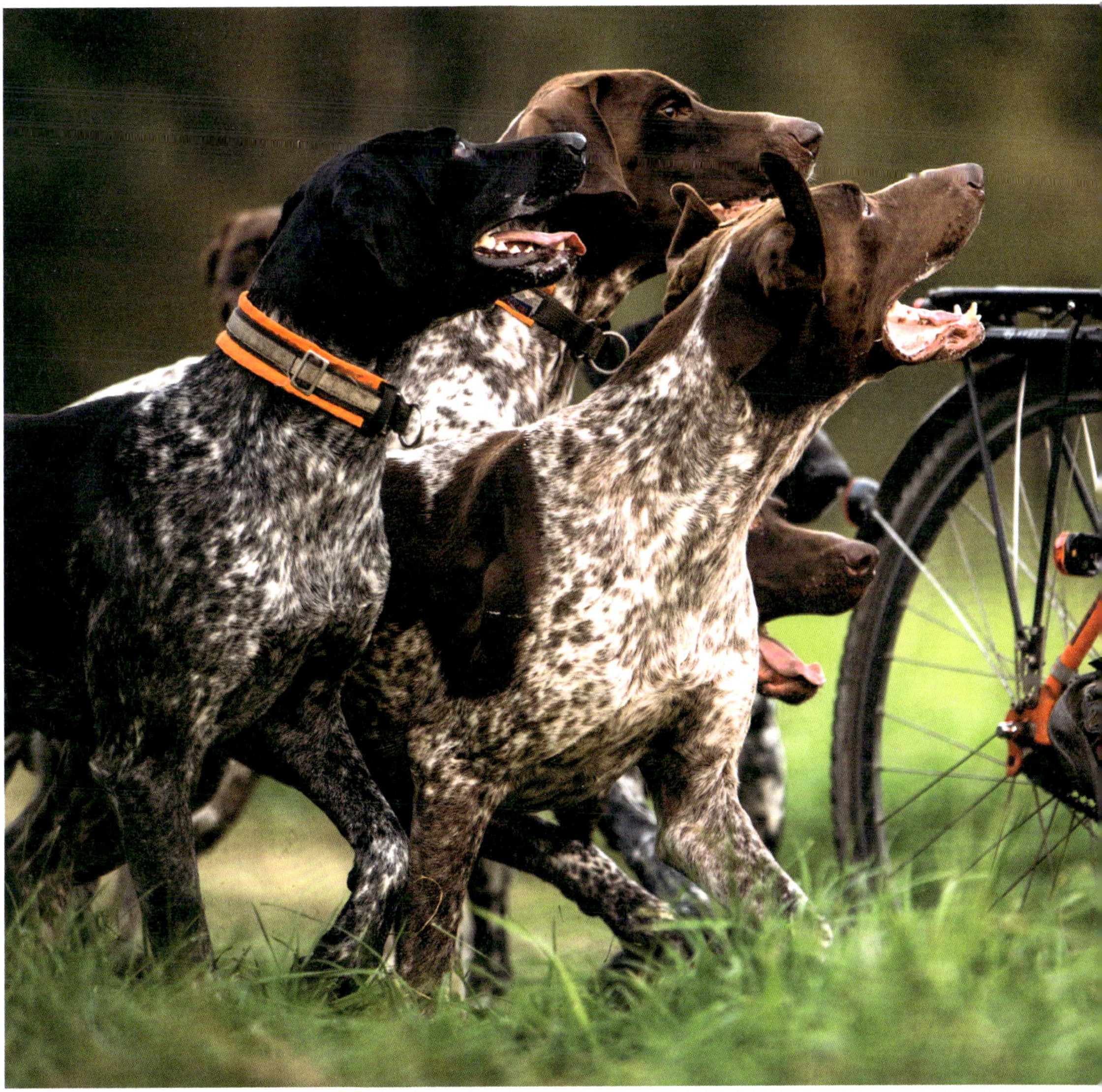

Freebiken mit der Meute verlangt ein hohes Maß an Disziplin.

Training mit dem Bike

Für das Grundlagentraining im Freilauf ist das Bike am effektivsten, es kann selbstverständlich aber auch gejoggt oder der Scooter genutzt werden. Dieses Training stellt für viele Musher den Großteil des „Sommertrainings" dar, bei dem aufgrund der warmen Temperaturen keine Zugarbeit mehr möglich ist. Das Training sollte sich entsprechend unserer Hunde gestalten und auch variieren. Schnelle Hunde sollten ein schnelleres Training bekommen als langsamere Hunde. Die Strecken können dabei stetig erweitert werden. Prinzipiell sind die Streckenlängen im Grundlagentraining weiter als die gefahrenen Strecken in der Zugarbeit. Wir bewegen uns bei dieser Art Training in Distanzen von ca. 5 bis 20+ km in einer Geschwindigkeit von etwa 10 bis 30 km/h. Die Geschwindigkeit kann hierbei auch gut variiert werden, also immer wieder einmal Sprints eingebaut werden. Stetig gleichbleibende Geschwindigkeiten bzw. Gangarten über längere Zeit sind nachgewiesenermaßen nicht gerade förderlich für die Gelenke unserer Hunde. Ein guter Nebeneffekt beim Grundlagentraining ist das Eigentraining für uns selbst. Die genaue Angabe von Geschwindigkeit und Distanz ist aufgrund der Variabilität unserer Hunde nicht möglich. Am besten, ihr tastet euch selbst heran und beobachtet eure Hunde gut. Fordert und fördert sie, aber überfordert sie nicht! Bei hochsommerlichen Temperaturen ist auf das Freebiken zu verzichten.

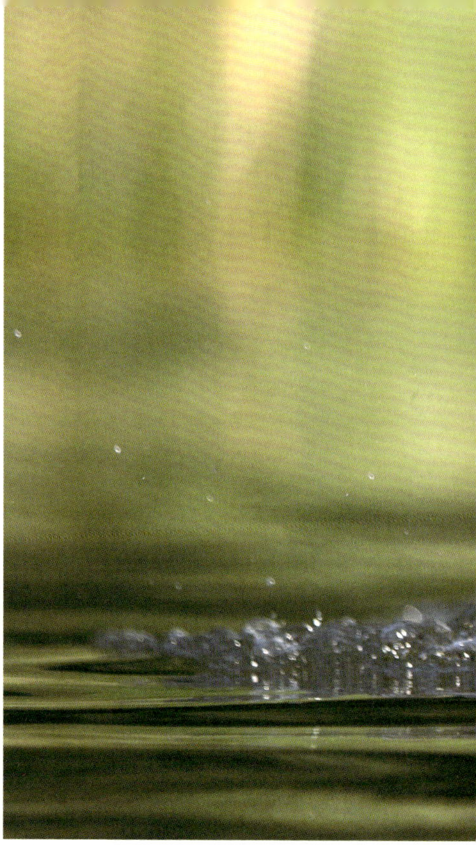

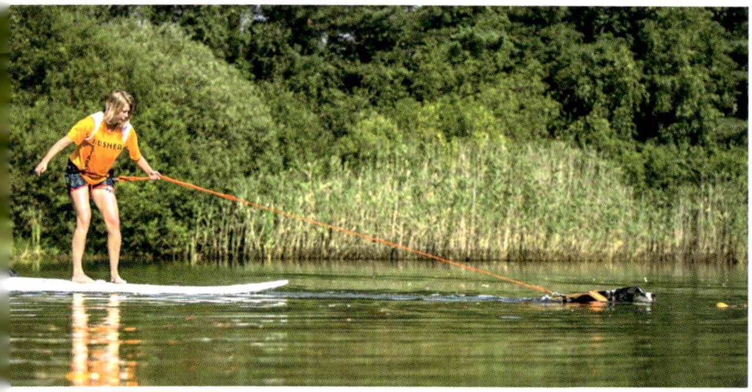

„Boardjöring", eine tolle Idee von Steffi.

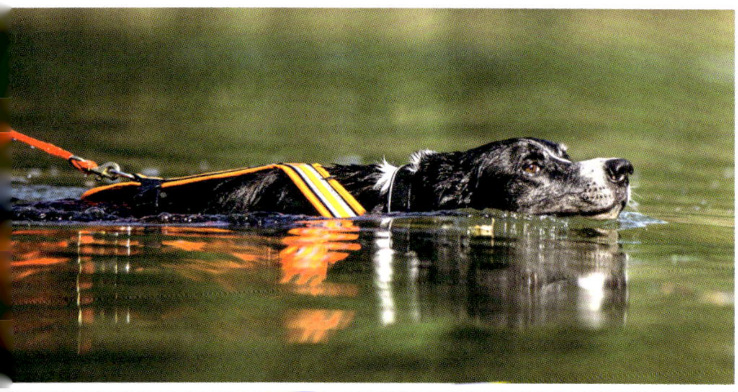

Rocko schwimmt wie ein Otter.

TOBEN MIT HUNDEN

Das Spielen und Toben mit anderen Hunden ist eine der besten Möglichkeiten, um unsere Hunde ganzheitlich fit zu halten. Vorausgesetzt, die Hunde toben miteinander herum und machen von alleine Sprints, laufen enge und weite Kurven, starten und stoppen, springen, buddeln – und eine ganze Reihe von „sportlichen" Bewegungen. Sie lasten sich somit körperlich und geistig aus.

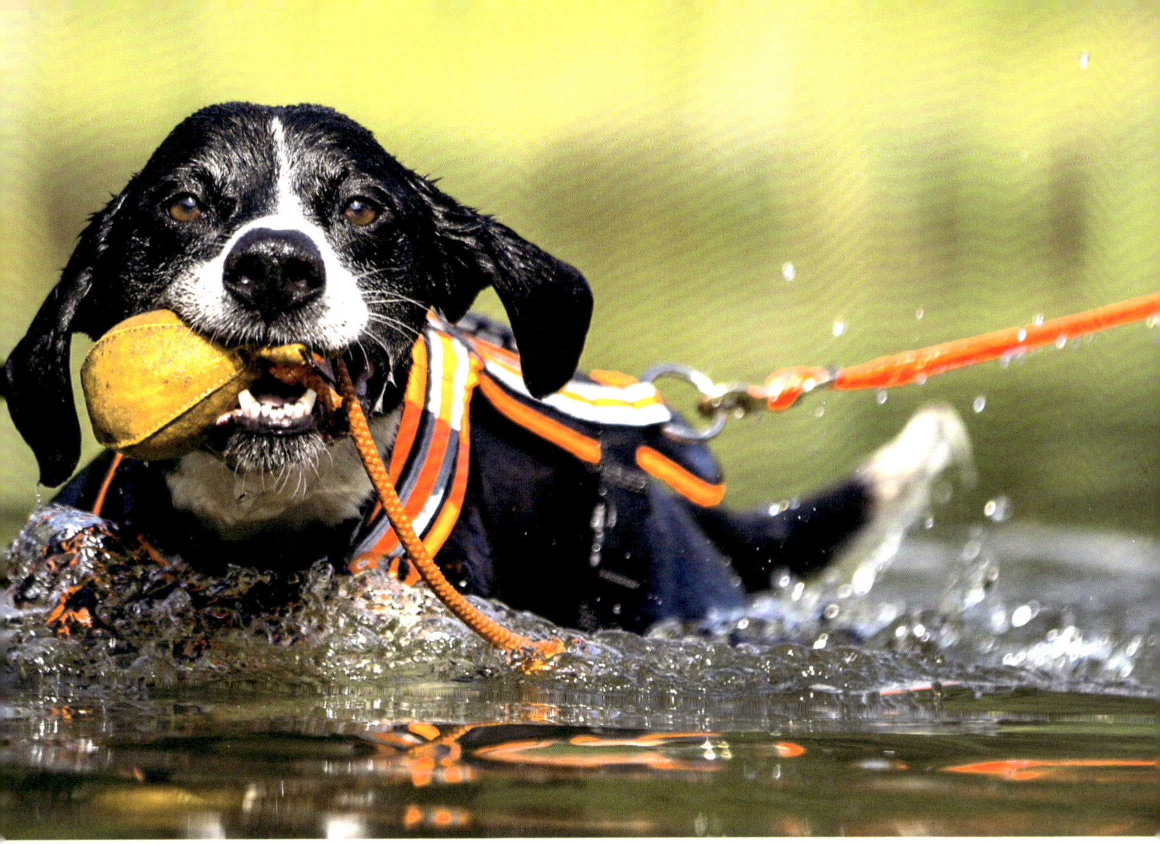

Mit dem Wurfbeutel wird die Richtung bestimmt.

SCHWIMMEN

Die meisten Hunde lieben es zu planschen und zu schwimmen. Dabei ist es oft lustig anzusehen, wie manche Hunde anfangs fast senkrecht im Wasser stehen und mit den Vorderläufen planschen, während andere von Beginn an flach wie ein Otter schwimmen. Im Sommer eignet sich das Schwimmen daher sehr gut zum Erhalt der Muskulatur und Ausdauer. Wenn unsere Vierbeiner Spielzeug apportieren, geben sie meist ziemlich viel Gas auf dem Weg dahin – dies stärkt die Muskulatur auf schonende Art und Weise, da sie das eigene Körpergewicht nicht mit den Beinen tragen müssen. Wenn möglich, können wir auch gemeinsam mit dem Hund Runden schwimmen – oder, wie manche Musher es tun: in einem Kanu sitzen und die Hunde hinter/neben sich schwimmen lassen. Hier empfiehlt es sich, den Hunden Schwimmwesten anzuziehen, damit man sie im Notfall schnell sieht und auch greifen kann. Ein sportlicher Hund kann beim Schwimmen schon eine ganze Weile durchhalten, er sollte natürlich auch hier nie überfordert werden. Hunde, die nicht schwimmen, können trotzdem vom Planschen im Wasser profitieren. Ähnlich wie auf dem Unterwasserlaufband laufen sie hier gegen einen Widerstand (das Wasser) und können damit auch die Muskulatur stärken.

WASSERRUTE

In den frühen Sommermonaten erkranken immer wieder Hunde an einer sogenannten „Wasserrute“, bei der die Rute wie ein Lämmerschwanz herunterhängt und nicht mehr bewegt wird. Die Ursache liegt vermutlich an entzündlichen Prozessen im Bereich der Schwanzwurzel durch eine Überbeanspruchung der unzureichend trainierten muskulären Strukturen. Die Wasserrute ist in der Regel sehr schmerzhaft, heilt aber mit tierärztlicher Unterstützung meist problemlos aus.

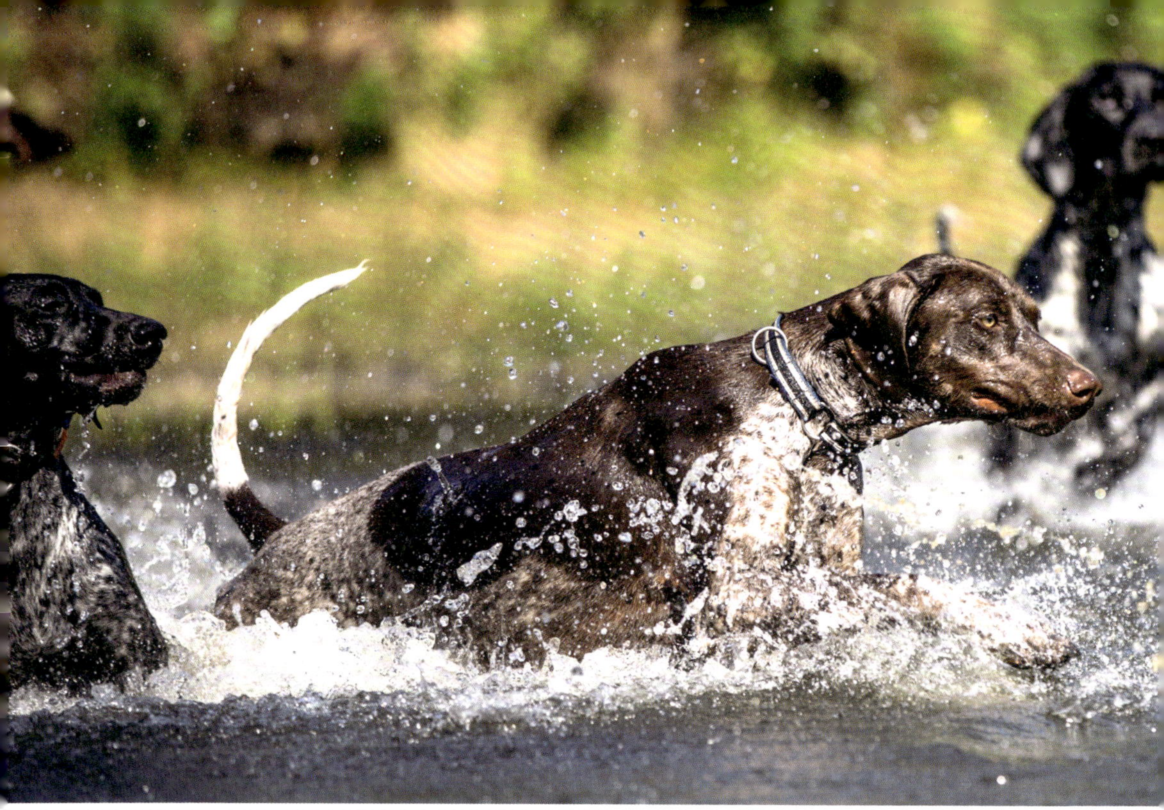

Im Sommer dem Ball hinterher hechten ... am liebsten stundenlang.

BALLWERFEN

Ballwerfen ist eine typische Beschäftigung für jagdlich ambitionierte Hunde und kann mit Verstand auch für das sportliche Training genutzt werden. Hier werden kleine Sprints mit Schnellkraft durch das Abdrücken am Start kombiniert. Soweit klingt das sehr gut. Leider hat das Ballwerfen auch einige Nachteile, weshalb wir es nur mit Einschränkungen empfehlen können.

Hunde, die sehr beuteorientiert sind, blenden beim Hinterherjagen die Umgebung völlig aus, preschen 150 % dem Ball hinterher und versuchen auch 150 % den Ball zu schnappen. Dadurch ist das Risiko auf dem Weg dahin recht groß, in Löcher oder Bodenunebenheiten zu laufen, wodurch die Hunde umknicken oder stürzen können. Kommen die Hunde dann zum Ball, bremsen sie abrupt und mit allen Vieren ab und „hacken" nach dem Ball. Bei solchen abrupten Stopps kann sich die Ballenhaut der Pfoten lösen oder Krallen splittern. Zudem ist das starke Abbremsen auch recht belastend für die Gelenke. Somit ergibt sich, dass das Ballwerfen nur auf optimalen Untergründen erfolgen sollte – und auch nur in einem sehr dosierten Maß. Sand und Wiese eignen sich sehr gut, während Asphalt oder Schotter absolut gemieden werden sollten. Gut eignen sich leichte bis mittlere Steigungen auf Sand, bei denen die Hunde bergauf richtig Gas geben können. Hier ist darauf zu achten, dass die Hunde nicht in dem gleichen Tempo wieder bergab laufen, da dies wiederum die Vorderhand stärker belastet.

Unabhängig von den körperlichen Risiken des Ballspielens spielt auch der geistige Zustand eine Rolle. Hunde, die zu stark aufdrehen und sich aufschaukeln, sollten nicht unbedingt mit dem Hinterherjagen ausgelastet werden. Für solche Hunde eignet sich das ruhige Apportieren besser, jedoch hat dies kaum einen Effekt auf die Ausdauer oder Muskulatur.

AUFWÄRMEN

Für den Zughundesport sind für das Aufwärmen keine besonderen Übungen notwendig. Häufig reicht es, wenn der Vierbeiner

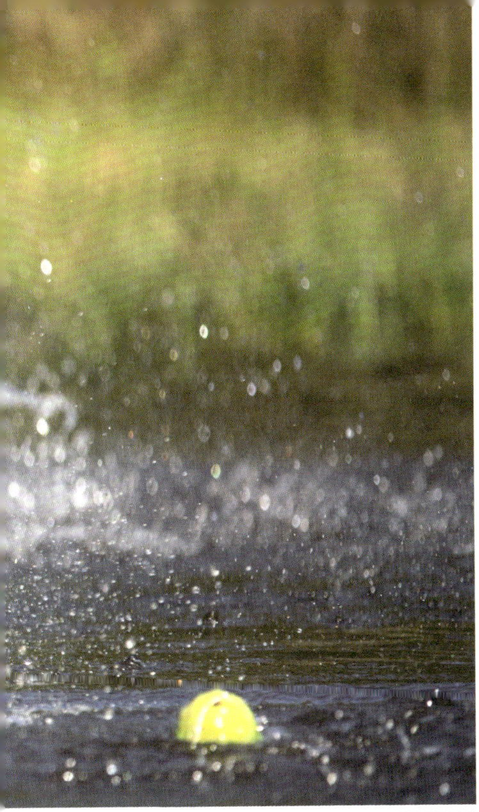

ABKÜHLEN

Ein Cool-Down, also Abkühlen, ist genau wie beim Warm-Up vor allem für leistungsorientierte Sportler empfehlenswert. Hier geht es darum, dass der Kreislauf aus der Höchstleistung nicht von 100 auf 0 sinkt, sondern langsam herunterfahren kann. Kommt ihr nach einem tollen und anstrengenden Lauf gemeinsam im Ziel an, so solltet ihr nicht einfach nur stehen bleiben und den Hund „abstellen", sondern nach Möglichkeit einige Minuten gemeinsam mit ihm etwas gehen oder laufen, damit er dabei abhecheln kann und die Muskulatur noch ein wenig lockert. Wenn sich die Atemfrequenz dann beruhigt hat, könnt ihr Wasser oder ein wenig Futter mit Wasser anbieten. Letzteres wird als Belohnung gern angenommen.

WARM-UP – COOL-DOWN

Das Aufwärmen und Abkühlen macht vor allem für Teams Sinn, die schneller unterwegs sind. Dabei soll die Muskulatur aufgewärmt und die Durchblutung derselben gesteigert werden, damit gute Muskelleistung erbracht werden kann.

sich frei bewegt – und sich dabei von alleine aufwärmt und mobilisiert. In der Praxis gehen wir gemeinsam mit den Sportpartnern auf und ab, die Hunde können sich noch einmal ausgiebig lösen und dann auf die Strecke konzentrieren. Beim Umherlaufen recken und strecken, dehnen und beugen sie sich in der Regel von selbst, sodass keine zusätzlichen Bewegungen nötig sind.
Wenn wir mit unseren Hunden in einem langsameren Tempo unterwegs sind, so ist ein spezielles Aufwärmen nicht unbedingt notwendig, da sie sich „unterwegs" warm laufen. Natürlich sollten auch sie die Möglichkeit haben, sich vor dem Laufen ausreichend zu lösen.

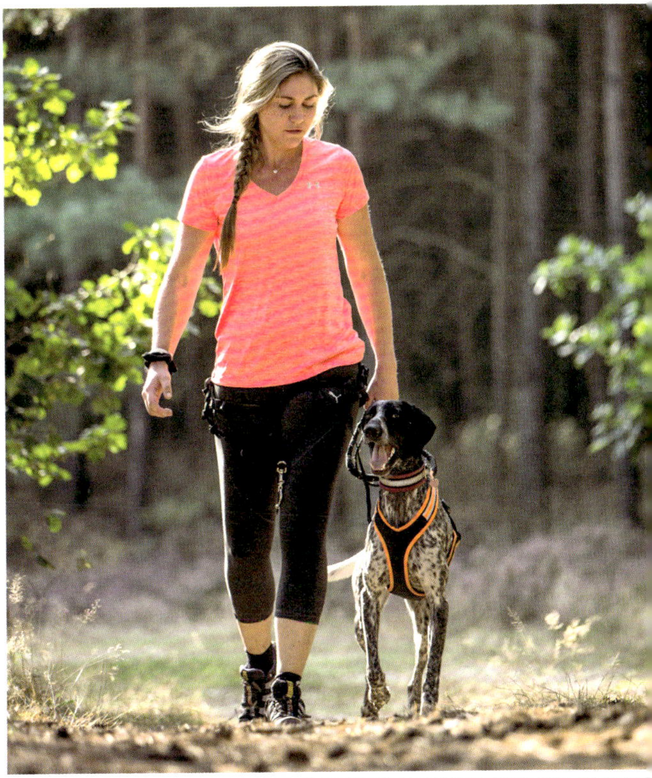

Aufwärmen vor dem Start.

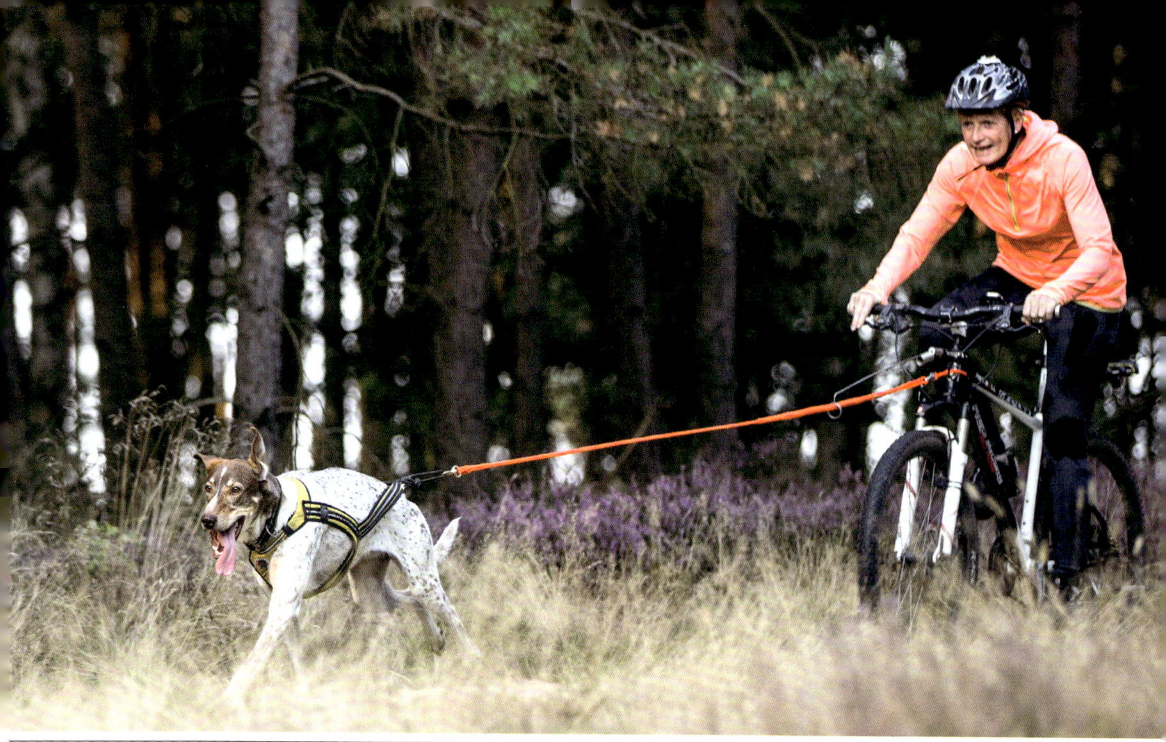

Dosiertes Bremsen mit dem Ziel, die Zugleine immer unter Spannung zu halten.

FAHREN MIT EINEM ODER MEHREREN HUNDEN

SINGLE LEADER

Als Einzelhund bedeutet das Laufen vor uns oder einem Gefährt, dass er „Single Lead" läuft – und mein Familienfreund muss als einzelner „Leithund" harte Arbeit leisten. Selbst wenn er mit weniger Zugkraft unterwegs ist, so ist es vor allem geistiger/mentaler Druck, der ihn anstrengt. Er weiß/spürt uns oder das Gefährt immer hinter sich, das unter Umständen noch „drückt", wenn wir zu schnell sind. Er hat eigentlich gelernt, immer die Leine gespannt zu halten und kraftvoll nach vorne zu ziehen. Er soll sich auf den Weg vor ihm konzentrieren und gleichzeitig soll er immer nach hinten zu uns ansprechbar sein – wenn wir etwa an einer Kreuzung abbiegen wollen. Diese enorme Leistung wird von Einsteigern immer wieder unterschätzt.

Es ist nicht nur das körperliche Ziehen an sich, der Hund braucht auch „den Kopf", also die mentale Stärke dazu, um mit der alleinigen Verantwortung in der Lead-Position umgehen zu können. Es gibt Hunde, die „diesen Kopf" nicht haben und nie dazu geeignet sind, als Leithund allein vorzulaufen. Diese Hunde können aber hervorragende Arbeiter sein, wenn sie neben einem zweiten Hund laufen, oder wenn sie in der Gruppe mit mehreren Zughundesportlern unterwegs sind. Seid fair zu euren Hunden und achtet darauf, sie weder geistig noch körperlich zu überfordern! Umso wichtiger ist es, die Zugarbeit kleinschrittig zu erarbeiten, die Möglichkeiten unserer Hunde auszuschöpfen und darauf zu achten, dass jedes Training mit Freude ausgeführt wird. Mit Geduld und Übung können auch Hunde „ohne diesen Kopf" lernen, allein vorzulaufen, ohne überfordert zu werden.

MEHRERE HUNDE

Fahren mit zwei oder mehr Hunden nach internationalen (IFSS) und nationalen (VDSV) Rennregeln

Die Einspannung von zwei Hunden nebeneinander wird für zwei oder mehr Hunde genutzt. Dabei laufen immer zwei Hunde nebeneinander. Bei mehr als zwei Hunden befinden sich dahinter/davor weitere Paare von Hunden. Das erste Paar ganz vorne sind die **Leader**, die Leithunde. Die Leithunde sollen das Gespann anführen und sind somit für die Geschwindigkeit und das Ausführen der Richtungsanweisungen zuständig. Die folgenden Paare dahinter sind die sogenannten **Point Dogs**, danach kommen die **Swing Dogs**, dann die **Team Dogs** und ganz zum Schluss folgen die kräftigen **Wheel Dogs**, die direkt vor dem Schlitten bzw. Wagen angespannt sind. Hier sind in der Regel die kräftigsten Hunde eingesetzt, weil auf ihnen in Kurven die meiste Kraft lastet.

Bei dieser Einspannart wird pro Hund eine kurze Leine, die Tugline (siehe S. 49) in die Zentralleine eingehakt, die vom Schlitten/Wagen bis nach vorn zum Leithundepaar führt. Beide Hunde werden zusätzlich am Halsband mit einer Neckline (siehe S. 49) mit der Zentralleine verbunden. Bei den Leithunden wird die Neckline zwischen den beiden Halsbändern angebracht – die Zentralleine endet in der Schlaufe für deren Tuglines. Dadurch können die Hunde nur in einem gewissen Abstand voneinander laufen und bilden ein einheitliches Gespann.

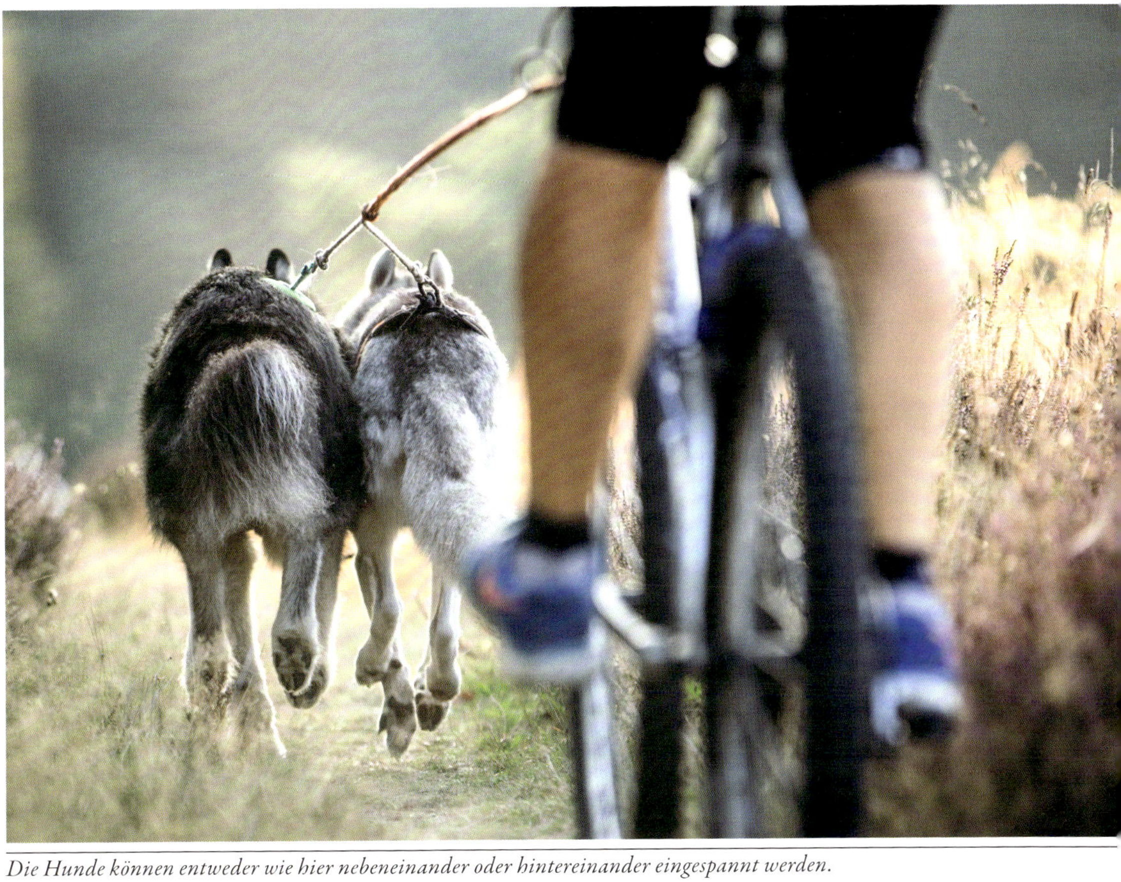

Die Hunde können entweder wie hier nebeneinander oder hintereinander eingespannt werden.

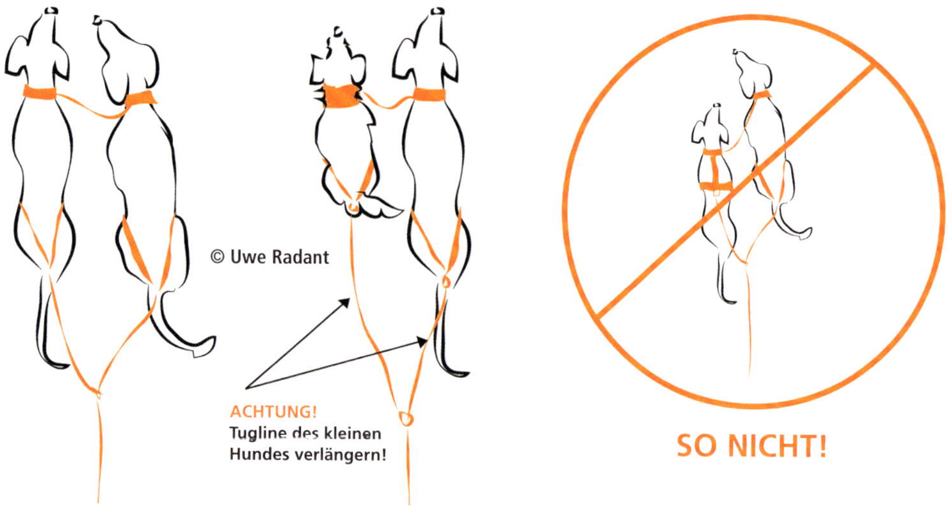

Anspannung von zwei Hunden mit einer Jöringleine für zwei Hunde und Neckline.

ZWEI HUNDE NEBENEINANDER

Mit einer sogenannten **Leadsektion** werden zwei Hunde typischerweise angespannt. Diese sind wie die normal erhältlichen Leinen für zwei Hunde, sie bestehen aus einem gemeinsamen Ruckdämpfer und zwei Tuglines, sowie einer Neckline.
Bei unterschiedlich großen Hunden muss, wie schon erwähnt, darauf geachtet werden, dass die Tuglines entsprechend angepasst sind, damit die Hundeköpfe sich in etwa auf der gleichen Höhe befinden. Nur so ist die Neckline „neutral" und der Hund bekommt keinen Zug darauf, solange beide in die gleiche Richtung ziehen. Ansonsten würde der kürzere Hund unter Umständen an der Neckline von dem längeren Hund mitgezogen werden. Im Handel sind verschieden lange Tuglines als Maßanfertigung zu beziehen. Somit können die Leinen auch das Fahren mit verschiedenen Geschirren ausgleichen.

ZWEI HUNDE HINTEREINANDER

Wenn die Hunde nicht nebeneinander laufen mögen, weil z. B. einer zu Übersprungshandlungen neigt und den anderen disziplinieren („abschnappen") möchte, so können zwei Hunde auch hintereinander eingespannt werden. Entsprechende Leinen gibt es im Fach-

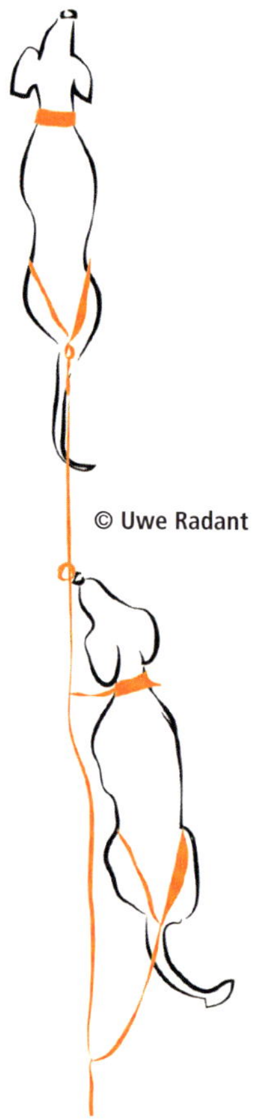

Zwei Hunde hintereinander: Wird gern zum Anlernen für Junghunde genutzt. Der hintere Hund ist in der Rolle des Verfolgers.

handel einzeln zu kaufen. Oder es wird eine Leine für vier Hunde genutzt, aber je nur ein Hund vorn und hinten eingespannt. Die Leinen für den 3./4. Hund werden entweder ausgeschlauft oder zusätzlich in die Schlaufe des Zuggeschirres eingehakt (also pro Hund zwei Leinen). Einzig die Neckline für den Leithund, der vorn läuft, wird hier nicht benötigt. Der hintere Hund wird mit der Neckline an der Zentralleine eingehakt.

DREI HUNDE

Ein Gespann mit drei Hunden wird typischerweise ebenso mit einer Leine für vier Hunde gefahren. Hier entscheidet der Musher selbst, ob zwei Leithunde das Gespann anführen und nur ein Hund hinten läuft – oder ob ein Single Leader vor zwei Hunden läuft. Wie genau solche Gespanne aussehen können, zeigen euch die Grafiken.

TANDEMEINSPANNUNG

Die Tandemeinspannung wird meist im Pulkasport genutzt. Hier werden zwei oder mehrere Hunde (maximal vier) hintereinander gespannt. Statt Leinen wird hier ein Gestänge, meist in Form von Zugbügeln, genutzt, in dem die Hunde an speziellen Pulkageschirren angeleint werden. Durch die Einzelspannung der Hunde hintereinander wird das Gespann sehr schmal und kann auch bei dichtem Bewuchs gefahren werden (siehe S. 10, Foto 04).

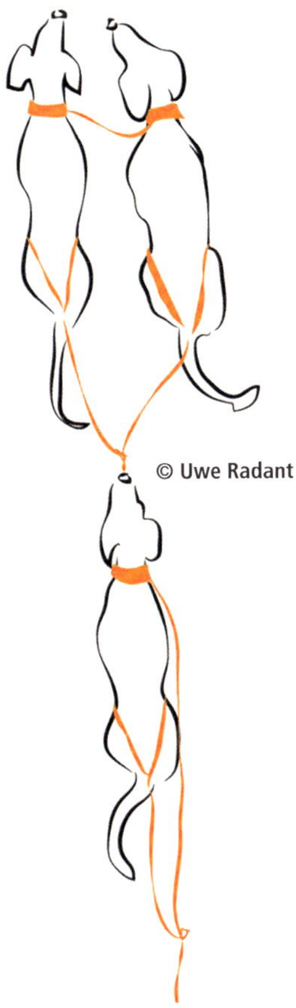

Double Lead: Hier teilen sich zwei Hunde die Führungsposition und somit auch die Verantwortung.

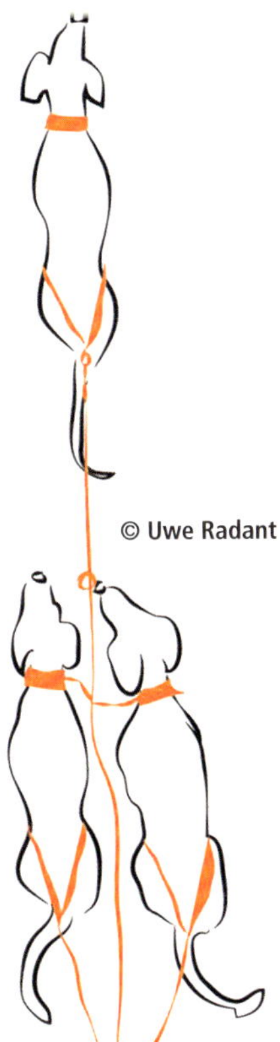

Single Lead: Hier lastet die Verantwortung auf einem Hund. Zwei Hunde direkt vor dem Gefährt ist eine bessere Lastverteilung.

SPORTARTEN IM ÜBERBLICK

— *Von Canicross bis Kickspark*

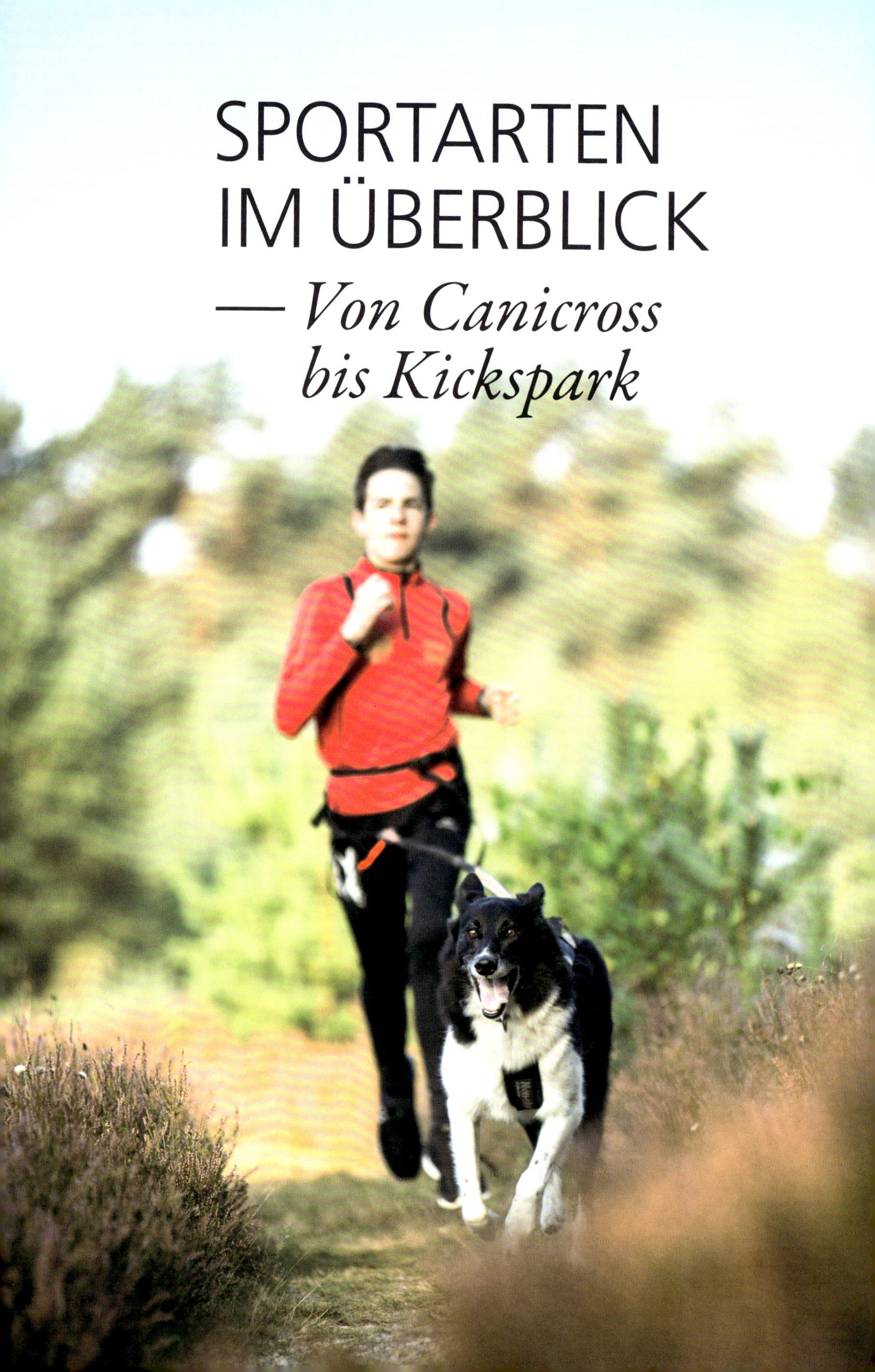

CANICROSS – GELÄNDELAUF MIT HUND

Canicross ist eine typische Ein-Hund-Kategorie im Zughundesport. Das Laufen mit einem vorweglaufenden Hund auf Zug erfreut sich einer beachtlich steigenden Beliebtheit, sowohl im aktiven Sport auf Wettkampfebene als auch im Freizeitbereich. Ähnliche Zuwächse sind auch im Geländelauf des Turnierhundesports zu beobachten. Viele Sportler, die THS-Wettkämpfe bestreiten, starten auch in der Canicross-Kategorie bei Schlittenhunderennen. Nach den Regeln der IFSS definiert sich Canicross als Laufen mit lediglich einem Hund. Auf Wettkämpfen kann man erleben, wie manch 60-kg-Läufer von einem 35-kg-Hund gezogen wird und über eine Distanz von 5 000 Meter schnellere Zeiten erzielt als Olympiaathleten in der gleichen Distanz. Es hat also einen berechtigten Grund, Canicross im Wettkampf auf nur einen Hund zu beschränken.

Im Freizeitbereich können wir durchaus auch zwei Hunde gleichzeitig bewegen. Dies ist natürlich nur möglich, wenn die Hunde gut im Gehorsam stehen und/oder dem Läufer körperlich nicht überlegen sind. Die Kraft unserer Familienhunde ist nie zu unterschätzen. Auch zwei weniger zugstarke 20-kg-Mischlingshunde können, begünstigt durch ihren quasi permanenten „Allradantrieb“, bei aufgescheuchtem Wild ungeahnte Kräfte entwickeln. Nichts spricht aber dagegen, wenn wir uns zwei oder drei Kleinhunde an den Bauchgurt anspannen. Unsere Hunde haben noch mehr Spaß, wenn sie in ihrem Rudel gemeinsam mit uns arbeiten dürfen!

GESCHWINDIGKEIT

Die gelaufene Geschwindigkeit ist natürlich vor allem von unseren eigenen Möglichkeiten abhängig. Beim klassischen Canicross mit Wettkampfgedanken wird über eine Sprintdistanz von 3 bis 7 km möglichst schnell gelaufen. Schnelle Canicrosser erreichen dabei Spitzengeschwindigkeiten von 30 km/h und Durchschnittsgeschwindigkeiten von 20 km/h (3 Minuten/km) und schneller. Sie sind dabei um bis zu 5 km/h schneller als ohne Hund!

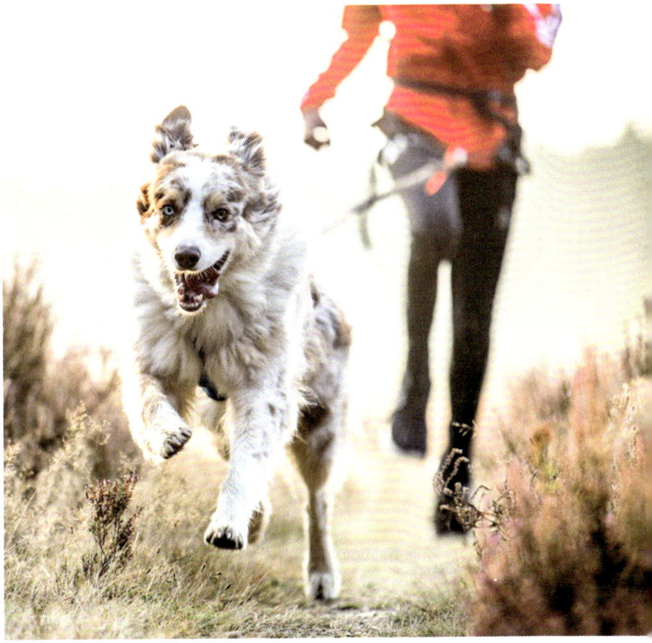

Cooper mit wehendem Fell durch den Morgentau.

Außerhalb von Wettkämpfen können wir mit unseren Hunden aber auch in unserem Wohlfühltempo laufen und die Hunde langsamer arbeiten lassen. Wenn ihr selbst eher gemütlich unterwegs seid, aber einen sportlichen und schnellen Hund anspannen wollt, so könnt ihr euren Hunden neben dem Canicross auch beim Dogscooting oder Bikejöring die Möglichkeit geben, um sich in ihrer Lieblingsgeschwindigkeit so richtig auszupowern. Das bringt viel Motivation in euer Zugtraining.

ABBREMSEN DES HUNDES

Wenn unsere Hunde sehr zugstark sind, ist die Muskelarbeit, die wir selbst beim Abbremsen verrichten, nicht zu unterschätzen. Es werden Muskeln beansprucht, die einem bis dato nicht einmal bekannt waren – Muskelkater lässt grüßen. Gerade beim Bergab-Laufen, wo sich unser Hund noch mehr in das Geschirr lehnen kann, spüren wir den Zug besonders stark. Bei sehr steilen oder langen Bergabpassagen kann es hilfreich sein, wenn wir den Hund aus dem Zug nehmen und neben oder hinter uns laufen lassen. Dafür trainieren wir mit dem Hund ein Signal für „Hinten“ und schnallen ihn zu Beginn vom Zuggeschirr auf das Halsband um. Die meisten Hunde lernen dies schnell und können dann auch aus dem Laufen heraus neben uns kommen und ohne Zug laufen.

Checkliste

WELCHES EQUIPMENT BRAUCHEN WIR FÜR CANICROSS?

- ☐ Canicross-Gurt mit Beinschlaufen (empfohlen)
- ☐ Jöringleine, wir empfehlen Schlauchband
- ☐ Paniksnap – im THS Pflicht, bei der IFSS nicht
- ☐ Gut passendes Kurz- oder Langgeschirr
- ☐ Gute Laufschuhe mit trailtauglichem Profil, bequeme Laufkleidung

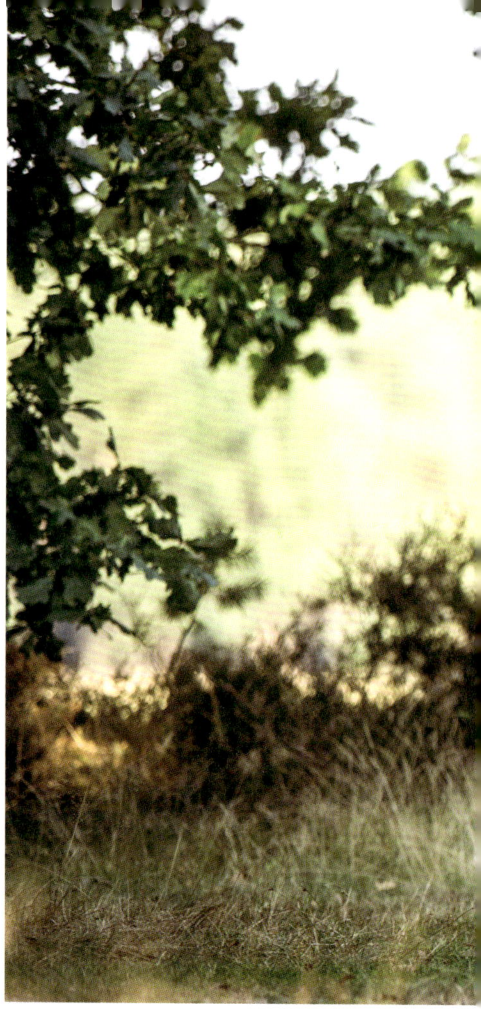

GESUNDHEITLICHE ASPEKTE

Da Canicross gerade mit zugstarken Hunden für unseren eigenen Bewegungsapparat eine größere Belastung als reines Laufen darstellt, trainieren wettkampforientierte Canicrosser nur wenige Einheiten im Canicross vor dem Wettkampf. Stattdessen trainieren sie ihre Hunde separat an Bike oder Scooter und sich selbst vor allem im Eigentraining.
Ein zugstarker, uns am Canicrossgürtel ziehender Hund ist in etwa gleichzusetzen, als würden wir mit hoher Geschwindigkeit bergab laufen. Dabei wirken immense Kräfte auf unseren Körper, die sich negativ auf unseren Bewegungsapparat auswirken können. Deshalb sollten untrainierte Laufanfänger

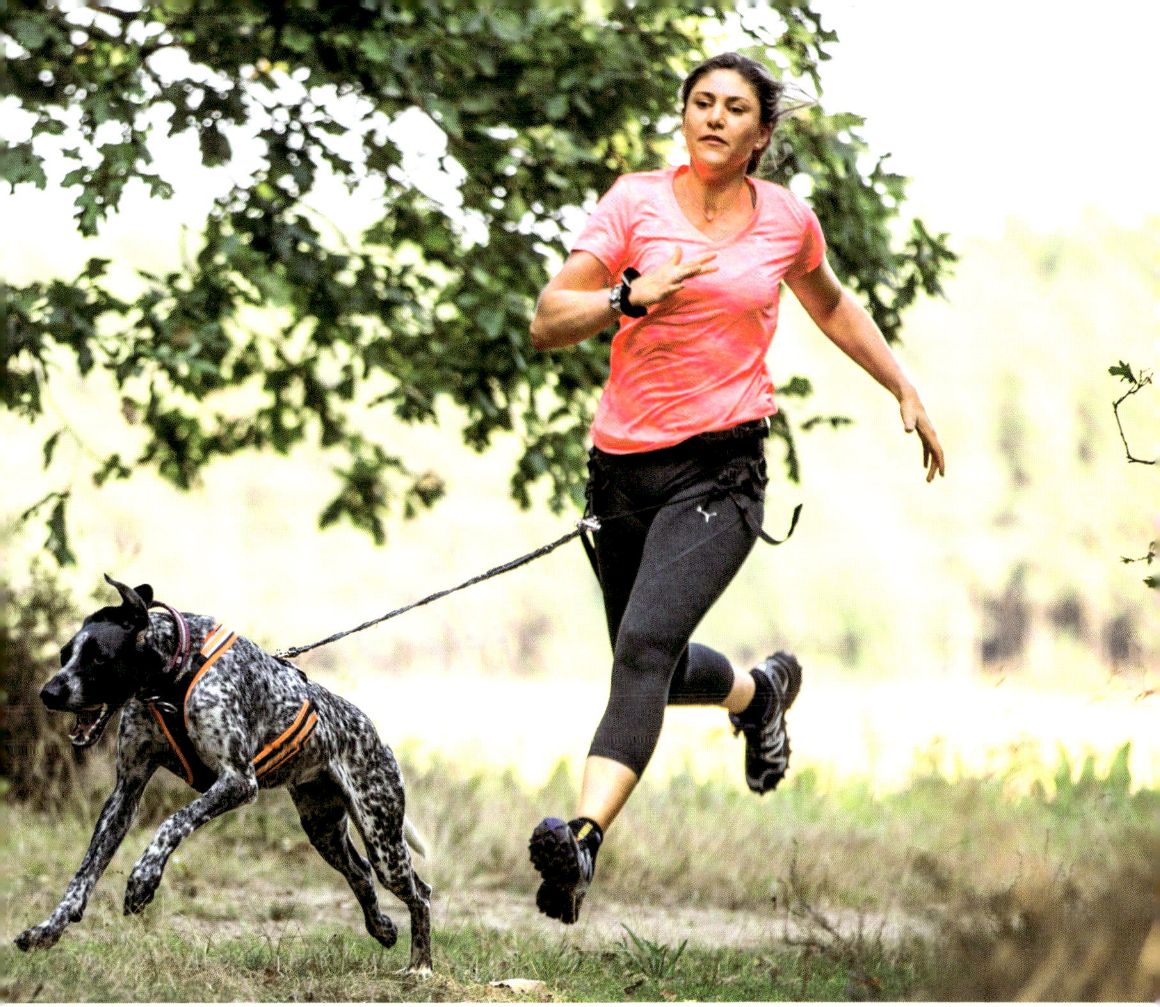

Flott unterwegs – drei Läufe und zwei Beine in der Luft!

ihr Trainingspensum mit sehr zugstarkem Hund nur langsam steigern und regelmäßig Laufeinheiten ohne Hund absolvieren.
Ist unser Laufpartner aber weniger zugstark und läuft nur locker oder mit reduzierter Zugkraft vorweg, ist die auftretende Belastung an unserem eigenen Bewegungsapparat ähnlich wie beim ganz normalen Joggen ohne Hund. Hier bedarf es keiner besonderen Muskelaufbauübungen und der gemeinsame Spaß an der Bewegung wirkt sich positiv auf unsere Gesundheit, unser Wohlbefinden aus. Für Menschen, die mit dem Laufen erst beginnen, sind Laufpläne eine gute Idee, um die eigene Fitness zu steigern. Diese bekommt ihr persönlich auf euch zugeschnitten in Laufschulen – oder auch in generalisierter Form über das Internet.

WETTBEWERBE

Das Mindestalter für Hunde bei Canicross-Wettbewerben laut der IFSS ist 12 Monate und 15 Monate für THS-Veranstaltungen. Inzwischen gibt es neben den klassischen Canicross-Klassen auch zunehmend Spaßwettbewerbe, bei denen es nicht nur um das Laufen, sondern auch um die Teamarbeit mit dem Hund geht. Hier sind Hindernisrennen wie der **StrongDog wild & dirty** zu nennen. Bei den Events **Tough Hunter** und **Camp Canis** wird neben Canicross-Abschnitten weitere Teamarbeit rund um den Hundesport abgefragt: Die Teams müssen anspruchsvolle Hindernisse überwinden sowie diverse Aufgaben bewältigen, z. B. apportieren oder durch Nasenarbeit den Weg finden.

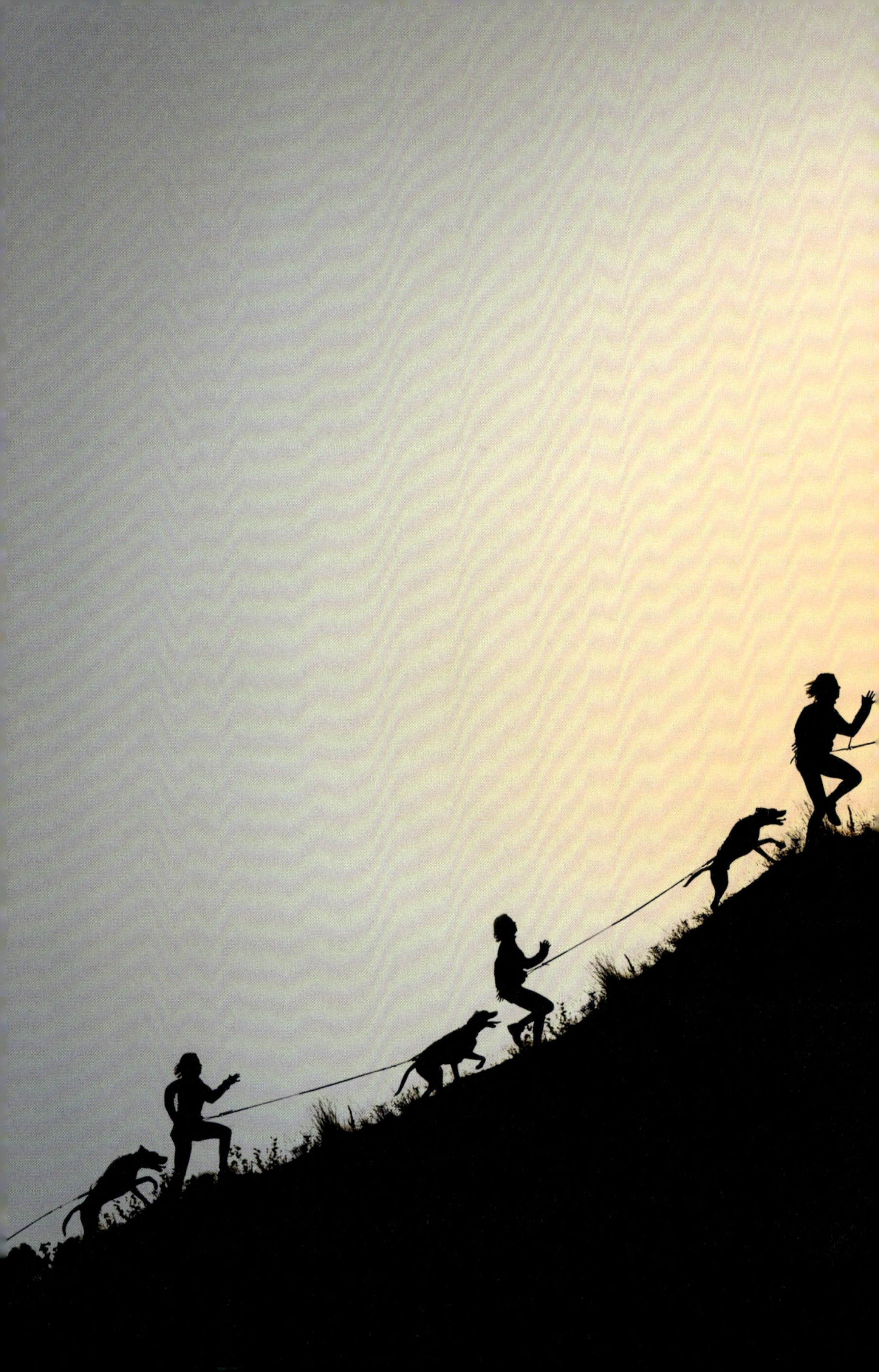

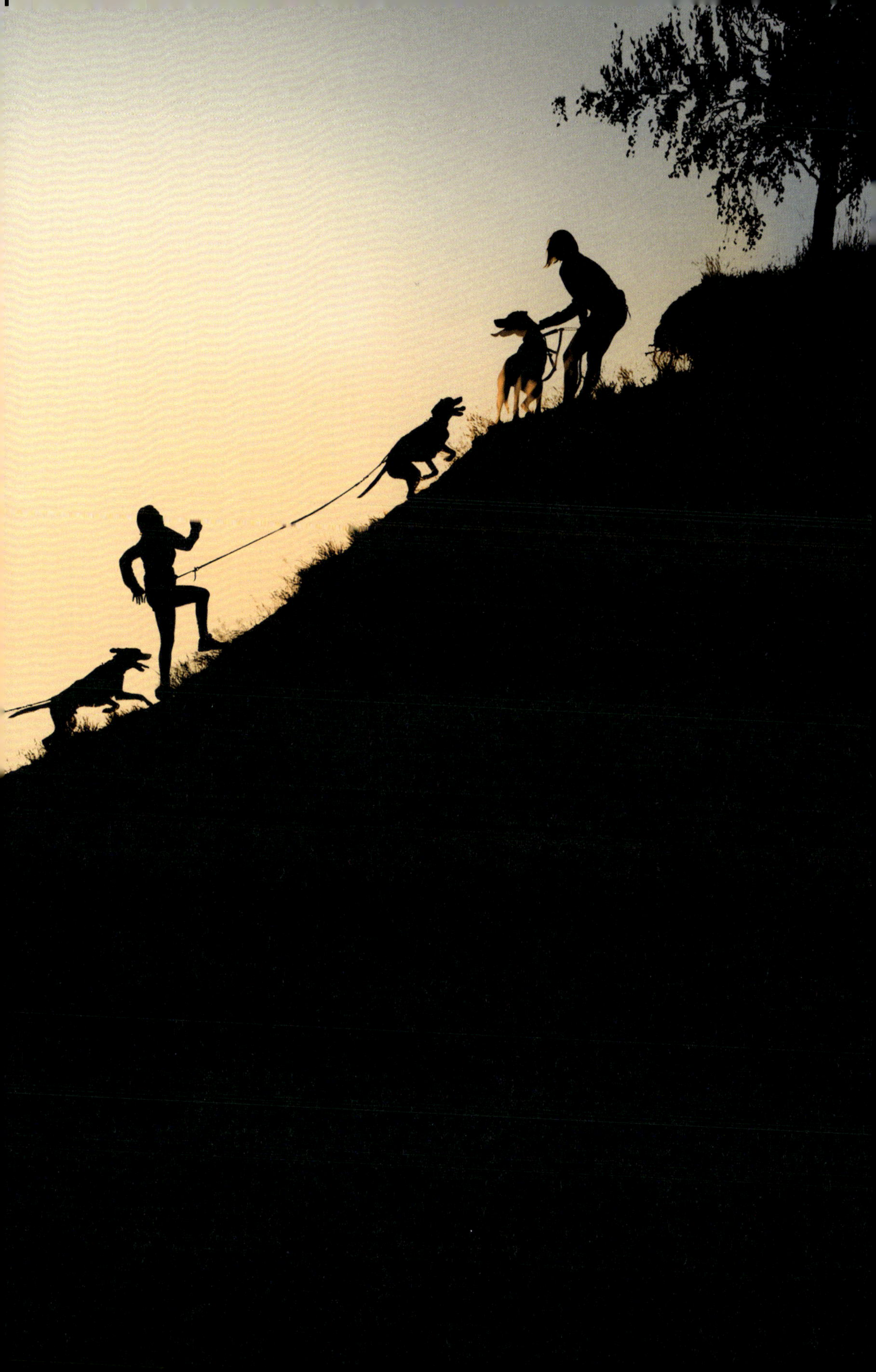

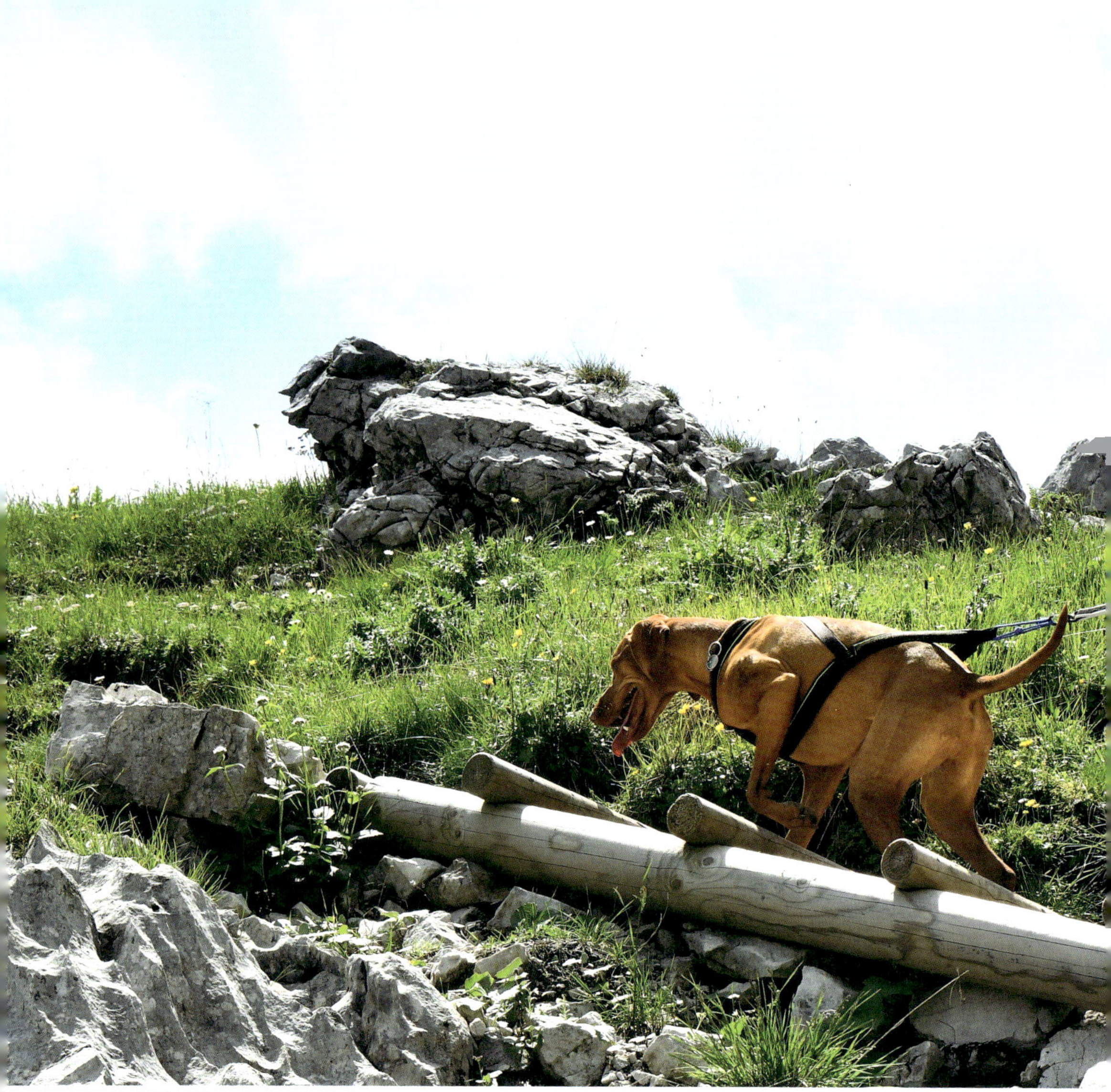

DOGTREKKING – WEITWANDERN MIT HUND

Auch diese langsame, aber Langdistanz-Sportart erfreut sich immer größerer Beliebtheit und eignet sich für fast jeden Hund, der gesund ist, ganz egal ob groß oder klein, kurz- oder langbeinig. Gleiches gilt auch für uns Menschen – die eigene Sportlichkeit ist hier kaum eine Voraussetzung, um in den Sport einzusteigen.

Das Dogtrekking beschreibt das Weitwandern mit Hund, vorzugsweise in den Bergen, und hat seine Wurzeln in Tschechien und Frankreich. Bei Dogtrekking-Veranstaltungen wird in verschiedenen Kategorien mit ein bis zwei Hunden gestartet. Die Hunde sollen ebenso wie beim Canicross im Zug- oder Brustgeschirr vor uns arbeiten und sind mit

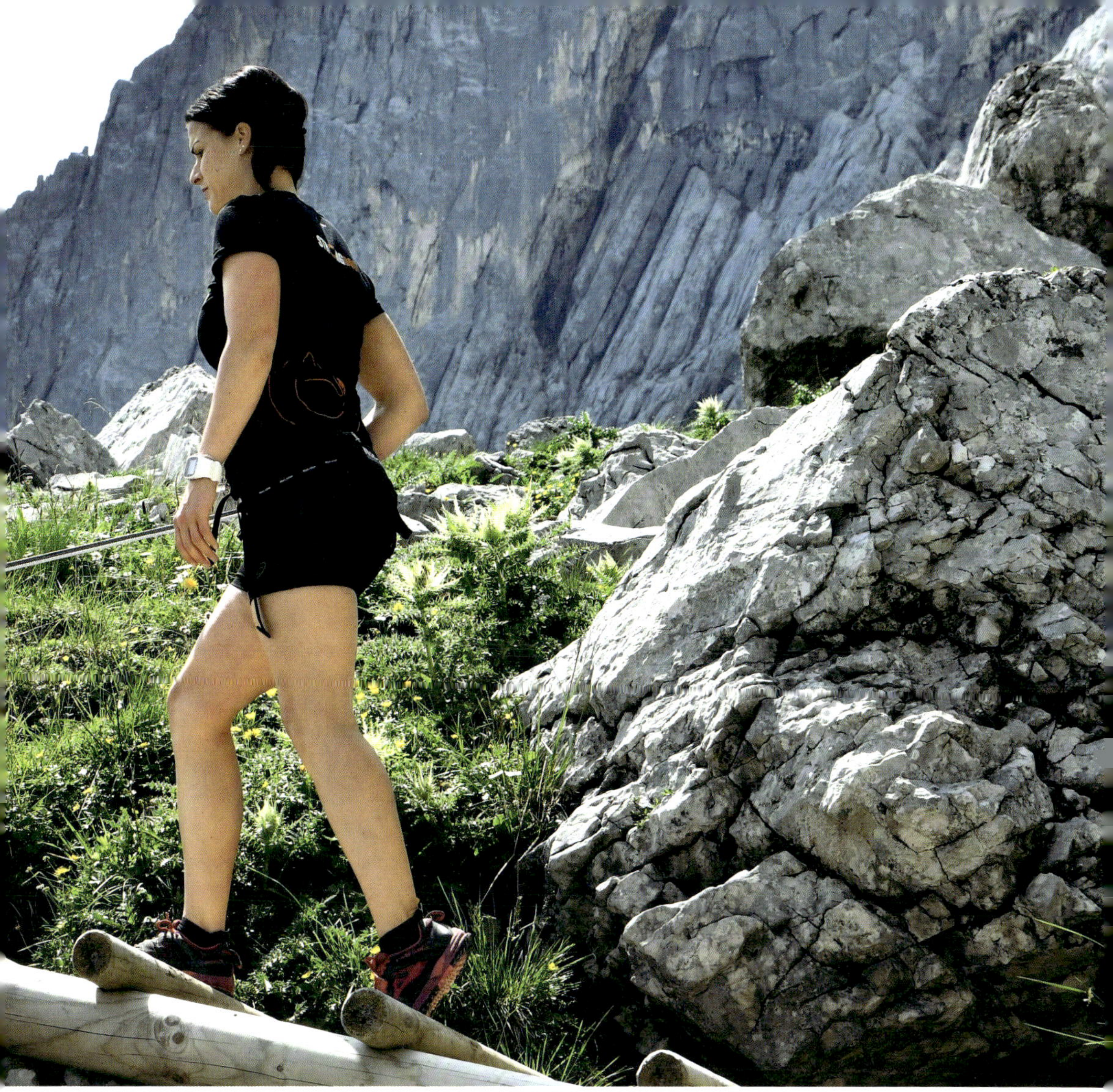

Dogtrekking an der Zugspitze – wenn der Trail zur Haupt- und die Zeit zur Nebensache wird.

einer Jöringleine am CC-Gurt befestigt. So können sie uns vor allem bergauf gut unterstützen. Wie schon beim Canicross erwähnt, ist es auch hier sinnvoll, unseren Hunden beizubringen, neben oder hinter uns zu laufen, wenn es länger oder steil bergab geht. Auch zum Überwinden von Hindernissen oder schwierigen Passagen kann dies von Vorteil sein.
Bei Dogtrekking-Veranstaltungen bzw. „Wettkämpfen" ist der Wettkampfgedanke nicht sehr groß. Es geht vielmehr darum, mit meinem Hund/meinen Hunden im Team die Strecke zu bewältigen.

LÄNGE UND SCHWIERIGKEIT

Einige Dogtrekkings verlaufen im alpinen Gelände mit seilversicherten Stellen – da ist es unerlässlich, dass unser Wanderfreund genauso wie wir trittsicher ist und mit uns im Team harmoniert. Natürlich ist es nicht empfehlenswert, mit solchen Trails als Einsteiger zu beginnen. Die Länge und Schwierigkeit der Strecken sollte nach und nach gesteigert werden. So werdet ihr merken, dass eure eigene Trittsicherheit und Konzentration wie auch die eurer Hunde sich mit der Zeit verbessern wird.

Die Distanzen von Dogtrekking-Veranstaltungen sind in der Regel in verschiedene Kategorien unterteilt, wobei das klassische Dogtrekking mindestens über 80 km verläuft und an ein bis zwei Tagen absolviert werden muss, zum Teil mit dem sogenannten Pflichtbiwak – also einer Übernachtung unter freiem Himmel. Die mittleren Distanzen werden **Doghike** genannt – hier werden Distanzen von ca. 40 bis 50 km an einem Tag absolviert. Für Wanderer, die in die Langdistanzen reinschnuppern, oder mit der Familie teilnehmen möchten, oder wenn der Hund zu „alt" für die langen Strecken ist, werden Dogtouren angeboten mit Distanzen von etwa 15 bis 30 km.
Da das Dogtrekking klassischerweise in Gebirgen verläuft, werden hier auch beachtliche Höhenmeter abgearbeitet. So kann eine „Tour" von 20 km schon mehr als 1 500 Höhenmeter beinhalten. Das Zugspitz-Dogtrekking, das erste Dogtrekking in Deutschland, bietet auf knapp 80 km sogar mehr als 6 000 Höhenmeter. Das ist zweimal die Zugspitze hinauf und wieder hinunter. Daher ist das Bergablaufen ohne Zug mehr als empfehlenswert!

PFLICHTGEPÄCK

Beim Dogtrekking tragen wir selbst einen Rucksack (Trinkrucksack oder Tourenrucksack – abhängig von der Strecke und unseren Vorlieben) und darin auch das vom Veranstalter eventuell geforderte Pflichtgepäck. Hierbei handelt es sich in der Regel um Erste-Hilfe-Material, Karten, Beleuchtung, Wasser und Nahrung für Hund und Mensch, Kompass, ausreichend Booties usw. Bei den Booties ist zu beachten, dass je nach Hund, Untergrund und Streckenlänge der Verschleiß sehr hoch sein kann. Einige Teams verbrauchen bei den langen Dogtrekking-Strecken vor allem in alpinem Gelände drei komplette Paare. Hier gilt es, die Hundepfoten vor dem Wundlaufen zu schützen. Ist eine Pfote erst einmal wund, ist das Wandererlebnis vorzeitig beendet.
In der letzten Zeit haben sich immer mehr Dogtrekking-Gruppen zusammengefunden und es werden in ganz Deutschland immer weitere Veranstaltungen angeboten. Auch hier ist das Suchtpotenzial sehr groß – und es ist für „Extrem-Gassigänger" oder „Schönwetter-Dogtrekker" immer eine passende Strecke dabei.

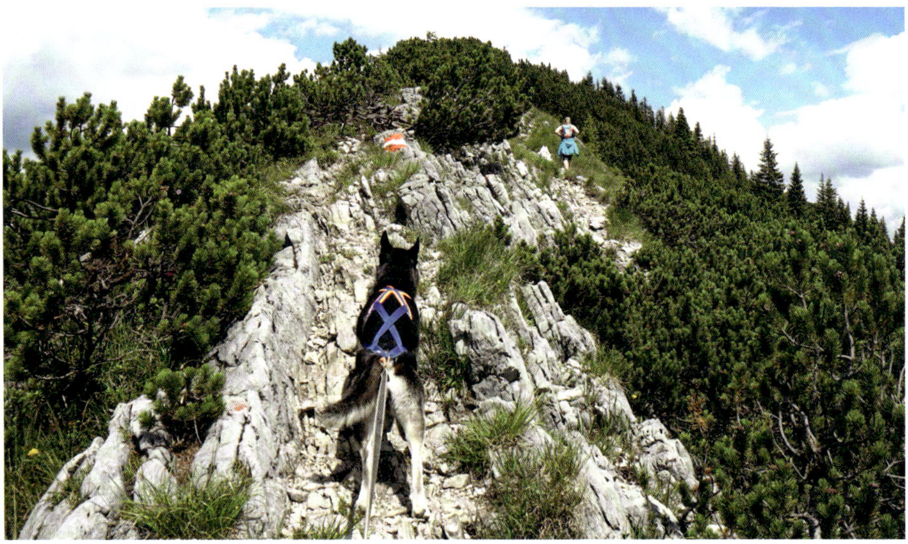

Alaskan Husky Theo

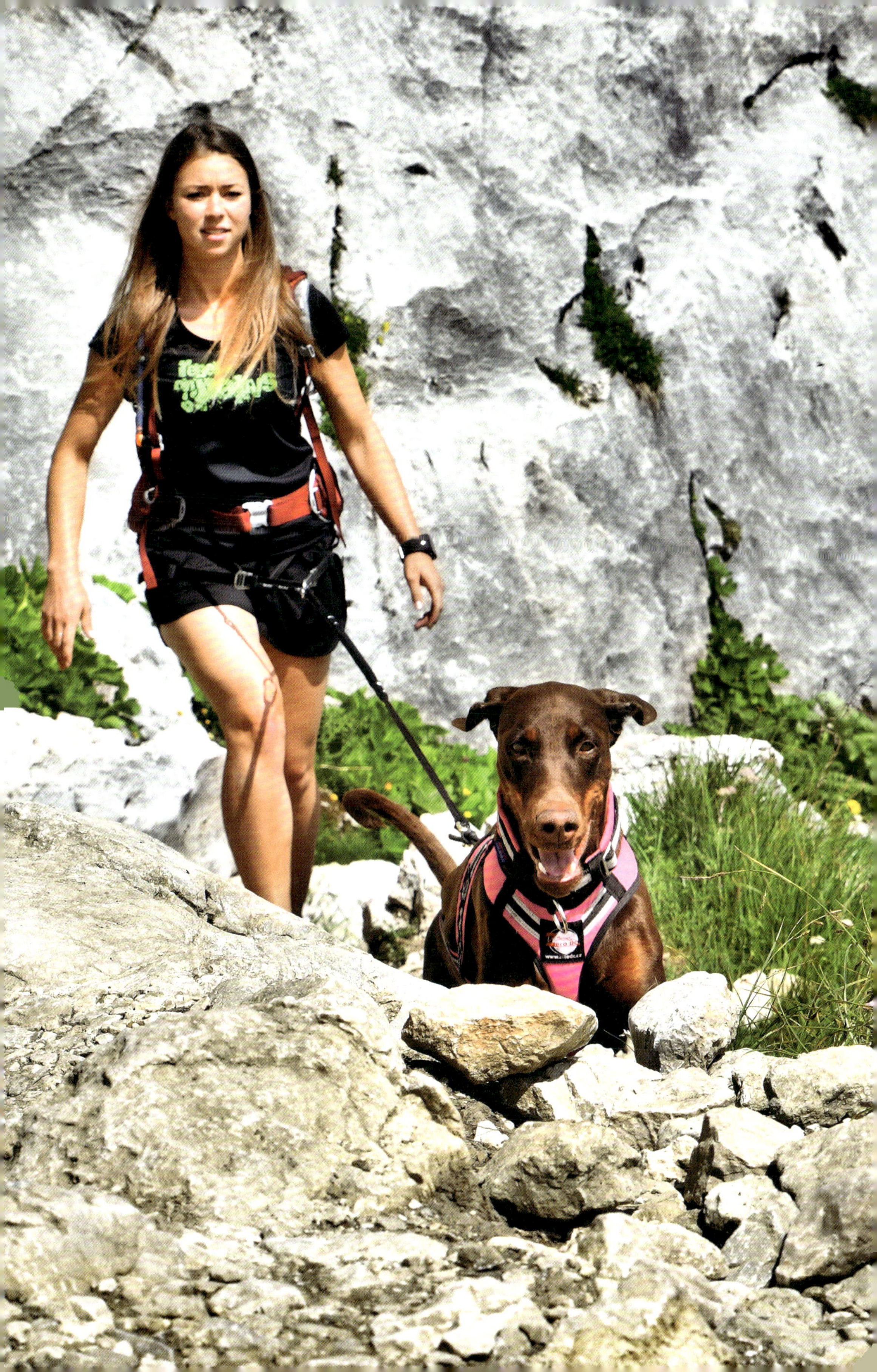

DOGSCOOTING

Neben dem Hundeschlittenfahren ist Dogscooting vermutlich die bekannteste Zughundesportart, die üblicherweise mit ein bis zwei Hunden ausgeübt wird. Gerade Hunde, denen das Canicrossen zu langsam ist oder die uns körperlich an die Grenze bringen, können mit dem Dogscooter gut bewegt werden. Dabei können – je nach Hund – schon beachtliche Geschwindigkeiten erreicht werden. Die Durchschnittsgeschwindigkeiten sind beim Dogscooting etwas niedriger als beim Bikejöring. Dies liegt daran, dass am Bike auch bei sehr hohen Geschwindigkeiten noch unterstützt werden kann. Am Scooter ist das Pedalen ab einer gewissen Geschwindigkeit nicht mehr effektiv möglich, im Gegenteil, wir bremsen mehr ab, als die Geschwindigkeit zu steigern. Anfänger können bis etwa 25 km/h noch gut mithelfen, Profis je nach Untergrund und Scooter auch bis 30 km/h. Allerdings ist das Pedalen auch recht anstrengend.
Auf Schlittenhunderennen ohne Schnee, sogenannten Dryland-Rennen, werden in der Regel Sprintdistanzen von etwa 3 bis 8 km gefahren – dies natürlich in so kurzer Zeit wie möglich!

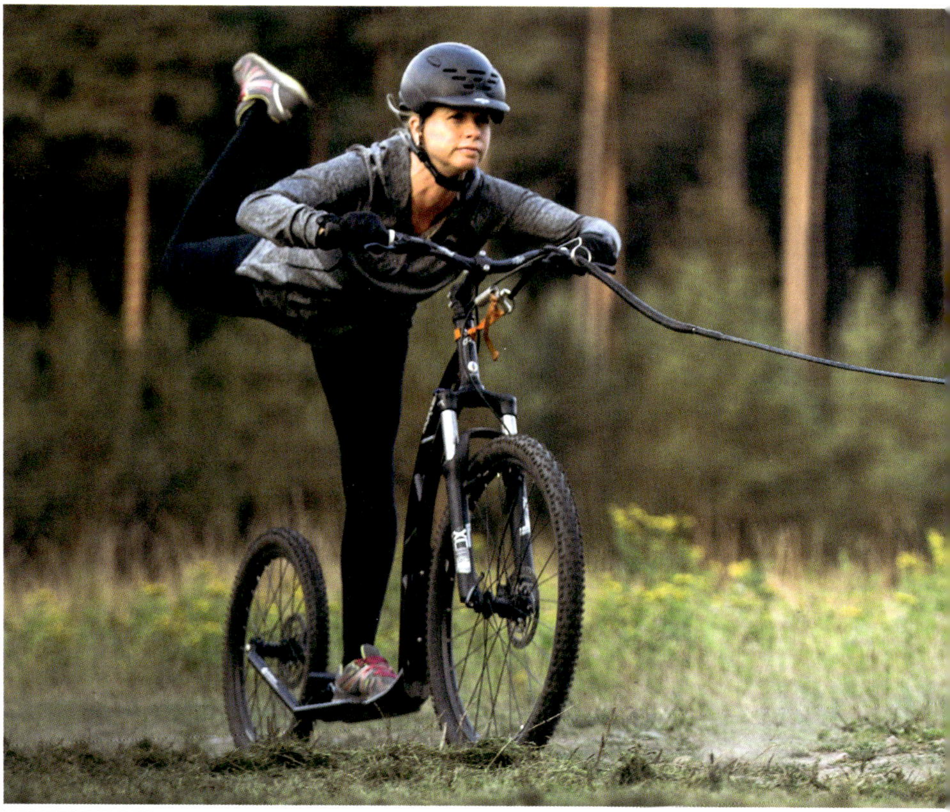

Steffi unterstützt Frodo durch leichtes, lang durchgezogenes, möglichst gleichmäßiges, ruckfreies Pedalen.

GESCHWINDIGKEIT

Im Freizeitbereich hängt die Distanz vom Hundetypus und der gefahrenen Geschwindigkeit ab. Stellen wir uns einmal uns selbst vor: Wenn wir wandern oder langsam joggen, können wir wesentlich länger laufen als im maximalen Sprint, den wir vielleicht ein paar Minuten durchhalten. So können sprintende Hunde am Scooter durchschnittlich bis zu 30 km/h auf sehr kurzen Distanzen erreichen – gemütlichere Traber sind dafür mit 10 bis 15 km/h auf vielen Kilometern unterwegs. Wie schnell unsere Sportskameraden laufen wollen, ist meist schon bei den ersten Trainingseinheiten zu erkennen. Entsprechend kann dann das weitere Training aussehen: kurze schnelle Sprints oder lieber langsamere längere Touren.

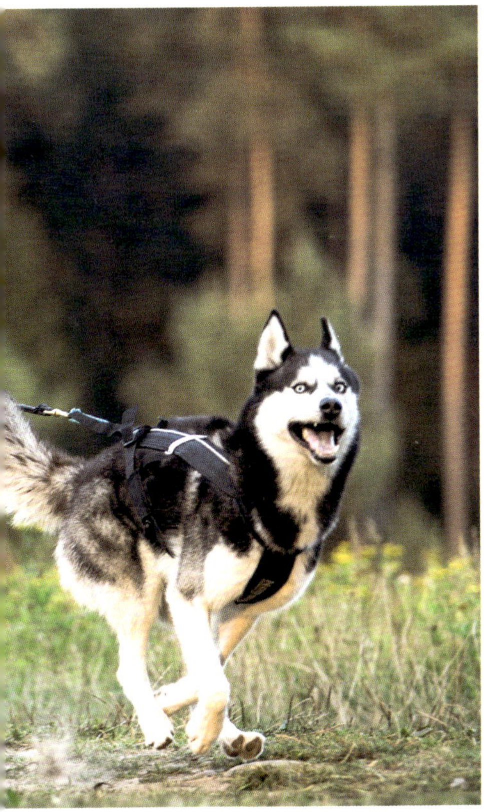

IDEAL FÜR EINSTEIGER

Für Einsteiger – Hund wie Mensch – bewährt sich besonders das Antrainieren mit dem Dogscooter, da wir durch den niedrigen Schwerpunkt das Gefährt schnell verlassen können. Bei einer kontrollierten Vollbremsung können wir schnell zum Hund nach vorne laufen und ihn korrigieren/festhalten/Leinenverwicklungen beheben. Bei einem etwaigen Sturz fällt man nicht sehr tief, was dem einen oder anderen schon ein gewisses Gefühl der Sicherheit geben mag. Schützt euch dennoch immer gut und tragt immer einen Helm, denn ihr habt nur einen Kopf! Manch ein Fahrer fährt sogar mit Protektoren für Ellenbogen und Knie.

TESTFAHRTEN OHNE HUND

Welche Tretroller sich überhaupt als Dogscooter eignen, habt ihr schon erfahren (siehe S. 51 ff.). Es empfiehlt sich in jeder Sportart mit Hund, auch immer ein gewisses Maß an Eigentraining durchzuführen. Gerade im Zughundesport, bei dem hohe Geschwindigkeiten erreicht werden können, ist es unerlässlich, dass wir mit unserem Gerät auch umgehen können. Es wäre sehr schade, wenn wir beim ersten Anspannen unseres Hundes durch ungeschicktes Verhalten stürzen – ein sensibler Hund könnte schnell daraus schließen, dass der Dogscooter gefährlich ist, und diese Angst womöglich nie mehr ablegen.

Deshalb sollte man ganz besonders vor der ersten Fahrt mit dem Hund eine oder mehrere kleine Testfahrten ohne Hund unternehmen und dabei einige Kurvenfahrten und Vollbremsungen durchführen. Es macht übrigens großen Spaß, ohne Hund mit dem Dogscooter in unwegsamerem Gelände oder auf leichten Downhill-Strecken unterwegs zu sein. Gleichzeitig können wir uns bei Ausfahrten ohne Hund das gleichmäßige Durchziehen beim Pedalen verinnerlichen und Fußwechsel trainieren.

ERSTE FAHRTEN MIT HUND

Prinzipiell wollen wir unserem Hund in den ersten Trainingseinheiten mit dem Dogscooter nicht sehr viel helfen müssen, sondern unser Zughund soll lernen, gegen diesen Zug zu arbeiten. Dazu eignen sich nicht zu schwere Untergründe – sprich feste Wald- oder Feldwege und möglichst keine oder nur flache Steigungen. Je kräftiger der Hund ist, desto mehr sollte eventuell leicht gebremst werden. Je stärker der Zug des Hundes, desto sicherer fühlt er sich auch in der Arbeit im Geschirr. Werden wir vor allem bergab zu schnell, kann der Hund auch einmal unsicher werden und bekommt Angst, von uns überfahren zu werden. Da ein Dogscooter bergab auch sehr leicht läuft, kann die Angst unseres Hundes vielleicht berechtigt sein – also heißt es: stets dosiert bremsen und gut auf unseren Zughund achten!

Wenn wir mit unserem Hund schon einige kleine Runden gefahren sind und er immer sicherer in seiner Arbeit geworden ist, können auch andere Untergründe gefahren werden. Für viele Hunde bedeuten wechselnde Orte auch mehr Motivation. Kurvenreiche, leicht hügelige Fahrten können Hund und Mensch sehr viel Spaß machen. Bei längeren und steileren Steigungen – oder bei sehr schwerem Boden wie tiefer Wiese/tiefem Matsch/Sand wird allerdings schnell klar, dass das Dogscooterziehen für den Hund richtig Arbeit bedeutet – vor allem, wenn wir selbst nicht so leicht sind und der Hund umso leichter. In solchem Gelände macht Bikejöring manchmal mehr Sinn. Auf Schnee können wir mit einem Dogscooter auf gewissen Schneequalitäten unterwegs sein. Dies sollte erst einmal ohne Hund ausprobiert werden, um das Risiko eines Sturzes so gut es geht zu minimieren.

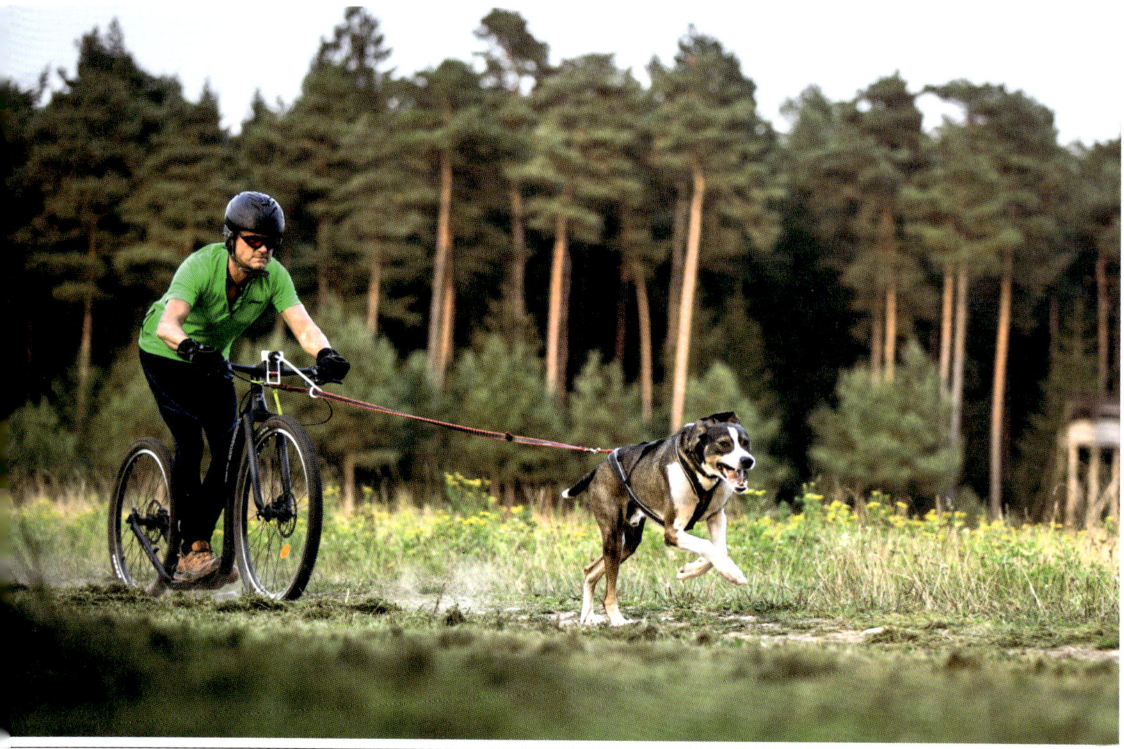

Andreas mit Coffee. Andreas ist gemäß den Rennregeln mit Helm ausgestattet, die Handschuhe sind laut Regelwerk nicht vorgeschrieben, aber empfohlen. Die Schutzbrille schützt die Augen vor dem Schmutz, den Coffee aufwirft.

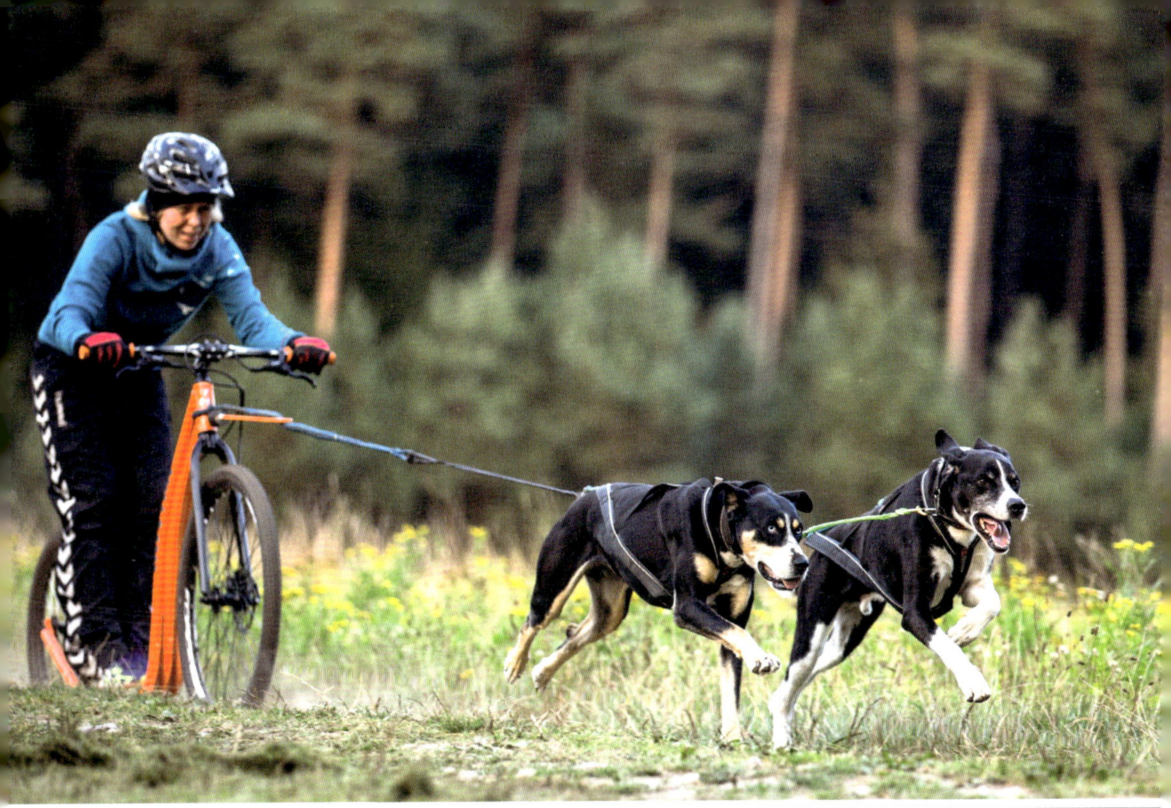

Je rasanter die Fahrt, desto wichtiger die persönliche Schutzkleidung: Helm, Schutzbrille und Handschuhe.

SCOOTERN MIT MEHREREN HUNDEN

Habt ihr mehr als einen Hund, mit dem ihr dogscootern wollt, macht es für die ersten Einheiten Sinn, die Hunde einzeln zu trainieren. So können wir in Teamarbeit die Signalworte für Abbiegungen erarbeiten, Signale für Start und Stopp, auch ein Langsam für eventuell gefährliche Streckenabschnitte oder matschige Kurven ist empfehlenswert. Wenn dann beide Hunde gemeinsam eingespannt werden, ist zu beachten, dass die Hunde sich als Team sehr stark motivieren können – vor allem, wenn es Rudelkumpel sind. Unter Umständen vergessen sie dann auch mal, dass ihr noch da hinten auf dem Scooter steht. Deshalb achtet stets darauf, dass eure Hunde ansprechbar bleiben. Übt das Anhalten auch schon ein paar Meter nach dem Start, damit ihr euer Team wirklich unter Kontrolle habt. Es wird immer wieder einmal Situationen geben (Leinenwickler am Start usw.), in denen ihr froh seid, all dies geübt zu haben.

Gleiches gilt auch für das gesittete Starten mit eurem Team. Bei kleineren, nicht ganz so zugstarken Hunden mag es noch lustig sein, wenn sie rumwuseln und lautstark ihre Begeisterung allen Anwesenden und Anwohnern mitteilen. Spätestens aber, wenn die Hunde mit dem Scooter ohne uns losstürmen, ist hier wieder das Stichwort „Kontrolle“ angebracht.

Checkliste

WELCHES EQUIPMENT BRAUCHEN WIR FÜR DOGSCOOTING?

- ☐ Dogscooter mit Leinenführung (Bikeantenne)
- ☐ Zuggeschirr
- ☐ Jöringleine
- ☐ Bikeschlupf mit Paniksnap – wenn ihr die Leine nicht direkt einschlauft
- ☐ Helm, Handschuhe, evtl. Schutzbrille

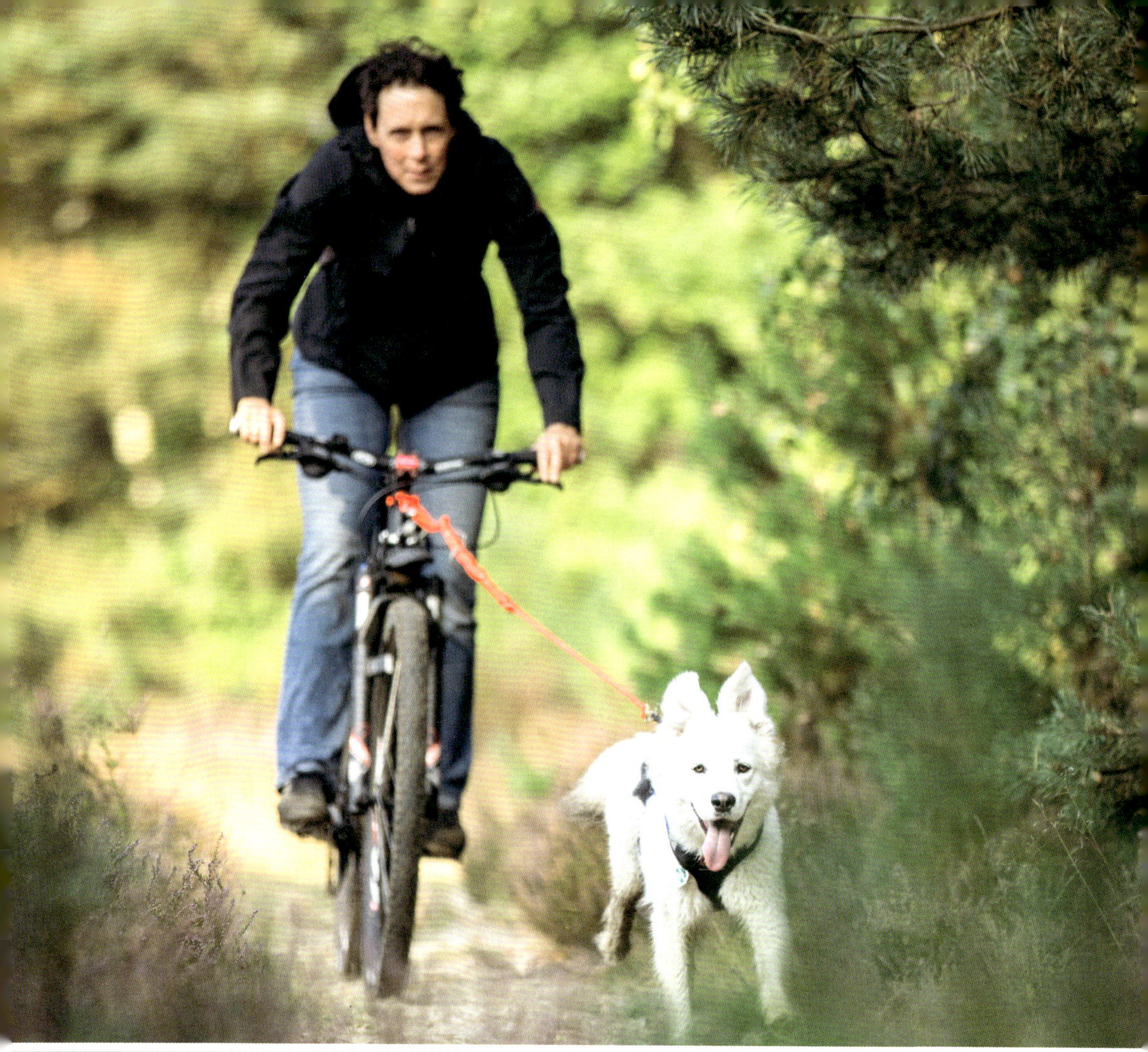

Bikejöring ist eine Sportart für Hunde und Menschen, die die Geschwindigkeit lieben (doch riskant ohne Sturzhelm und Schutzbrille).

BIKEJÖRING

Bikejöring ist die schnellste Variante des Zughundesports und für eine Vielzahl von lauffreudigen Hunden geeignet. Besonders Hunde, die durch einen starken Jagdtrieb nicht ableinbar sind, kommen beim Bikejöring (natürlich auch Dogscooting) voll auf ihre Kosten, da hier wesentlich höhere Geschwindigkeiten als beim Canicross erreicht werden können und dies vielen Hunden großen Spaß macht.

GESCHWINDIGKEIT

Da wir Menschen, wie schon erwähnt, gleichmäßig mithelfen können, ist die Zugkraft bei dieser Sportart nicht so wichtig, aber die eigene Sportlichkeit muss immer an die Möglichkeiten unseres Hundes angepasst werden. Zu kleine Hunde oder Hunde, die aufgrund ihrer Anlagen eher langsam unterwegs sind, könnten sonst schnell überfordert werden, da wir am

Bike die Laufgeschwindigkeit von einigen Hunden deutlich überbieten können. Das bedeutet aber auch, dass wir beim Bikejöring die schnellsten Geschwindigkeiten im Zughundesport mit einem Hund erreichen können, weil wir nirgendwo besser als am Bike mitarbeiten können. Spitzengeschwindigkeiten mit einem schnellen Hund liegen auch mal über 40 km/h, von absoluten Spitzenteams können Durchschnittsgeschwindigkeiten von bis zu 35 km/h erreicht werden. Dies sind natürlich extrem starke Hunde und extrem starke Bikejörer aus dem Leistungssportbereich. „Normale" Bikejörer bewegen sich – entsprechend ihrer Hunde – in Geschwindigkeitszonen zwischen 20 und 30 km/h.

BREMSEN BEIM BERGABFAHREN

Durch unsere bessere Mitarbeit ergibt sich auch, dass wir beim Bikejöring schneller in Gelände mit Steigungen oder höherem Rollwiderstand unterwegs sind. Wo es bergauf geht, da geht es auch wieder bergab – die Technik und das korrekte Bremsen im Bergabfahren sollte also auch geübt sein, um zusammen mit dem Hund sicher fahren zu können. Ob schmale, wendige Trails gefahren werden, hängt ganz von unseren Möglichkeiten als Biker ab. Wer dies fahren kann und wessen Hund entsprechend trailsicher ist, kann auf solchen Wegen unterwegs sein. Für Einsteiger sind einfachere Wege erst einmal sinnvoller. Nach und nach können die Trails dann auch anspruchsvoller werden.

BIKEJÖRING MIT MEHREREN HUNDEN

Das Bikejöring wird nach IFSS-Regeln im Wettkampf nur mit einem Hund ausgeführt. Auf vielen Rennen sind in einer eigenen Rennklasse aber auch zwei Hunde vor dem Bike erlaubt. Wenn wir privat bikejören, ist es ebenso möglich, mit ein bis drei Hunden unterwegs zu sein. Hier werden dann Jöringleinen für zwei Hunde genutzt oder entsprechend modifizierte 3er-Leinen (siehe S. 123 f.). Wer mit mehreren zugstarken Hunden gleichzeitig unterwegs ist, sollte darauf achten, dass die Hunde gut im Gehorsam stehen und auch stehenbleiben, wenn wir dies wollen und das Signal dazu geben.

LEINENBEFESTIGUNG

Am Bike, wie auch am Dogscooter, sind zwei Leinenbefestigungen möglich. Im Normalfall empfehle ich die übliche Befestigung der Jöringleine am Rahmen (direkt oder mit einem Bikeschlupf). Alternativ dazu ist die Befestigung am CC-Gurt wie beim Canicross möglich. Dies ist laut den IFSS-Regeln auch auf Schlittenhunderennen erlaubt, steht aber häufig in der Diskussion. Wir sehen darin auch eher Nach- als Vorteile.

Im Fall eines Sturzes bleibt der Hund an uns befestigt – das schnelle Trennen mittels Paniksnap ist bei Stürzen fast nie möglich. Dies mag insofern vorteilhaft erscheinen, weil der Hund so nicht panisch mit dem Gefährt wegrennen kann. Aber im schlimmsten Fall kommt das Fahrrad zwischen uns und unserem Hund zum Liegen, wodurch das Verletzungsrisiko noch einmal erhöht wird. Wenn der Hund dagegen am Gefährt befestigt ist, kann man sich als Fahrer recht schnell von diesem entfernen und nach dem Hund schauen.

Checkliste

WELCHES EQUIPMENT BRAUCHEN WIR FÜR BIKEJÖRING?

- ☐ Taugliches Bike mit Leinenführung (Bikeantenne)
- ☐ Zuggeschirr
- ☐ Jöringleine
- ☐ Helm, Handschuhe, evtl. Schutzbrille

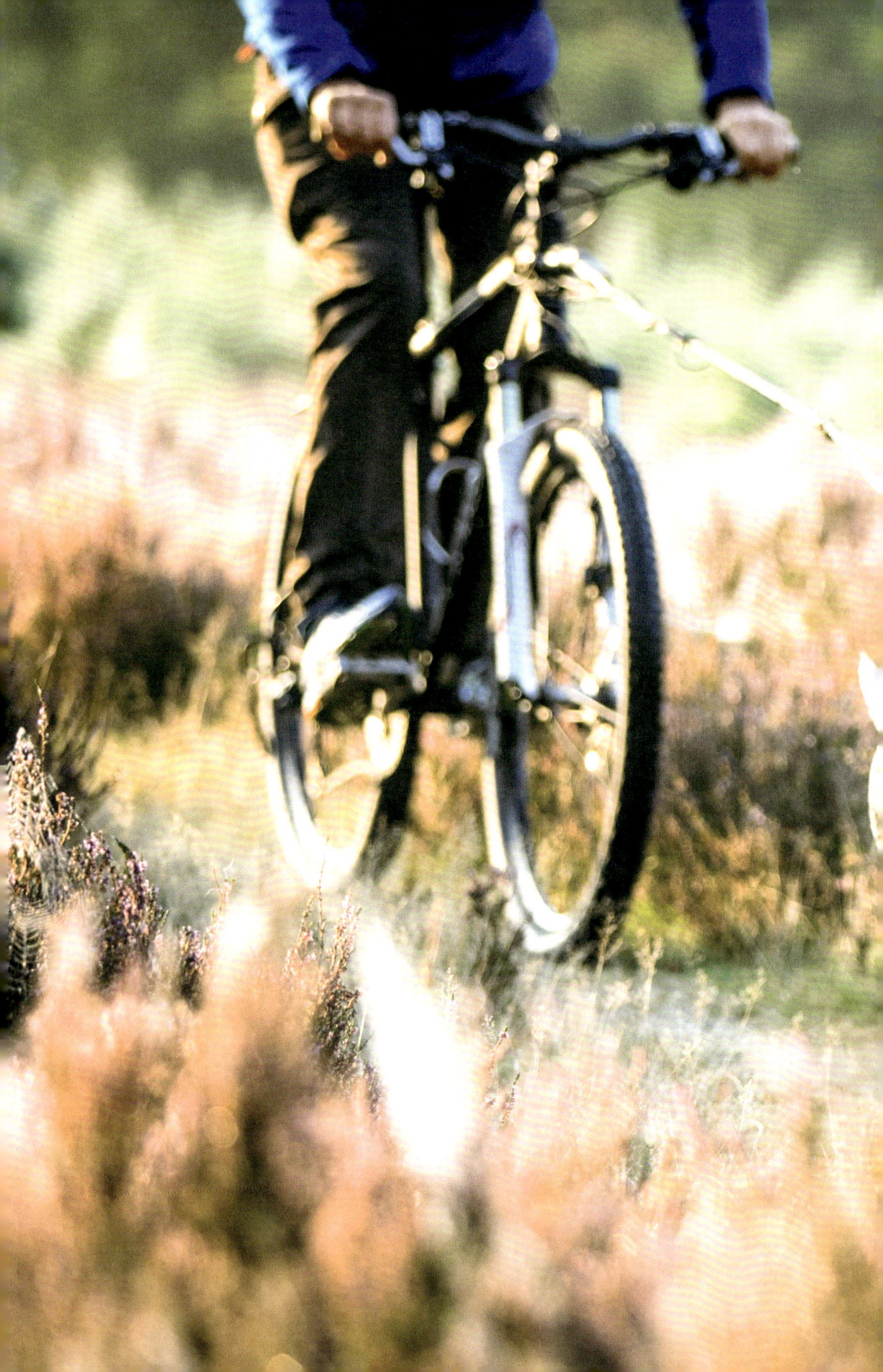

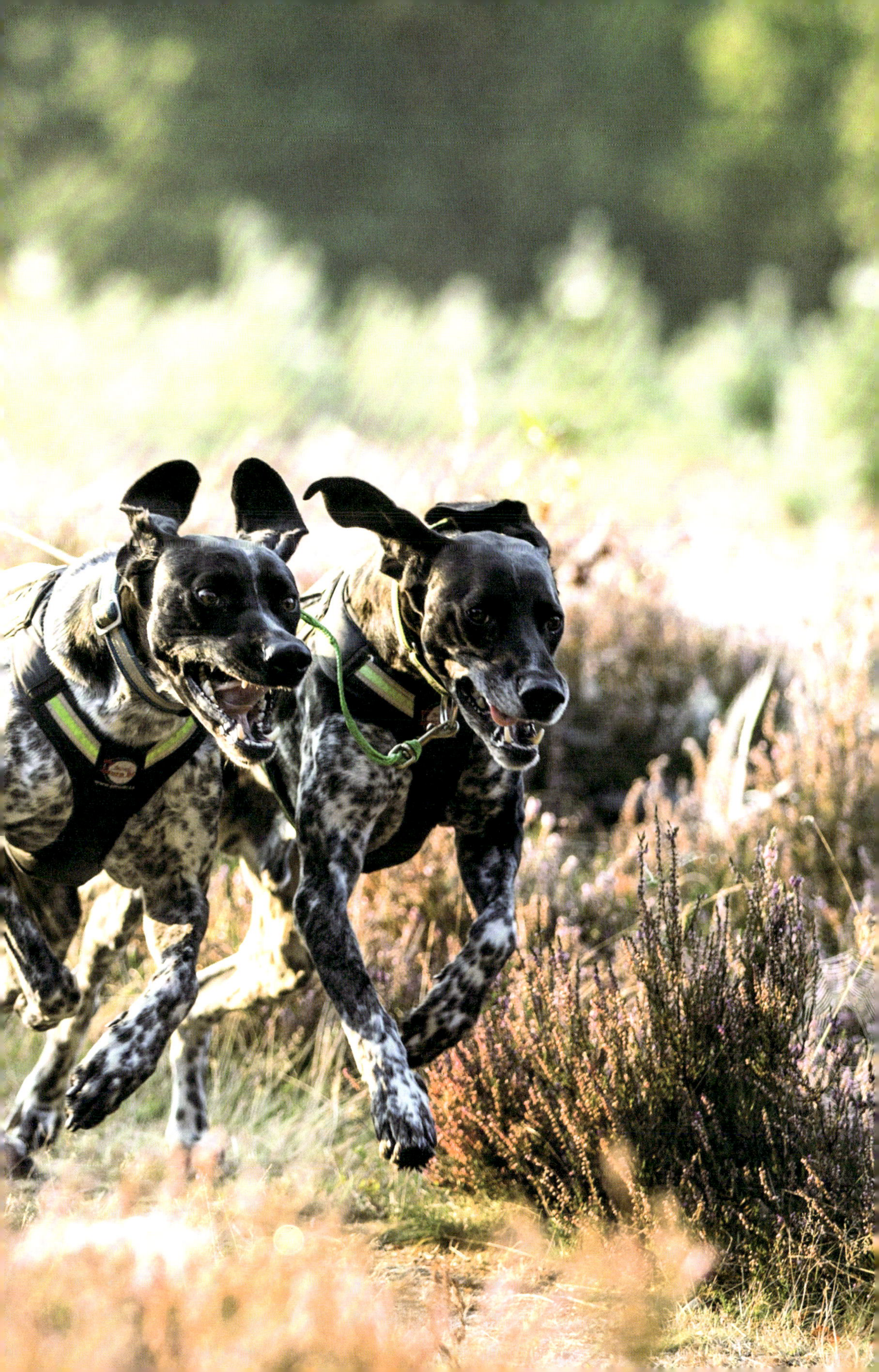

DOGTRIKE

Das dreirädrige Trike kann für Fahrer, die viel Wert auf Fahrsicherheit legen, eine interessante Alternative zum Bike oder Dogscooter sein. Wir stehen dabei mit beiden Füßen in einem gut hüftbreiten Abstand auf zwei Fußschalen und können, auch ohne dass es in Bewegung ist, auf dem Gerät sicher stehen. Einige Trikes sind mit einer Art Feststellbremse versehen und können dann nicht von allein wegrollen (motivierte Hunde stört so eine Bremse natürlich nicht). Durch die Bauart mit drei Rädern bleibt das Trike besser bremsbar (drei anstatt zwei Bremsen) und ist auch schwerer „umzuwerfen", wenn die Hunde plötzlich auf dem Feld Rehe sehen und abbiegen wollen. Zu bedenken ist, dass durch die drei Räder auch drei Spuren benötigt werden, dies muss in den gewählten Trainingsgebieten bedacht werden. Mit dem Bike oder Scooter fahre ich nur in einer Spur, somit muss ich auf meinem Trail nur eine schmale ideale Linie suchen. Mit dem Trike muss ich gleich drei Spuren nebeneinander fahren und brauche daher breite, ebene Wege.

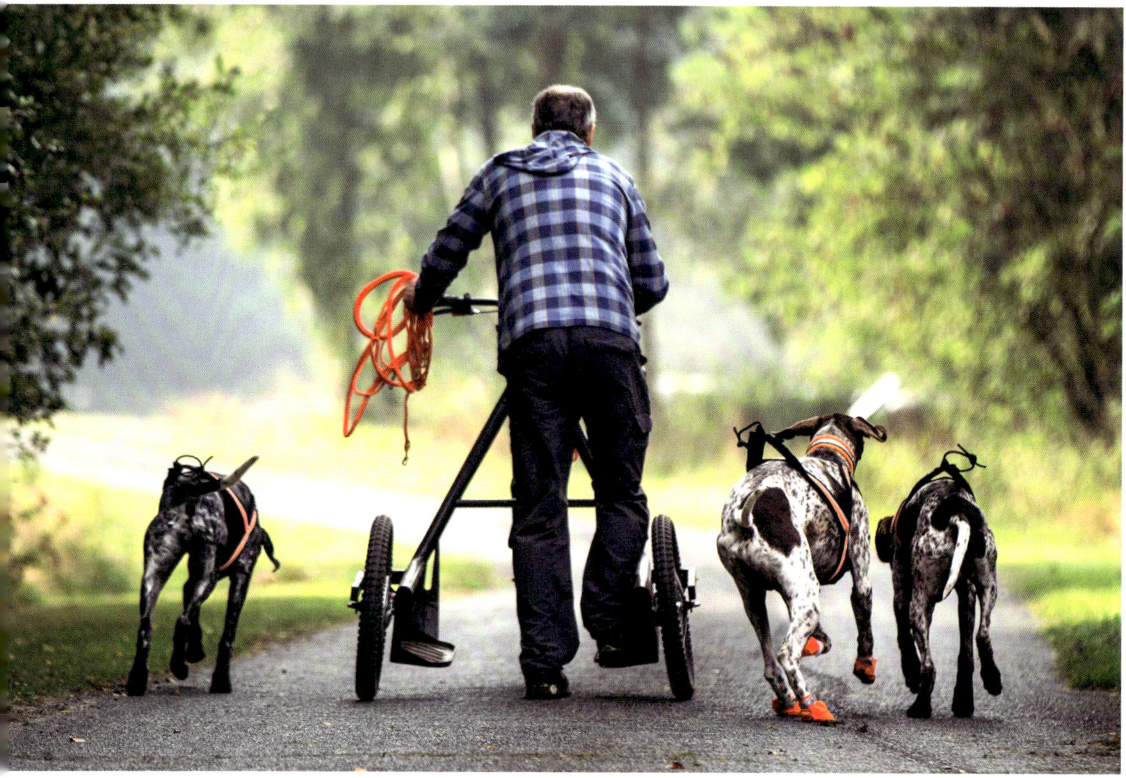

Mit dem Trike zum Start rollen.

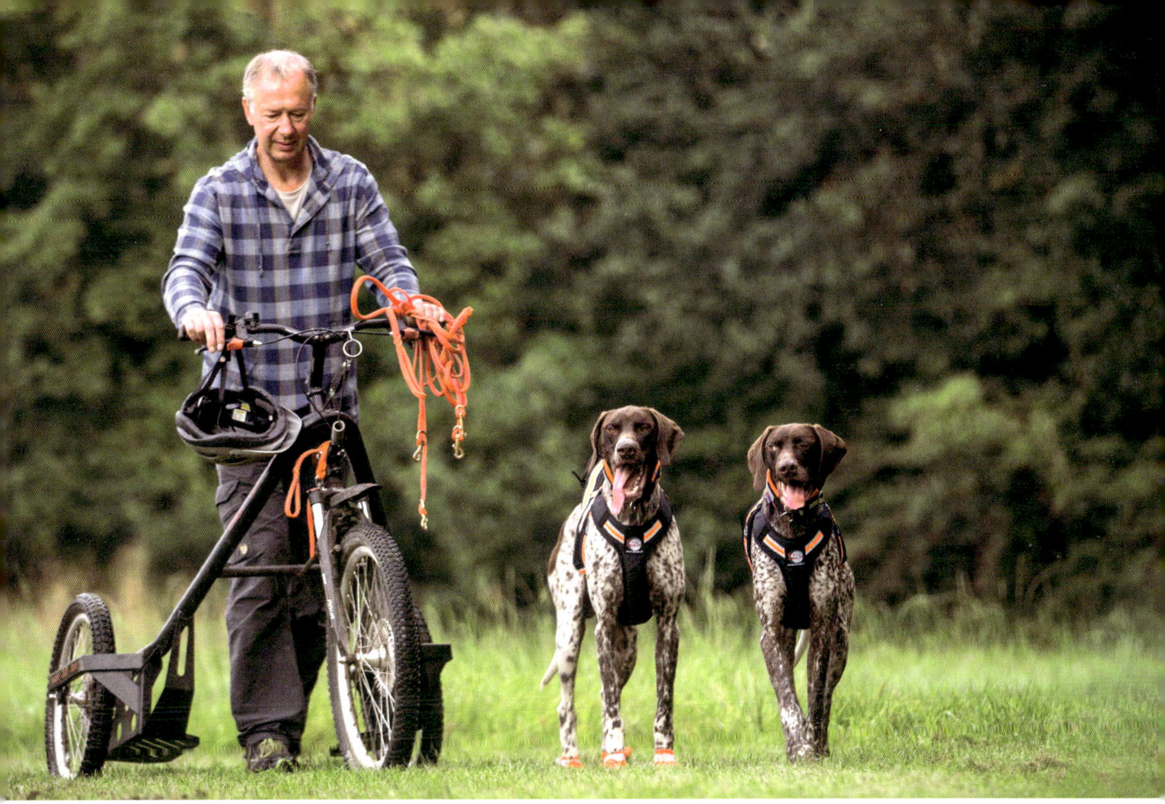

Ein Hadhi-Dogtrike für aufrechte Körperhaltung.

STANDPOSITION

Die Standposition bei den Trikes hängt ganz von der Bauart ab – entweder stehe ich sicher auf meinen Beinen und halte den Lenker nur zum Lenken und Bremsen in den Händen – oder ich beuge mich aerodynamisch vor und stütze mich auch auf dem Lenker ab. Letztgenannte Trikes sind vor allem für den Renneinsatz in der 2- oder 4-Hundeklasse entwickelt worden und nicht unbedingt für das gemütliche Fahren außerhalb von Rennen gedacht, wobei hier natürlich nichts dagegen spricht – jedoch ist die Haltung nicht gerade einladend und rückenfreundlich bei mehr als 10 Minuten Fahrt.

GESCHWINDIGKEIT

Für das Fahren mit dem Trike gelten die üblichen Empfehlungen wie für das Dogscooting oder Bikejöring. Die gefahrenen Geschwindigkeiten im Freizeitbereich mit ein bis zwei Hunden liegen hier je nach Hunden üblicherweise bei oder unter denen des Dogscootings, da am Trike nicht ganz so effektiv geholfen werden kann wie beim Bike oder am Scooter. Wenn mehrere starke Hunde angespannt werden und wir als Besitzer nicht mehr helfen müssen, kann es am Trike auch ziemlich rasant zugehen. Da die Position auf einem Trike mit hoher Lenkerposition recht entspannt ist, können hier auch gut Hunde angespannt werden, die im energiesparenden Trab, dafür aber viele Kilometer unterwegs sind. So können Distanzen von 10 bis 20 km entspannt gefahren werden.

Das sichere Fahren eines Trikes erfordert etwas Übung. Die Balance ist vor allem in den Kurven nicht so intuitiv wie beim Scooter. Daher ist es wie beim Dogscooter wichtig, vor dem Einspannen unseres Hundes/unserer Hunde selbst ein Gefühl für das Kurvenfahren und Bremsen zu bekommen, damit negative Erfahrungen für unsere Hunde möglichst minimiert werden.

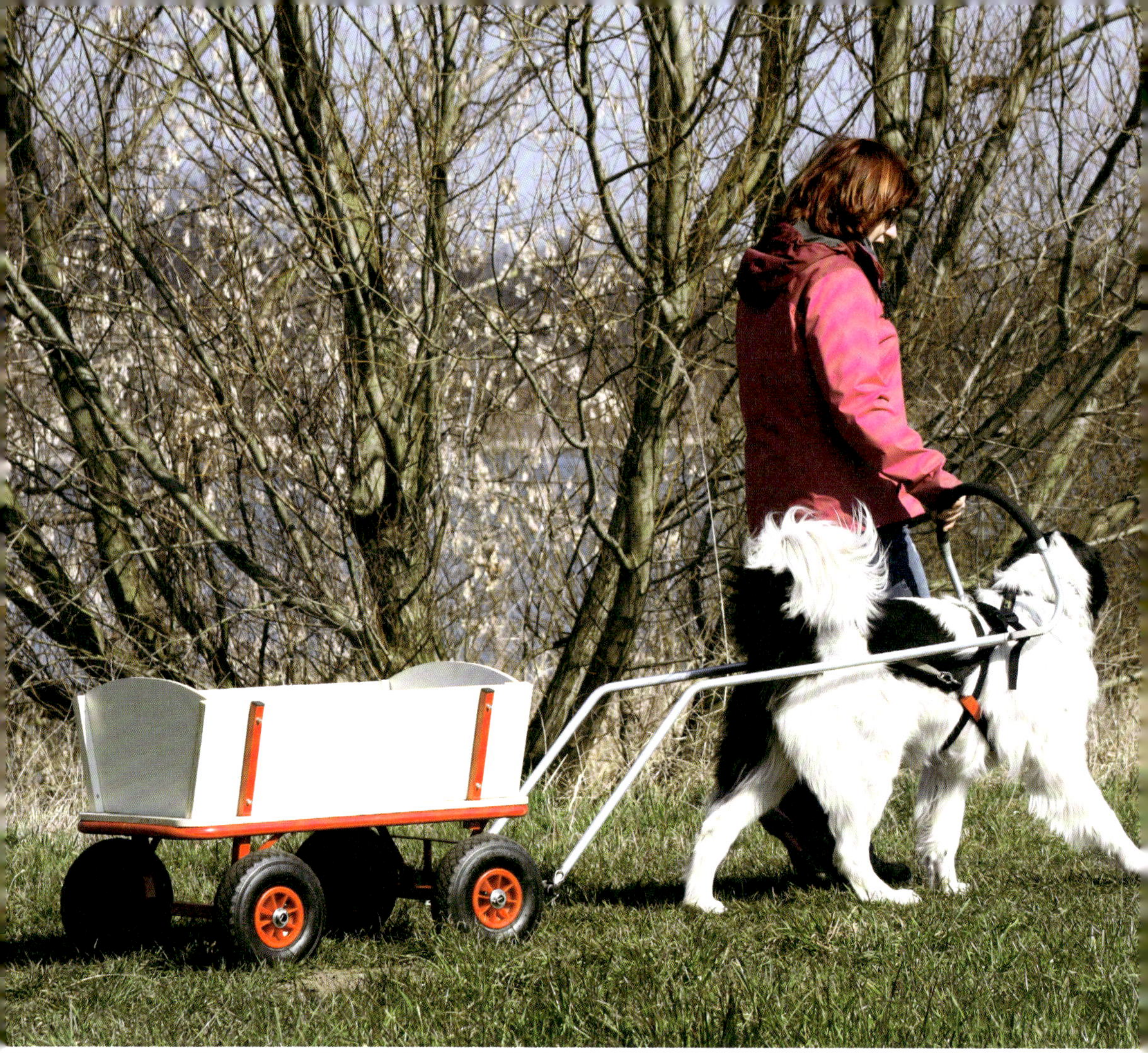

Sehr große, schwergewichtige Hunderassen werden gern in einem speziellen Pulkageschirr vor einen Bollerwagen mit Gestänge gespannt.

ANSPANNUNG MIT ZUGBÜGEL

Alternativ zu der üblichen Seilanspannung kann ein entsprechend gebautes Trike auch mit sogenannten Zugbügeln gefahren werden, ähnlich dem Zuggestänge im Pferdebereich. Am Trike hat jeder Hund seinen eigenen Zugbügel und es werden ein oder zwei Hunde nebeneinander eingespannt. Für die Anspannung im Zugbügel sind Pulkageschirre notwendig. Der Vorteil für das Fahren im Bügel liegt vor allem in einer gewissen „Lenkbarkeit“ des Hundes, was gerade zu Beginn hilfreich sein kann. Diese Zugbügel können für unsere Hunde allerdings auch etwas unheimlich wirken, da die Bügel neben und über den Hunderücken reichen, sie müssen daher behutsam antrainiert werden. Dies lasst ihr euch am besten von einer erfahrenen Zughundeschule kleinschrittig zeigen.

WAGENZIEHEN

Die Anspannung im Zugbügel ist auch für entsprechend ausgerüstete Bollerwagen geeignet. Das Bollerwagenziehen entspricht hier dem Wagenziehen, wie es früher für Hofhunde üblich war. Heutzutage können unsere Hunde uns Einkäufe, Picknickzubehör oder auch Kleinkinder ziehen.

WEITERE SPORTARTEN

SACCO CART

Das Sacco Cart ist ein vierrädriger Hundewagen, der seine Ursprünge in Norwegen hat. Er ist für ein bis zwei Hunde geeignet. Die Anspannung erfolgt hier vorrangig über einen Zugbügel, eine Seilanspannung ist allerdings auch möglich. Der Hundesportler sitzt bei diesem vollgefederten Wagen auf einem Sitz und lenkt mit Hilfe eines Lenkbügels die Vorderachse und bremst die Hinterräder mit einer Handbremse. Das Sacco Cart kann somit vom Fahrer nicht aktiv bewegt werden, sondern nur durch die Hunde selbst. Somit sollten die eingesetzten Hunde für diese Zughundesportart eine gewisse Kraft aufbringen können, damit der Wagen auch abseits von festen, ebenen Wegen fahrbar ist. Da der Mensch nur in dem Wagen sitzen muss, kann er gerade für gehandicapte Menschen ein geeignetes Gefährt sein.
Das Sacco Cart selbst ist auch für raues Gelände gut geeignet und besitzt eine sehr hohe Bodenfreiheit. Einige Musher nutzen dieses Gefährt gern für das Richtungstraining ihrer Leithunde. In Deutschland ist das Sacco Cart-Fahren nicht so weit verbreitet wie z. B. in der Schweiz, wo ganze Parcours oder Rennen damit veranstaltet werden. Hierzulande sind diese Wagen auf Rennen nicht zugelassen. Wie schon beim Trike erwähnt, empfehlen wir das Erlernen des Sacco Cart-Fahrens im Zugbügel in einer geeigneten Zughundeschule. Auch hier ist beim Fahren mit einem Zugbügel ein Pulka- oder Saccogeschirr nötig.

SKIJÖRING UND PULKA

Als Skijöring wird eine Wintersportart beschrieben, bei dem sich ein sportlicher Skifahrer von einem Auto oder Motorrad, von einem Pferd oder einem bis zwei Hunden ziehen lässt.
Im Zughundesport hat das Skijöring seinen Ursprung im Pulkasport, der hauptsächlich in Skandinavien gefahren wird. Dort wurde eine von Hunden gezogene Pulka, ein wannenförmiger Lastenschlitten, traditionell als Transportmittel genutzt und dabei entweder von Hunden gezogen oder auch vom Menschen selbst. Auch heute ist das Pulka-Skijöring in Skandinavien weit verbreitet. Die Skifahrer sind dabei mit einem CC-Gurt über eine Jöringleine an der Pulka befestigt und der Hund wiederum direkt an der Pulka über ein Zuggestänge (Zugbügel). Dafür ist auch ein Pulkageschirr nötig (generell am Zugbügel). Klassischerweise werden hier ein bis drei Hunde eingespannt, üblicherweise hintereinander (Tandemeinspannung, siehe S. 125).
Während die Skifahrer früher hauptsächlich im klassischen Stil auf der Loipe gefahren sind, hat sich das Skating (freie Technik) heute durchgesetzt.

SKIJÖRING IN DEUTSCHLAND

In Deutschland ist der Sport mit der Pulka nicht weit verbreitet, wohl aber das Skijöring, also das Skifahren ohne Pulka. Dabei ist der Skifahrer wie beim Canicross direkt mit dem

Hund verbunden – der Hund trägt also ein Zuggeschirr für die klassische Seilanspannung. Auf Rennen wird dieser Sport mit ein bis zwei Hunden durchgeführt. Dabei können beachtliche Geschwindigkeiten erreicht werden. Die Distanzen reichen hier etwa von 12 bis 30 km, da die Sprintdistanzen bei Schneerennen üblicherweise über denen der Dryland-Rennen liegen. Dies ist damit begründet, dass die Temperaturen auf Schnee deutlich unter den Temperaturen bei Wagenrennen liegen und die Hunde länger harte Arbeit leisten können, ohne warm zu laufen. **Das Skijöring mit oder ohne Pulka ist keinesfalls ein Sport für Einsteiger, da die Technik unbedingt beherrscht werden muss.** Vielmehr ist es eine schöne Möglichkeit, einen trainierten Zughund auch auf Schnee bewegen zu können – vorausgesetzt, man lebt in einer schneereichen Region und kann entsprechend gut skifahren. Hier ist zu beachten, dass das Befahren von Loipen mit Hund leider nicht immer gern gesehen wird. Außerhalb von präparierten Strecken ist das Skating nur schwer machbar, da hierfür eine präparierte Spur nötig ist, um schnell fahren zu können. Pulkatouren auf verschneiten Wegen, auf denen wir auf Skiern im klassischen Parallelschritt dem Hundegespann folgen, sind auch in Deutschland durchaus möglich.

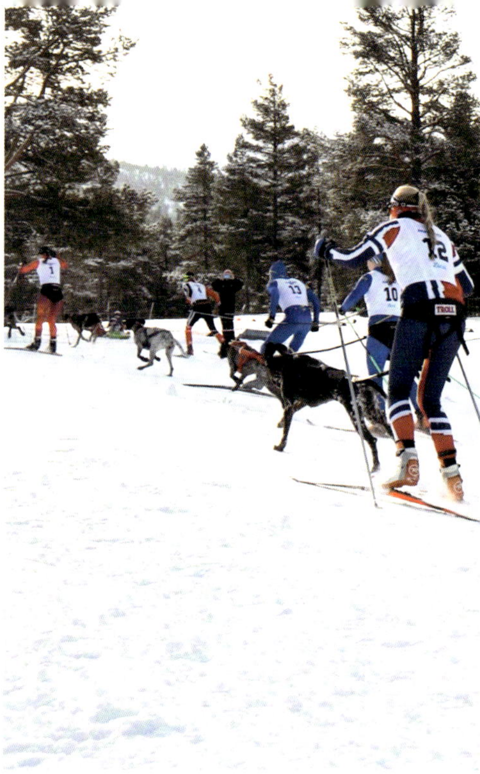

Skijöring Massenstart in Norwegen

COMBINED-RENNEN

Eine spannende Kategorie auf internationalen Schnee-Meisterschaften ist die „Combined Combination“, bei dem erst eine Runde mit der Pulka absolviert wird und direkt im Anschluss eine weitere Runde ohne Pulka. Da der Pulkasport in Mitteleuropa ausgestorben ist, werden Combined-Rennen fast ausschließlich in Skandinavien ausgerichtet.

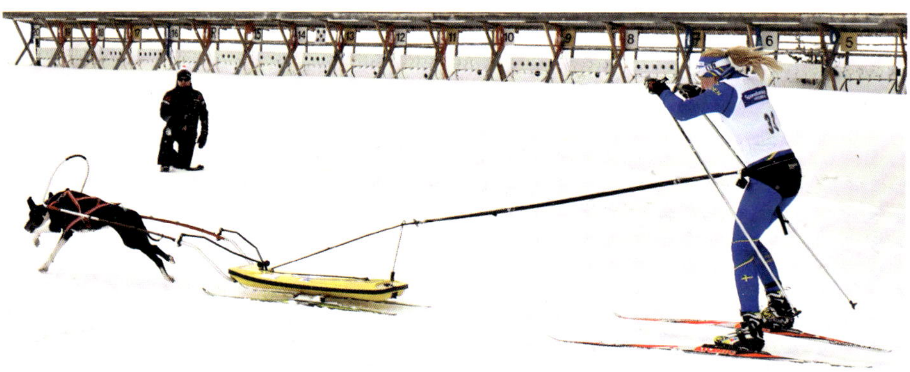

Pulkasport in Skandinavien. Der Hund in einem speziellen Pulkageschirr ist durch ein starres Gestänge mit der Pulka verbunden. Die Begleitung ist im Skatingstyle durch eine Leine mit der Pulka verbunden. Eine technisch sehr anspruchsvolle Sportart.

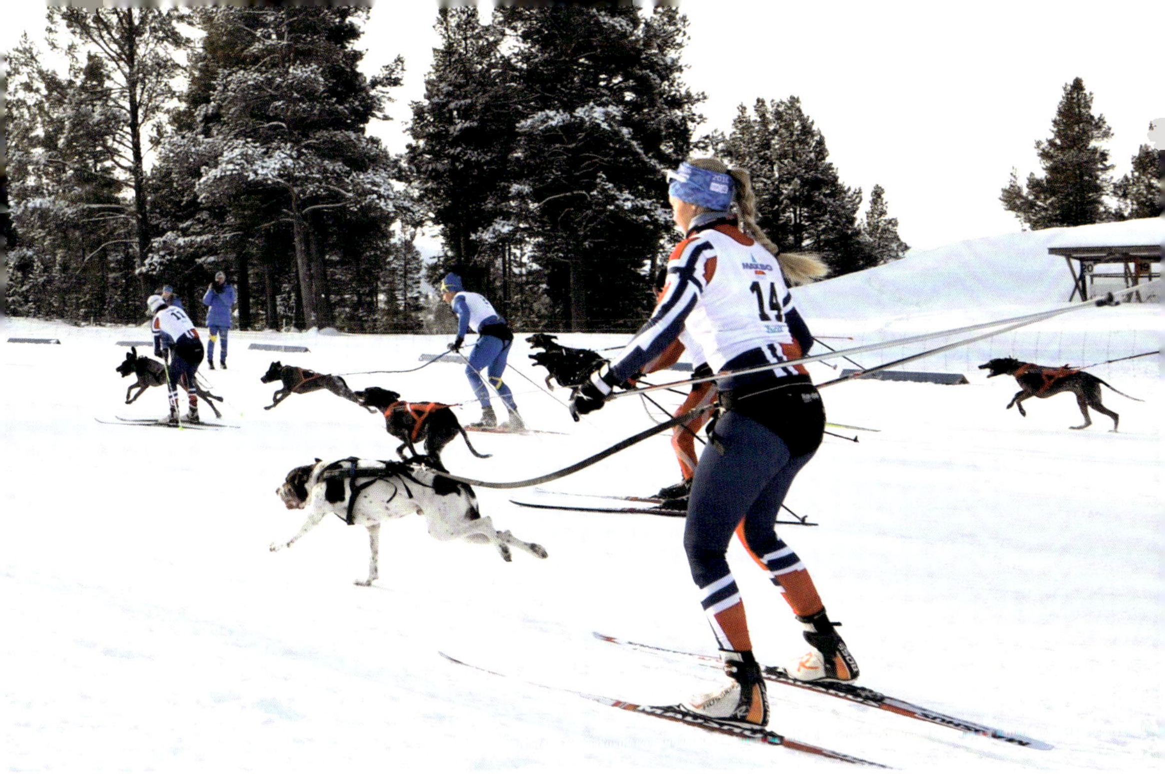

KICKSPARK

Tretschlitten sind in den skandinavischen Ländern weit verbreitete Fortbewegungsmittel und dienen als Fahrradersatz in der schneereichen Winterzeit. Die traditionellen Tretschlitten (Kicksled) sind im Prinzip ein Stuhl, der auf zwei Holz- oder Metallkufen aufgebaut ist und somit ein bis zwei Personen transportieren kann. Als sportliche Version kommen die Kicksparks ohne Sitz aus und werden hauptsächlich als Spiel- oder Sportgerät genutzt. Sie werden in zunehmendem Maß auch als eine Art Hundeschlitten angepriesen. Für langsamere und gut im Gehorsam stehende Hunde kann dieser Schlitten prinzipiell auch genutzt werden, wenn er mit entsprechend breiten Kufen und einer Bremsmatte und/oder Bremskralle ausgestattet ist. Zu beachten ist, dass dieser Schlitten nicht durch eine Bewegung am „Lenker" lenkbar ist, sondern durch Gewichtsverlagerung bzw. „Herumreißen" gelenkt wird, und auch das Bremsen mit der Bremsmatte muss gelernt sein. Das Fahren muss also geübt werden und ist keinesfalls mit dem Fahren eines Dogscooters vergleichbar. Je nach Schneequalität kann dieser Schlitten sehr schnell und unkontrollierbar werden (fester, vereister Schnee) und teilweise auch unfahrbar sein (Tiefschnee). Ebenso wie beim Skijöring oder Pulkafahren ist das Fahren mit dem Kickspark keine Einsteigersportart, sondern sei hier nur am Rande erwähnt.

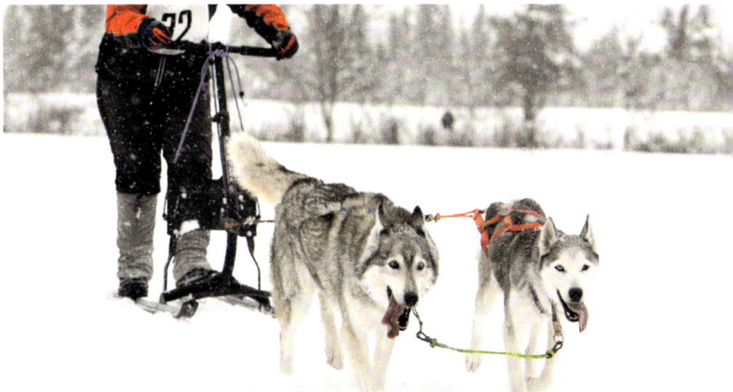

Kickspark in Finnland, ein häufig auch in den Städten gesehenes Fortbewegungsmittel ohne Hunde. In Deutschland werden diese Geräte als Hundeschlitten angeboten.

FÜTTERUNG VON ZUGHUNDEN — *Freizeit- oder Leistungssportler*

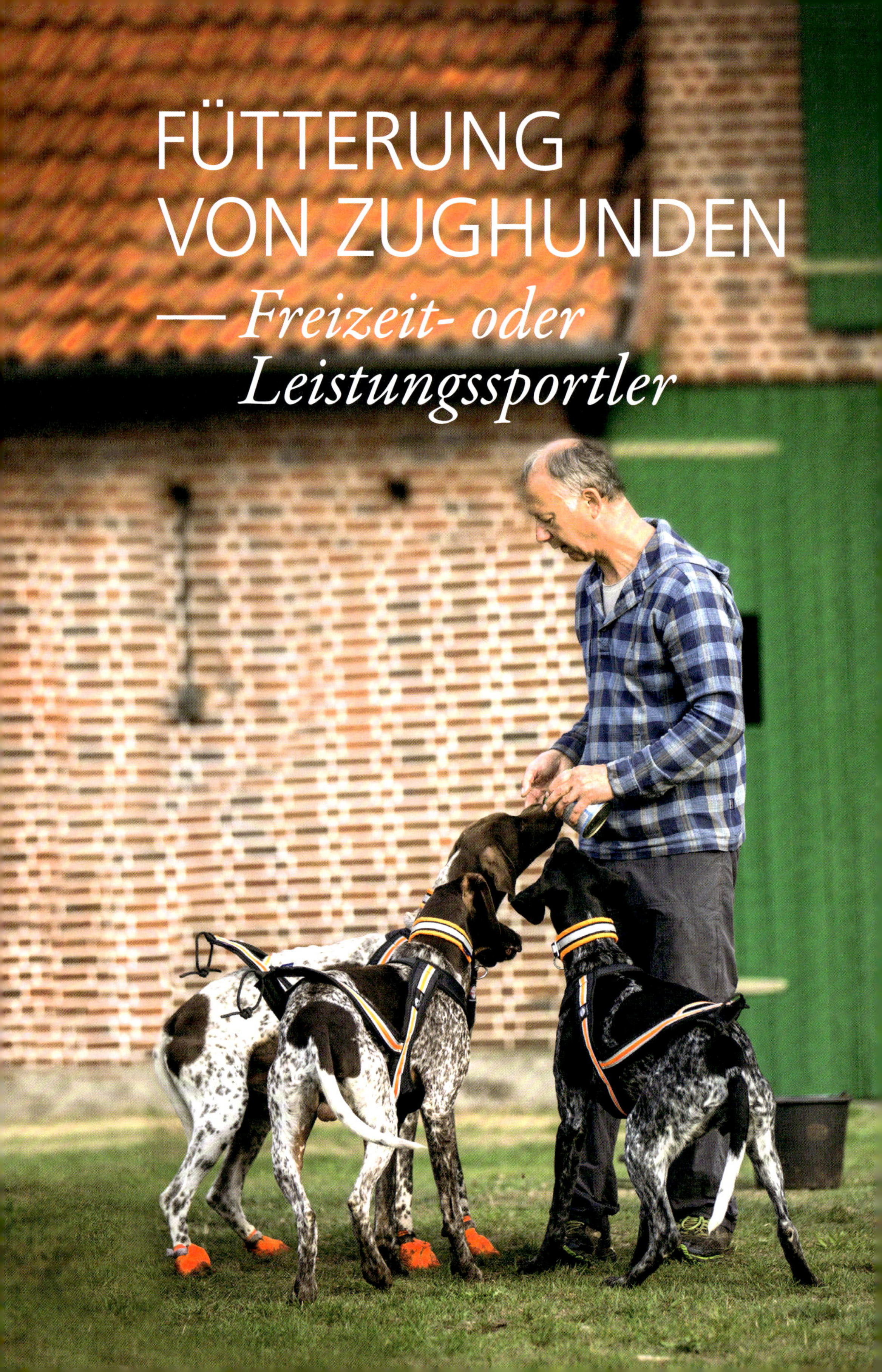

OPTIMIERUNG DER FÜTTERUNG

Ob die Fütterung eurer Zughunde angepasst werden muss, hängt individuell vom Hund und der Belastung ab. Je häufiger und länger ihr anspannt und je härter eure Hunde arbeiten, desto eher muss die Fütterung optimiert werden. Wenn ihr mit den ersten Zugübungen beginnt, braucht ihr vorerst nichts weiter zu beachten, weil die Belastung für den Hund noch nicht sehr groß ist. Bei den meisten Familienhunden, die im Freizeitbereich gefahren oder gelaufen werden, muss die Fütterung tatsächlich nicht groß geändert werden. Hier kann es sinnvoll sein, wenn ein wenig mehr Futter gegeben wird. Diese kleine Extraportion Futter kann im Anschluss an eine Tour mit Wasser gereicht werden, wenn die Hunde abgehechelt haben. Dies nehmen die Hunde als Belohnung meistens gern an. Auch mit Wasser angereichertes Nassfutter eignet sich gut.

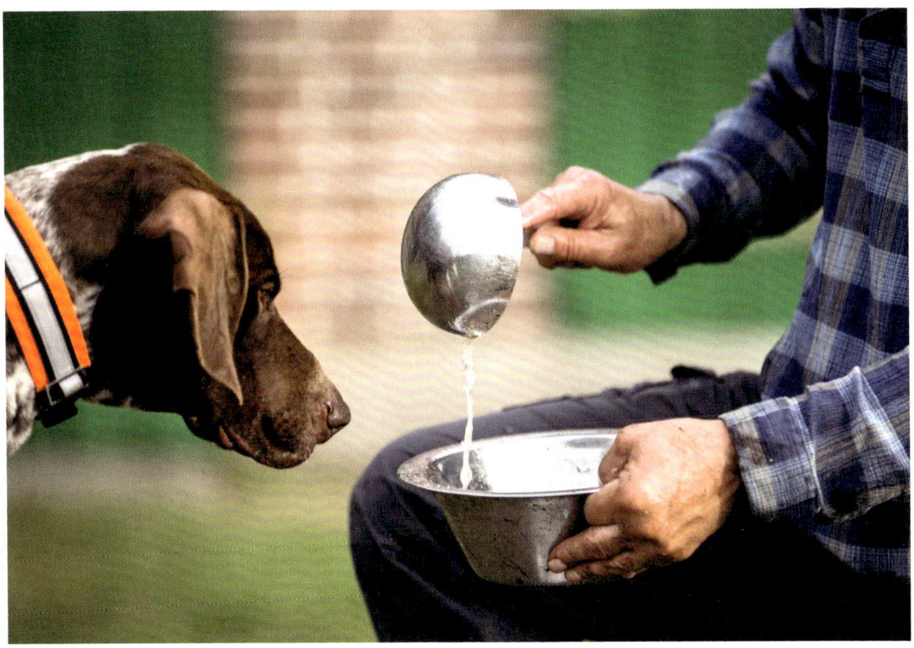

Im Renneinsatz entscheidend: Der Flüssigkeitsverlust muss ausgeglichen werden.

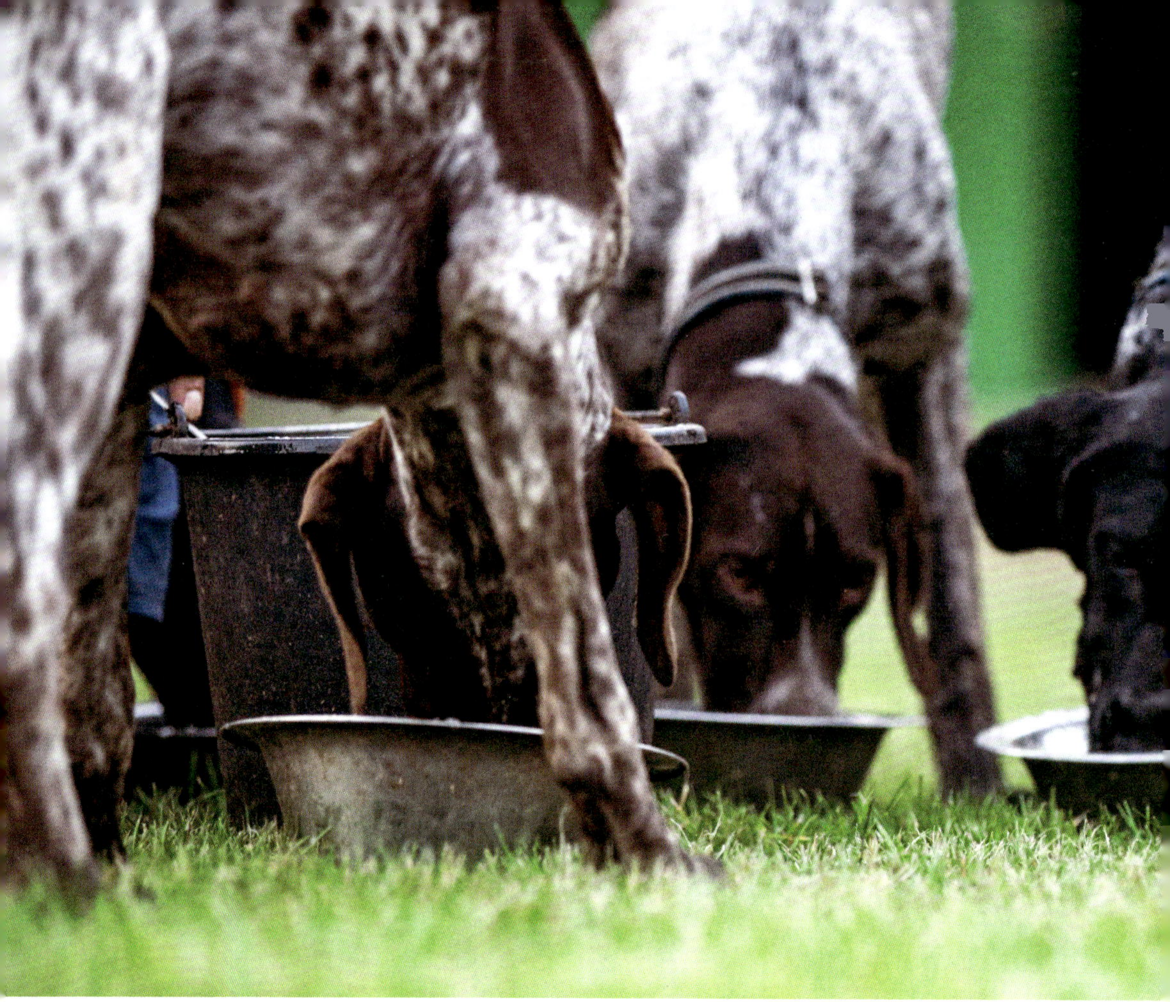

Füttern im Rudel – jeder Hund erhält seine Ration.

FUTTER FÜR AKTIVE HUNDE

Wenn eure Sportskanone jedoch mit der steigenden Belastung abnimmt und zu dünn wird, so sollte die Ernährung natürlich angepasst werden. Für diese Hunde macht es keinen Sinn, einfach die doppelte Menge an Futter zu geben. Der immer-hungrige Hund findet dies zwar nicht unbedingt schlimm, aber der Verdauungsapparat wird mit der großen Futtermenge schlicht überfordert und Durchfall kann die Folge sein, weil er so viel einfach gar nicht mehr verdauen kann. Bei diesen Hunden sollte auf ein Futter für aktive Hunde gewechselt werden. Die Futtersorten zeichnen sich durch einen höheren Protein- sowie Fettgehalt gegenüber energiereduzierten Sorten aus. Hier gilt es, sich vorsichtig an ein kalorienreicheres Futter heranzutasten, da einige Hunde auf den hohen Fett- und Proteinanteil auch mit breiigem Kot bzw. Durchfall reagieren.

ZUSATZFUTTERMITTEL

Inzwischen werden viele verschiedene Zusatzfuttermittel von den verschiedensten Herstellern angeboten, die die Leistungsfähigkeit unserer Sporthunde auf verschiedene Art und Weise verbessern sollen. Hier werden verschiedene Kohlenhydrate, Mineralstoffe, Elektrolyte, Vitamine oder andere Stoffe eingesetzt. Aus unserer Sicht sind solche Pülverchen gerade für Hunde, die im Hobbybereich trainiert werden, nicht wirklich notwendig. Sämtliche Nahrungsstoffe, die unsere Hunde

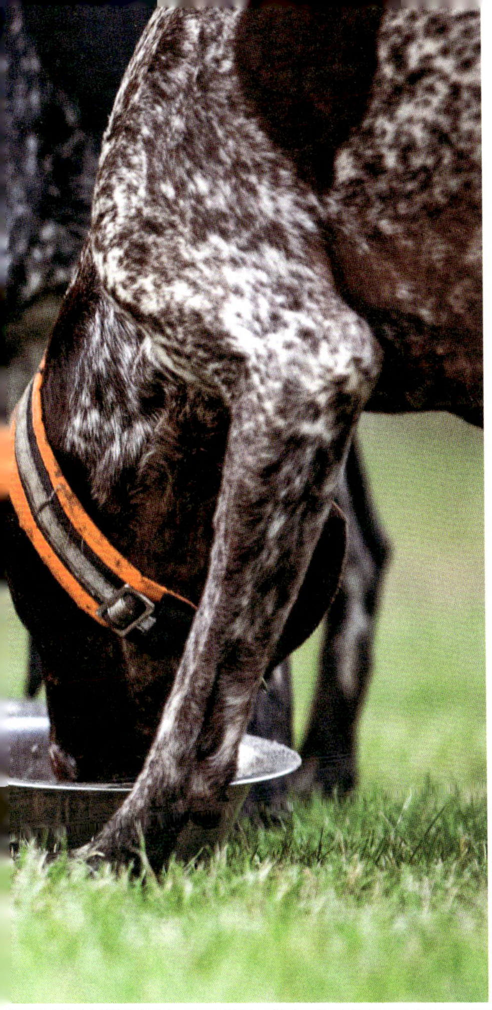

FUTTERUMSTELLUNG

Jeder Hund reagiert individuell auf Futterumstellungen, daher führt diese mit Bedacht durch. Gerade Hunde, die immer nur strikt ihr Futter erhalten, können bei einer zu plötzlichen Umstellung mit Durchfall und Erbrechen reagieren. Für sie macht es Sinn, erst eine kleine Menge des neuen Futters unter das alte Futter zu mischen und über einige Tage immer mehr von der neuen Sorte und weniger von der alten zu mischen, bis man bei 100 % des neuen Futters angelangt ist. Führt Futterumstellungen nicht während Veranstaltungen durch, hier würden Durchfälle die Leistung drastisch senken! Es sollten auch nicht plötzlich Zusatzfuttermittel (wie die erwähnten Pülverchen) gegeben werden – auch sie könnten im schlimmsten Fall „durchschlagende Effekte" haben.

benötigen, sollten im normalen Futtermittel ausreichend vorhanden sein. Mit steigender Belastung oder auch dem Bestreiten von Wettkämpfen kann die Substitution mit bestimmten Nährstoffen sinnvoll werden.

FUTTER FÜR SPORTHUNDE

Schlittenhunde, die Höchstleistungen erbringen, werden üblicherweise mit „30/20 Trockenfutter" gefüttert. Es besteht aus 30 % Protein und 20 % Fett oder sogar noch höheren Anteilen, der Rest setzt sich aus Kohlenhydraten und Mineralstoffen zusammen. Reguläre Hundefutter haben Proteinanteile von etwa 20 – 25 % und Fettgehalte von 10 – 15 % bei entsprechend höheren Kohlenhydratanteilen. Die High Energy-Sorten werden häufig mit fettreichem Muskelfleisch und/oder Öl (häufig Lachsöl) aufgewertet. Diese unter Mushern gängige Praxis widerspricht der „Regel", dass Fleisch und Trockenfutter aufgrund verschiedener Verdauungszeiten nicht gemischt gefüttert werden sollten. Gerade dies soll für die aktiven Schlittenhunde Vorteile haben. Die Fütterung von aktiven Hunden ist zum Teil eine Art Philosophie und es gilt wie immer individuell auf die Bedürfnisse der eigenen Hunde einzugehen. Bei dem einen Musher reicht es, wenn ein High Energy-Futter ohne weitere Zusätze gefüttert wird – bei dem anderen wird gar kein Fertigfutter gefüttert – und die Hunde bringen ebenfalls gute Leistungen.

WÄSSERN VON ZUGHUNDEN

Unter dem „Wässern" verstehen Musher und Zughundesportler die Gabe einer gewissen Menge schmackhaft gemachten Wassers (auch „Suppe"), das die Hunde vor einer Belastung aufnehmen und verwerten sollen. Damit soll sichergestellt werden, dass die Hunde optimal mit Wasser versorgt sind. Überflüssiges Wasser muss der Hund vor der Belastung wieder ausscheiden können. Deshalb muss das Wasser etwa drei Stunden vor der Belastung gegeben werden und der Hund mehrmals die Möglichkeit haben, seine Blase zu entleeren.

Wie bei der Fütterung, kommt die Notwendigkeit, freizeitmäßig gearbeitete Zughunde zu wässern, stark auf den einzelnen Hund

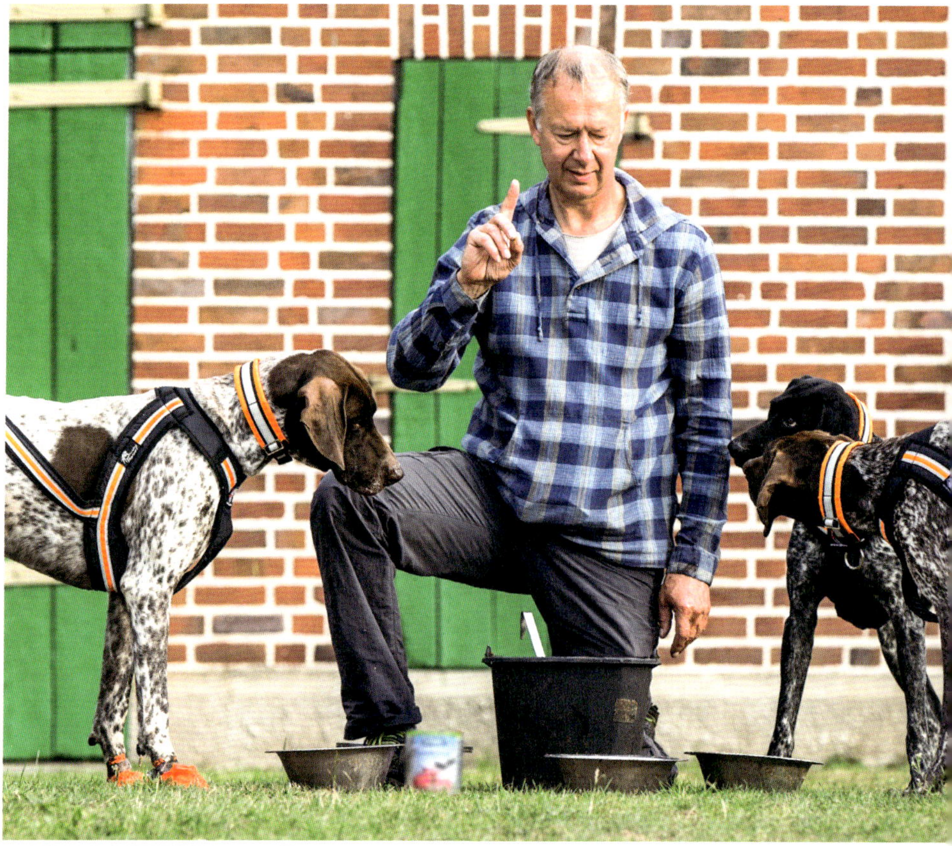

Die Näpfe sind mit einer leckeren Suppe aus Wasser und Dosenfutter gefüllt. Der erhobene „Radantfinger" bedeutet: "Achtung, gleich gehts los." Das entspricht der gleichen Prozedur wie beim Füttern, ...

und die Belastung an. Auch die Fütterung spielt hier eine Rolle. Bekommt euer Hund (nicht extra eingeweichtes) Trockenfutter, kann die Wasseraufnahme für eine starke Belastung schon nicht mehr ausreichend sein, wenn der Hund nicht genug Wasser von selbst aufnimmt. Unsere Hunde sind hier recht unterschiedlich, der eine schlabbert wenig Wasser von sich aus und der andere viel. Bekommt der Hund schon eingeweichtes Trockenfutter, Nassfutter oder viel Rohfleisch, so ist die Wasserversorgung grundsätzlich besser im Vergleich zu reiner Trockenfuttergabe. Das Wässern ist auch immer dann wichtig, wenn die Hunde keinen freien Zugang zu Wasser haben – was bei unseren Hunden aber immer der Fall sein sollte!

SO WÄSSERN WIR UNSERE HUNDE

Beim Herbsttraining auf kurzen Distanzen wässern wir im Allgemeinen nicht vorher. Wir trainieren mit Ausspannen und Päuschen unterwegs, wobei dann etwas Wasser angeboten wird. Direkt nach dem Training/Rennen wird der Flüssigkeitsverlust mit etwa 0,5 Liter Suppe aufgefüllt. Wobei der halbe Liter in drei Portionen über etwa 15 bis 30 Minuten verteilt gegeben wird. Ähnlich einem dehydrierten Menschen, wird also portionsweise Flüssigkeit zugeführt. Eine Stunde später gibt es Futter gemischt aus Trockenfutter und Fleisch mit viel Flüssigkeit. Zwei Stunden später nochmals ca. 0,3 Liter Suppe. Zirka drei Stunden vor einem Rennen oder längeren Training wässern wir etwa einen ¾ Liter Suppe.

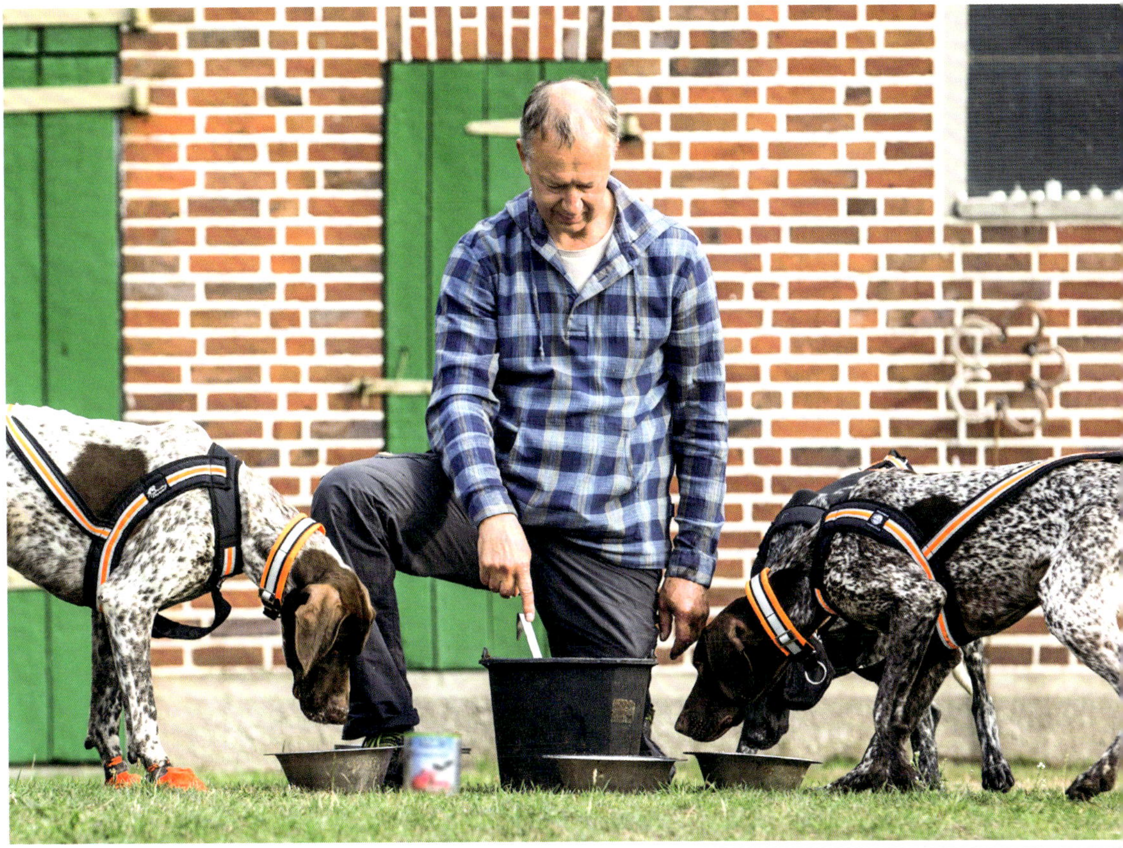

… Wässern und beim Start zu Training und Rennen. Der Finger senkt sich und gleichzeitig verschwinden die Nasen im Napf.

FEHLER VERMEIDEN — *Fairness im Mensch-Hund-Team*

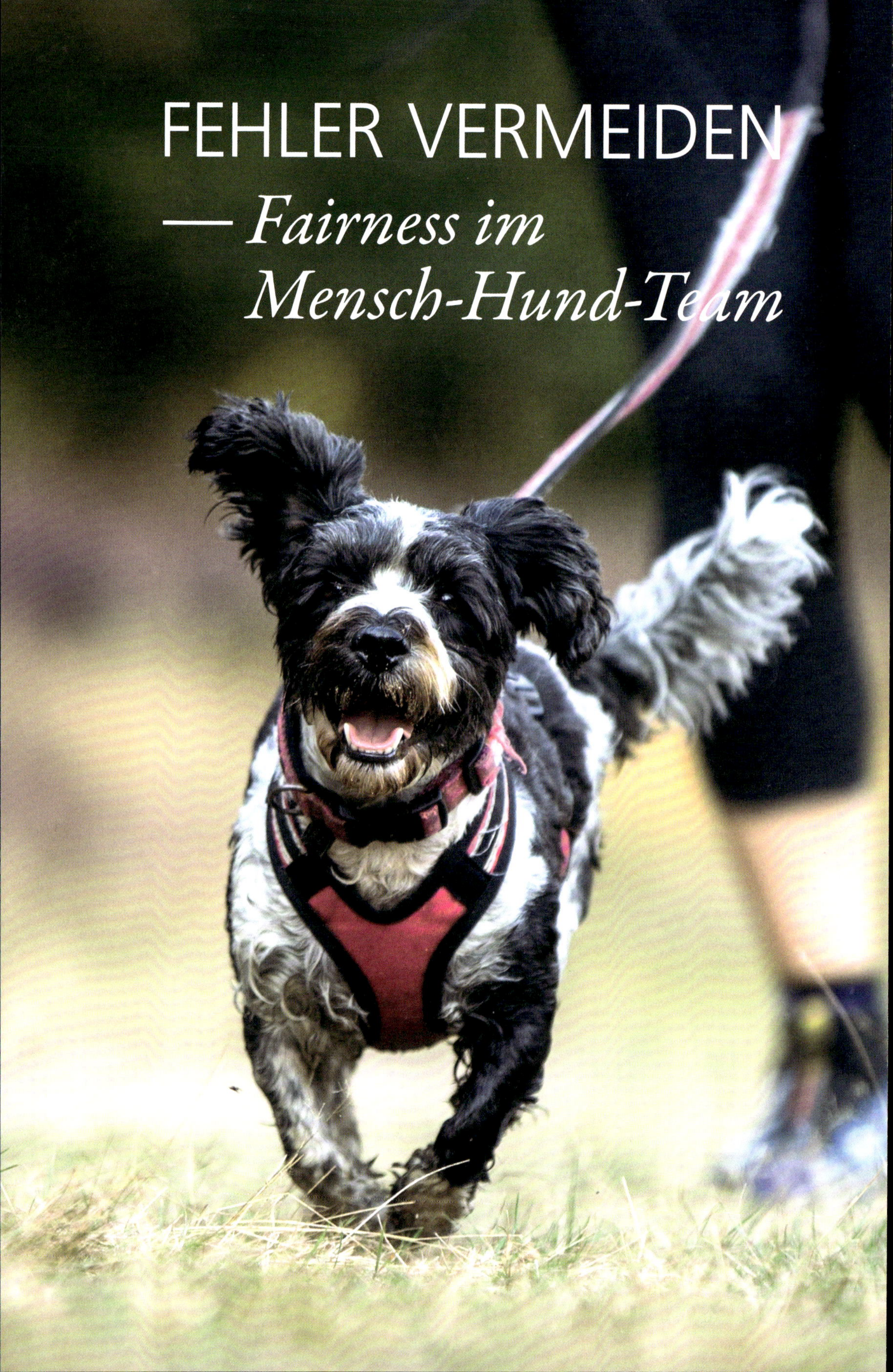

AUS ERFAHRUNGEN LERNEN

Mit einem ansprechbaren Hund lassen sich Problemsituationen auch ohne spezielle Signale lösen. Vorausgesetzt, wir strahlen eine innere Ruhe auf unseren vierbeinigen Partner aus und werden in einer kniffligen Situation nicht zu einem hektischen Strampelmännchen/frauchen.
Jeder macht Fehler – aber es muss ja nicht jeder immer die gleichen Fehler machen, sondern kann aus den Erfahrungen anderer lernen. Vor allem, wenn das positive Gefühl unserer Hunde in Gefahr ist. Gerade zu Beginn ist es wichtig, dass unsere Hunde gut gelaunt und fröhlich bei der Sache sind und möglichst keine schlechten Erfahrungen sammeln.
Vieles kann verhindert beziehungsweise schnell wieder abtrainiert werden, wenn das Problem früh erkannt und quasi im Keim erstickt wird. Für erfahrene Zughundesportler und Musher, die schon den dritten, vierten oder x-ten Hund ausbilden, ist es natürlich viel leichter, diese Probleme schnell zu erkennen. Als Einsteiger aber ist dies schwierig, weil man selbst gar nicht weiß, dass es zum Problem werden könnte …
Wenn ihr bemerkt, dass sich ein problematisches oder Fehlverhalten bei eurem Partner einschleicht und ihr keinen Lösungsansatz dafür habt oder das Problem sich verselbstständigt, so empfehlen wir euch, Hilfe in einer Zughundeschule oder bei einem erfahrenen Musher zu suchen, vorausgesetzt, diese Personen verfügen über das nötige Know-how und haben nicht selbst ähnliche Probleme.

VERWEIGERUNG VON RICHTUNGSSIGNALEN

Dieses Problem betrifft Anfängerteams. Der Hund hat schon gelernt, zu ziehen, und läuft auch ohne den Napf in Sichtweite auf Signal los. Wir nähern uns einer Kreuzung und geben das Signal, um rechts abzubiegen. Der Hund läuft aber nach links. Natürlich darf nicht der Hund entscheiden, welchen Weg er laufen möchte und wir müssen das gegebene Signal durchsetzen. Bestehen wir nicht darauf, lernt der Hund: Rechts bedeutet links, oder das Signal Rechts bedeutet: Egal welche Richtung, ich als Hund suche mir was aus.

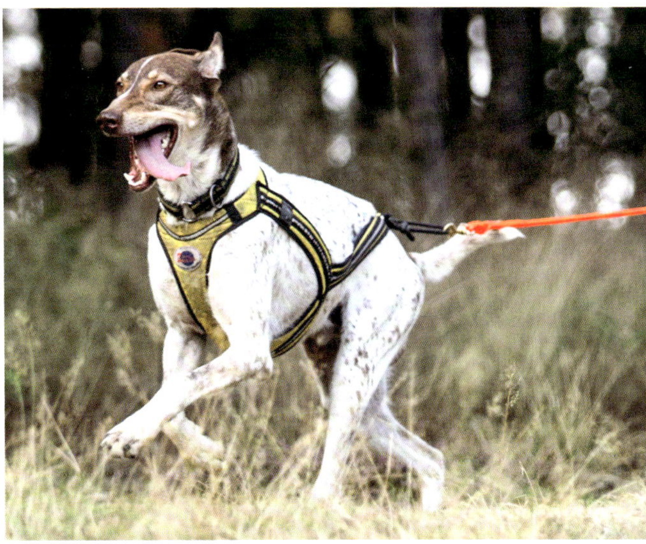

Iceman on Tour …

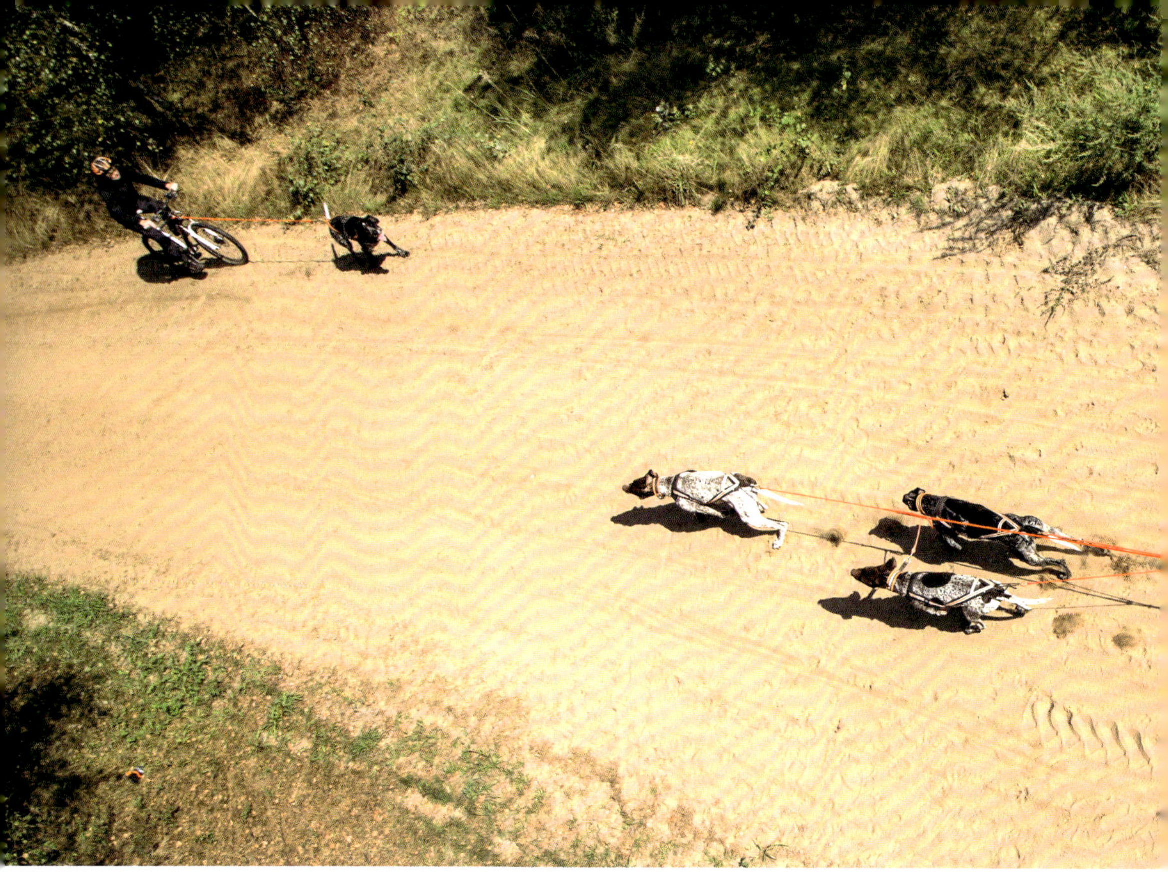

Zwei Teams begegnen sich – das „Head-on-Passing".

DURCHSETZUNG DES SIGNALS GESTALTET SICH SCHWIERIG

Unser Signal „Rechts" durchzusetzen, gestaltet sich schwierig. Vorn an der 2,5-m-Leine zerrt ein 30-kg-Hund, der unbedingt nach links möchte. Zum einen, weil er noch keine Richtungssignale gelernt hat, zum anderen, weil dort gerade etwas Interessantes im Blickfeld erscheint (z. B. Passanten, Hunde, ein wegfliegender Vogel). In der Folge entwickelt sich ein kleiner Kampf um die Richtung. Gelingt es uns, den Hund in ruhiger Art mit Signalen in die richtige Richtung zu dirigieren, ist alles okay. Wenn möglich, ist auch ein Absteigen vom Gefährt, um den Hund in die vorgegebene Richtung zu führen, völlig okay. Der Hund wird nach und nach aufmerksamer und sicherer im Befolgen der Signale. Zerrt der Hund aber weiterhin in die falsche Richtung, so dass wir in dieser Situation einfach überfordert sind und sich auf unserer Seite purer Stress und Unsicherheit einstellt, überträgt sich diese negative Stimmung auf den Hund. Wiederholt sich das Geschilderte, könnte ein sensibler Hund dazu tendieren, künftig verhalten auf Weggabelungen zuzulaufen oder im Extremfall gar zu blockieren. Er versucht, dem möglichen bevorstehenden Ärger auszuweichen. Die auf ihm lastende Verantwortung, an der nächsten Kreuzung nichts falsch zu machen, ist zu groß. Dieses ausweichende Verzögern bezieht sich auf die Situation mit dem Trainingsgerät, in diesem Fall dem Dogscooter.

RICHTUNGSWECHSEL ÜBEN

Schon im Vorfeld, vor der Nutzung eines Scooters oder Bikes, üben wir auf unseren Spaziergängen Richtungswechsel mit entsprechenden Signalworten. So lernt der Hund die Signale beiläufig, ohne dass es zu Stresssituationen kommt.

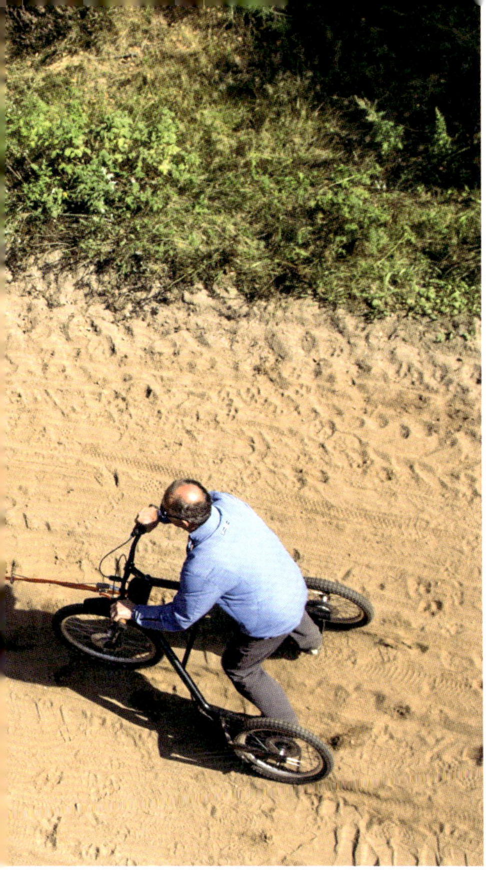

MÖGLICHKEIT BEI UNSICHEREN HUNDEN

Für eher unsichere Hunde empfiehlt es sich also, so lange der Hund Richtungssignale nicht sicher beherrscht, zu Beginn immer die gleiche und gut bekannte „Hausrunde" zu fahren, die er schon aus Gewohnheit richtig läuft. Dabei geben wir das entsprechende Richtungssignal etwa 10 bis 15 m vor der Abzweigung – unser Lehrling läuft in die korrekte Richtung, weil wir dort immer abbiegen. So vermeiden wir Stress in der Lernphase und der Partner vorneweg verknüpft die gegebenen Signale.

Wichtig Obwohl wir wissen, dass der Hund an der nächsten Gabelung rechts abbiegt (weil wir immer dort rechts abbiegen), geben wir unbedingt das Richtungssignal!

MÖGLICHKEIT DER VERNEINUNG

Eine weitere Möglichkeit, einen Hund bei den Richtungssignalen zu unterstützen, ist die „Verneinung" der falsch eingeschlagenen Richtung. Kennt ein Hund das Signal „Nein", dann können wir dieses „Nein" auch gut nutzen, wenn der Hund einen falschen Weg einschlägt. „Nein" ist ein Hilfsmittel für alles, was wir gerade in dem Moment unterbrechen wollen: z. B. „Nein", nicht das Brötchen vom Tisch klauen, „Nein", nicht hinter dem Hasen hinterherrennen. In diesem Fall also: „Nein", nicht in diesen Weg abbiegen. Dann das Richtungssignal wiederholen, anfangs auch mehrmals, und freudig loben, wenn der richtige Weg eingeschlagen wird.

VORBEILAUFEN AN ANDEREN HUNDEN

Dies ist ein recht häufiges Thema und meist hängt es stark vom Hundetyp ab. Hier gibt es natürlich verschiedene Gründe, wieso ein Hund zu einem anderen hinrennen möchte. Der freundliche Labbi – er will doch nur spielen – kann beim Anblick von Artgenossen schon einmal vergessen, dass er eigentlich arbeiten soll. Und wir haben natürlich auch Vierbeiner, die aus verschiedenen Gründen andere Hunde zum Fressen gern haben und deshalb zu ihnen laufen möchten. Auch kann es der andere Hund sein, der zum Angriff motiviert. Alle Varianten sind gleich gefährlich ... Wenn wir nicht darauf gefasst sind, ist ein Sturz vorprogrammiert, wenn unser Partner plötzlich abbiegt und wir keine Notbremsung mehr schaffen. Haben wir jetzt noch einen nicht so freundlichen Hund an der Jöringleine, kann dies natürlich auch für das Gegenüber gefährlich werden, da wir erst zu unserem Hund an der 2,5-m-Jöringleine gelangen müssen.

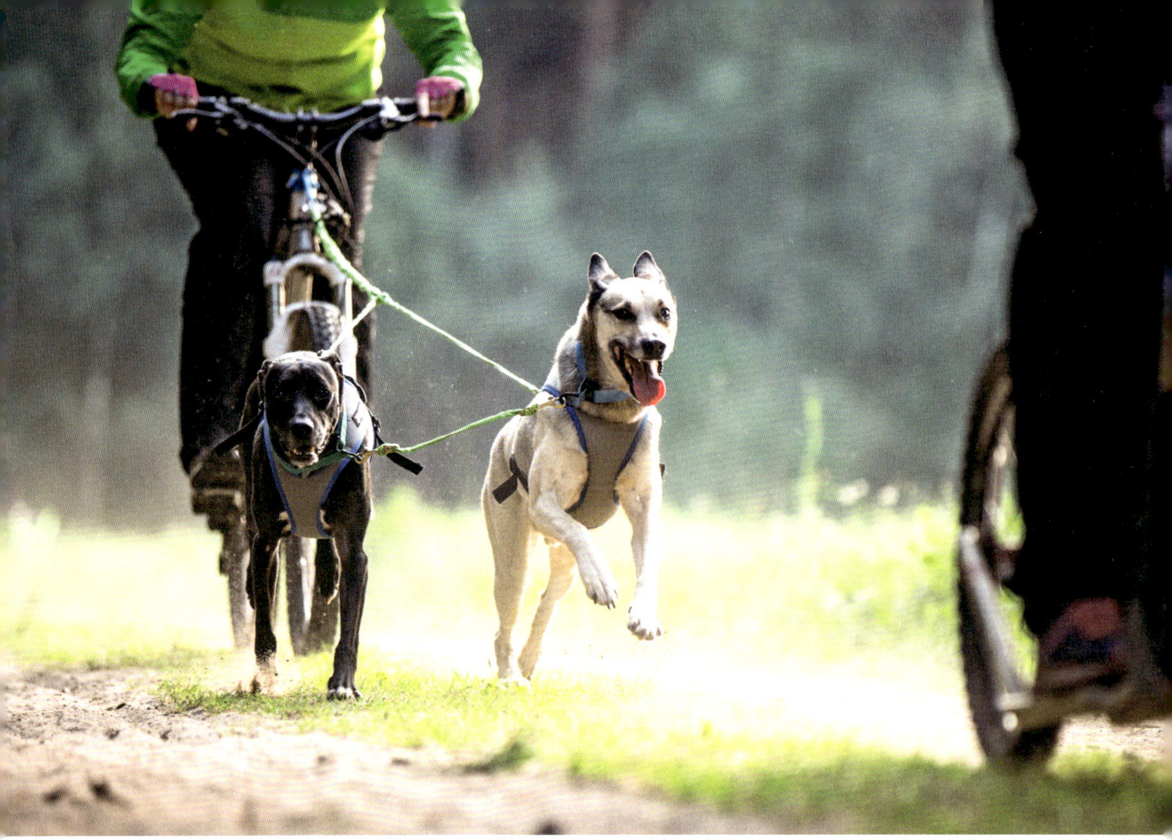

Shaka und Wambo – „Soweto Hounds" aus Südafrika.

Wir sind für das Verhalten unseres vierbeinigen Sportkameraden verantwortlich! Ein Rumpöbeln oder gar überfallartiges Angehen anderer Vierbeiner ist ein absolutes „No Go", das nicht geduldet wird!
Hunde, die auf Spaziergängen im Freilauf oder an der Leine diszipliniertes Verhalten gegenüber ihren Artgenossen zeigen, werden auch auf dem Trail diszipliniert andere Artgenossen passieren.

KONTROLLIERTES VORBEILAUFEN

Viele Hunde wissen am Anfang einfach nicht, was von ihnen erwartet wird, eben dass sie ohne zu zögern andere Artgenossen passieren müssen. Hier helfen dann oftmals einfache, kontrolliert provozierte Übungen mit einem „Lockvogel" am Wegesrand, wobei ein in der Ferne abgestellter Futternapf oder ein vorausfahrendes Team spielerisch das Passieren von Artgenossen verselbstständigen soll. Falls ein Teacher verfügbar ist, also ein Hund, der sicher vorweg läuft, könnte der Neuling hinter dem Teacher eingespannt werden, um von ihm gezeigt zu bekommen, dass es Normalität ist, an anderen Hunden ohne Begrüßung vorbeizuhecheln.
Egal, wie gut oder wie schlecht wir unser kleines Gespann unter Kontrolle haben, wir müssen als Gespann immer defensiv gegenüber Passanten auftreten. Die Natur ist für alle da und alle haben ein Recht auf die Natur. Niemand ist erfreut über unkontrollierbare Bike- oder Scootergespanne.

PROFESSIONELLE HILFE

Habt ihr Schwierigkeiten, mit eurem Hund andere Hunde zu passieren und zieht euer Hund zu jedem hin, dann solltet ihr unbedingt einen kompetenten Hundetrainer um Rat fragen. Auch spezielle Zughundesportkurse bieten hier Hilfe an.

MEIN HUND STOPPT VON ALLEIN

Wenn ein Hund selbstständig entscheidet, aus dem Laufen anzuhalten, kann dies verschiedene Gründe haben.
Häufig halten Hunde an, weil sie ein dringendes Geschäft zu erledigen haben. Wenn euer Hund urplötzlich anhält und direkt einen Haufen oder größeren See absetzt, dann ist dies kein Fehler von eurem Vierbeiner, sondern von euch selbst, weil ihr dem Hund nicht genug Zeit bzw. Pausen zum Lösen gegeben habt. Die Lösung ist also einfach: Achtet darauf, dass der Hund vorher oder auch zwischendurch bei längeren Touren genug Zeit hat, sich zu lösen. Gerade wenn gewässert wurde, müsst ihr darauf achten.

MARKIERVERHALTEN

Hält der Hund jedoch an, weil er hier drei Tropfen Urin absetzen möchte, so werten wir das als Markierverhalten und dies hat der Hund beim Ziehen natürlich zu unterlassen. Das Markieren passiert vor allem, wenn langsam gefahren wird – im Galopp hätte der Hund auch gar keine Zeit, nach einer passenden Stelle zum Markieren zu schnüffeln. Nun können und wollen wir dem Hund natürlich nicht unbedingt vorschreiben, dass er unbedingt im Galopp unterwegs sein muss – aber wir sollten ihm dennoch klar machen, dass ein Anhalten zum Markieren wirklich unerwünscht ist. Einigen Teams hilft es auch hier, wenn vorher genug Zeit zum Lösen und Schnüffeln gegeben wurde. So kann einerseits am Markierverhalten selbst gearbeitet werden – und andererseits darauf geachtet werden, dass ihr nicht unbedingt Trainingsstrecken wählt, die von allen Hunden in der Nachbarschaft – sowie auch eurem Hund selbst – als Gassistrecke genutzt werden. Dies würde ein hohes Maß an „Selbstbeherrschung" voraussetzen und es einem Anfänger unnötig schwer machen. Nutzt ihr etwas abgelegenere Trainingsgebiete, wo weniger Markiervorlagen am Wegesrand lauern, ist es etwas einfacher für euren Hund. Hier könnt ihr dann gezielt trainieren: Zielt euer mitteilungsbedürftiger Vierbeiner einen bestimmten Busch an – **Nein, Weiter** – ggf. gegenlenken und sofort loben, wenn er weiter läuft. Dann könnt ihr nach kurzer Zeit, wenn er erfolgreich weitergelaufen ist, auf euer Signal hin eine Pinkelpause einlegen. So verwehrt ihr eurem Hund das Markieren nicht, sondern erlaubt es ihm auf Signal und könnt es später unterwegs gut steuern. Parallel dazu könnt ihr auch beim Gassigehen daran arbeiten, dass euer Hund auf euer Signal nicht jetzt markiert, sondern weitergeht. Nach kurzer Zeit: Jetzt darfst du markieren – so kann dem Hund auch das generelle Lösen auf Signal beigebracht werden. Dies ist für eine spätere Wettkampfteilnahme wünschenswert, damit wir sichergehen, dass der Hund zu unserer vorgegebenen Startzeit auch wirklich „leer" ist.

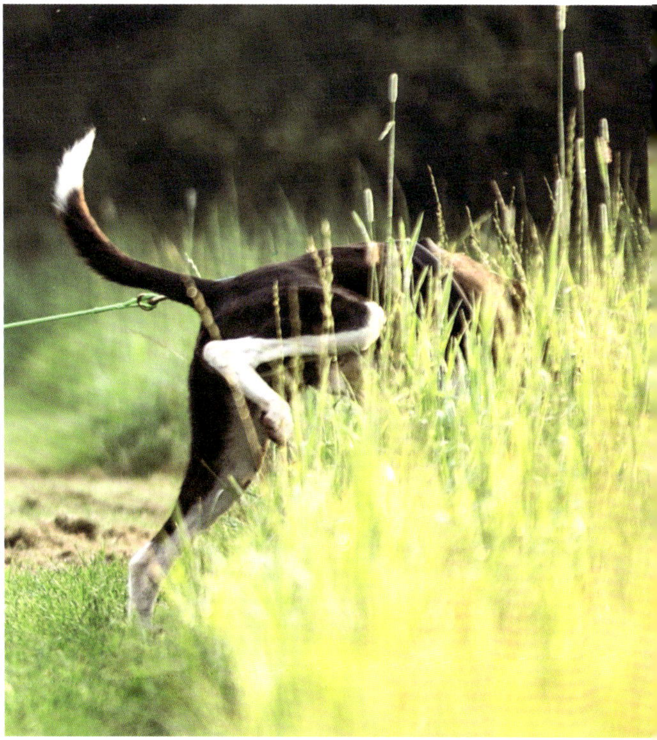

Vorher darf ausgiebig markiert werden.

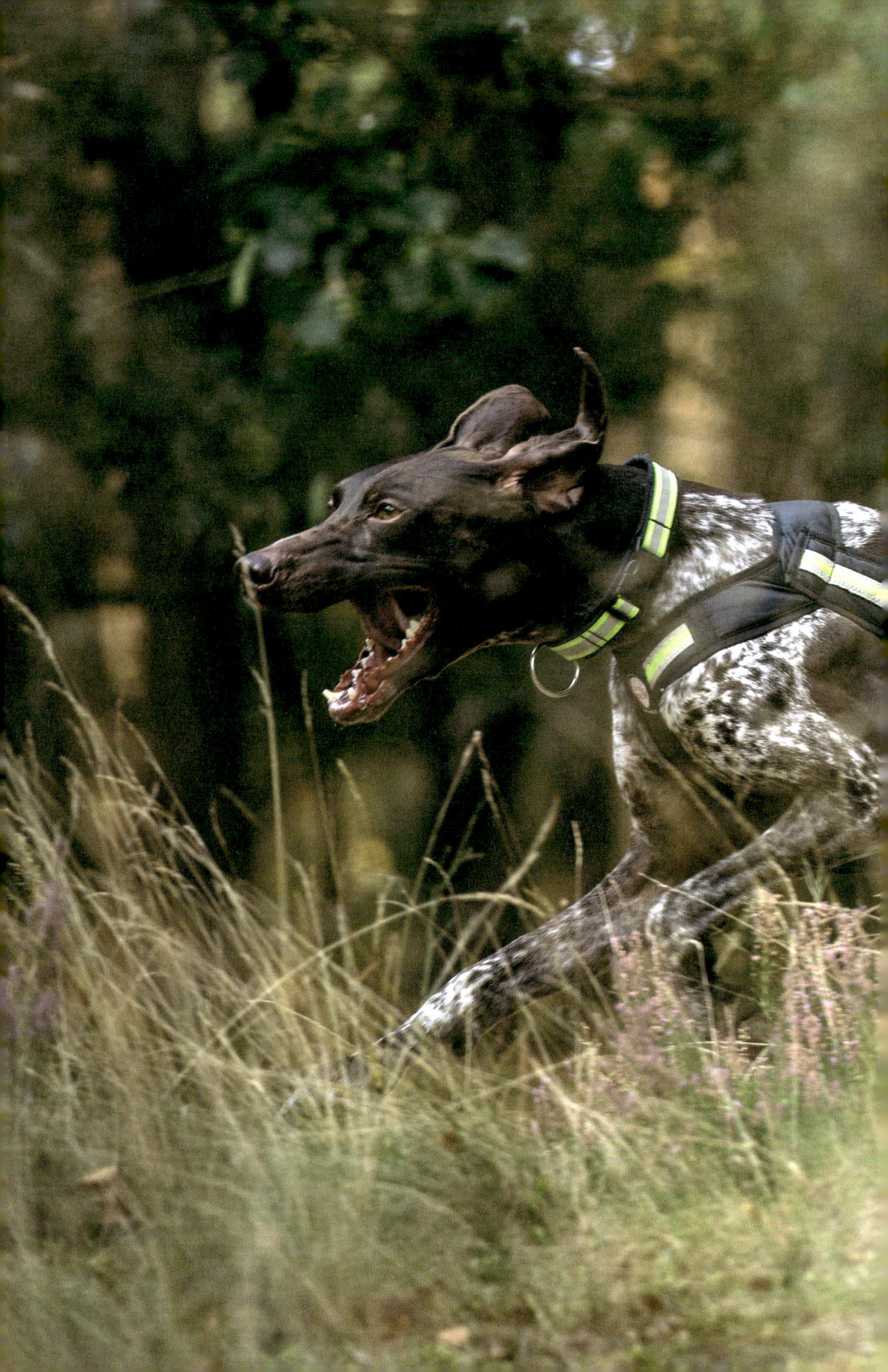

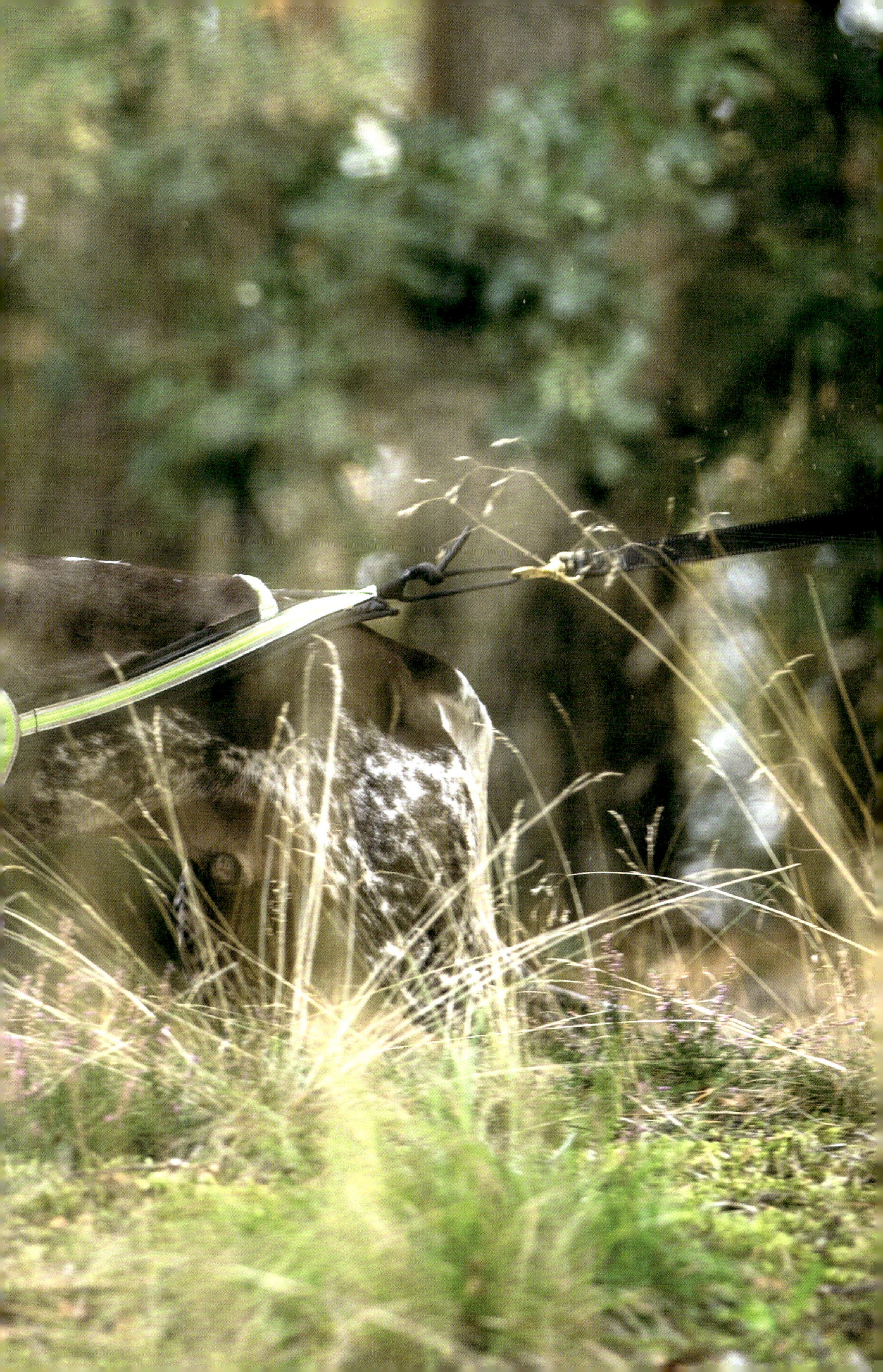

KEINE LUST ZUM ZIEHEN

Was ist aber, wenn mein Hund einfach so stoppt und nicht, um sich zu lösen oder zu markieren? Dies sind schon etwas schwierigere Situationen, die nicht immer leicht zu lösen sind. Es gibt Hunde, die haben einfach keinen Bock auf Laufen und Ziehen. Schon gar nicht über längere Zeit. Hier müssen wir die körperlichen und geistigen Grenzen der eigenen Familienhunde schlichtweg akzeptieren – Stichwort eigener Ehrgeiz. Viele Hunde sind so schlau und lassen es uns frühzeitig merken, dass sie da nicht mitmachen wollen. Einige Hunde tun es uns zuliebe zu Anfang noch und brechen dann irgendwann ganz ein, verweigern vielleicht sogar komplett. Es ist also unsere Aufgabe, unsere Hunde gut einzuschätzen und nur soweit zu fordern/fördern, wie es die Hunde von sich aus anbieten – ohne sie „platt" zu machen. Nehmt euch hier also zurück und schaut, in welchem Rahmen sich eure Vierbeiner wohlfühlen! Seid fair zueinander.

Wenn ihr erkennt, dass der Hund nicht weiter laufen mag oder nicht weiter will, stoppt ihn vorher durch ein Signal. So bleibt die Entscheidung über eine Pause bei euch.

ÜBERBEANSPRUCHUNG

Nun gibt es auch die Situation, in der plötzlich arbeitswillige und leistungsorientierte Sporthunde einbrechen und abstoppen. Hier sind seltener Gassifahrer-Hunde betroffen, sondern Hunde, die sonst immer großen Spaß am Laufen haben.

Auch hier liegt es meist daran, dass wir über den Hund gegangen sind und zu viel gefordert haben. Dem einen genügt es, dass ein Trainingslauf ein wenig zu lang und die Temperaturen dafür einfach zu warm waren. Ein Hund, der erstmals heiß gelaufen ist, also wirklich überhitzt ist, merkt sich das unter Umständen und versucht nun, sich selbst zu schützen. Ebenso kann dies vorkommen, wenn wir ihn mehrfach in der Länge/Intensität bei passendem Wetter überfordert haben – wir nennen das auch **Gegen die Wand** fahren. Ein Hund mit einem Rest von Selbstschutz wird diesen auch aktivieren. Hunde mit viel Selbstschutz – also Hunde, die nachdenken – werden schon viel früher signalisieren, dass sie da nicht mitmachen. Diese Hunde sind in der Regel nicht die Sprintleistungshunde, sondern Tourenhunde, mit denen man über lange Strecken die Natur genießen kann.

Was können wir bei solchen Hunden tun?

Am wichtigsten: **pausieren**. Wenn wir in so einer verfahrenen Situation immer wieder versuchen, mit unserem Hund zu fahren – und er bricht immer wieder ein – so würden wir dieses Verhalten einfach nur festigen und dem Hund vielleicht den Spaß am Laufen ganz nehmen. Deshalb ist es besser, wenn man das Zuggeschirr für ein paar Wochen zur Seite legt und über die möglichen Gründe für das plötzliche Stoppen nachdenkt. Nach einiger Zeit beginnen wir mit sehr kleinen und immer tollen Zugsequenzen – nur ein paar 100 Meter, nur einmal um die Ecke, vielleicht nur auf den futtergefüllten Napf, in der Gruppe, in besonders tollen Trainingsgebieten. Dies soll dazu dienen, den Hund neu zu konditionieren und in ihm die Lust auf das Laufen neu zu entfachen. Wenn wir kleinschrittig arbeiten und den Hund nicht überfordern, kann dies gut funktionieren.

STOPPEN AUS ANGST

Ein Hund stoppt vielleicht auch – oder startet erst gar nicht – weil er Angst hat. Gab es z. B. schlechte Erfahrungen wie einen vorangegangenen Sturz, beschließt so mancher Hund, dass dieses Ziehen unheimlich gefährlich ist und wird lieber nicht mehr vor dem Gefährt laufen, sondern daneben oder auch gar nicht mehr. Es trifft besonders sensible Hundecharaktere und es können viele Situationen dazu führen, dass Hunde sich verweigern. Neben den schon genannten Stürzen, sind Übergriffe durch andere Hunde der häufigste Grund.

Diese Hunde verweigern das Ziehen nicht komplett, aber brechen ein, wenn sie überholen sollen oder überholt werden. Hier ist es häufig sehr schwer, das Geschehene vergessen zu machen und manchmal auch unmöglich. Bei einigen schafft man es, nach einer entsprechenden Pause das Ziehen neu aufzubauen. Vielleicht steigt man z. B. vom Bike auf den Scooter um, wenn das Trauma am Bike geschehen ist – oder man läuft vorerst Canicross, wenn der Hund an jedem Gefährt blockieren würde. Seid fair zu euren Hunden! Versucht sie nicht zu zwingen, denn zum Ziehen kann man keinen Hund überreden, sie würden immer mehr verweigern. Stellt es sich heraus, dass euer Vierbeiner nicht mehr am Gefährt ziehen möchte, dafür aber beim Laufen – solltet ihr das akzeptieren. Wenn der Druck erst mal raus ist, kann es sein, dass der Hund nach einer langen Pause wieder genug Vertrauen in euch und das Gefährt legt.

GESUNDHEITLICHE GRÜNDE

Ein weiterer Grund für das Stoppen und Verweigern der Zugarbeit können auch schlicht gesundheitliche Probleme sein. Ein Hund mit Rückenschmerzen will nicht laufen und das soll er auch nicht! Es gibt viele gesundheitliche Ursachen, wieso ein Hund verweigert – haltet also Rücksprache mit eurem Tierarzt, ob bei eurem Hund nicht ein gesundheitlicher Aspekt vorliegt.

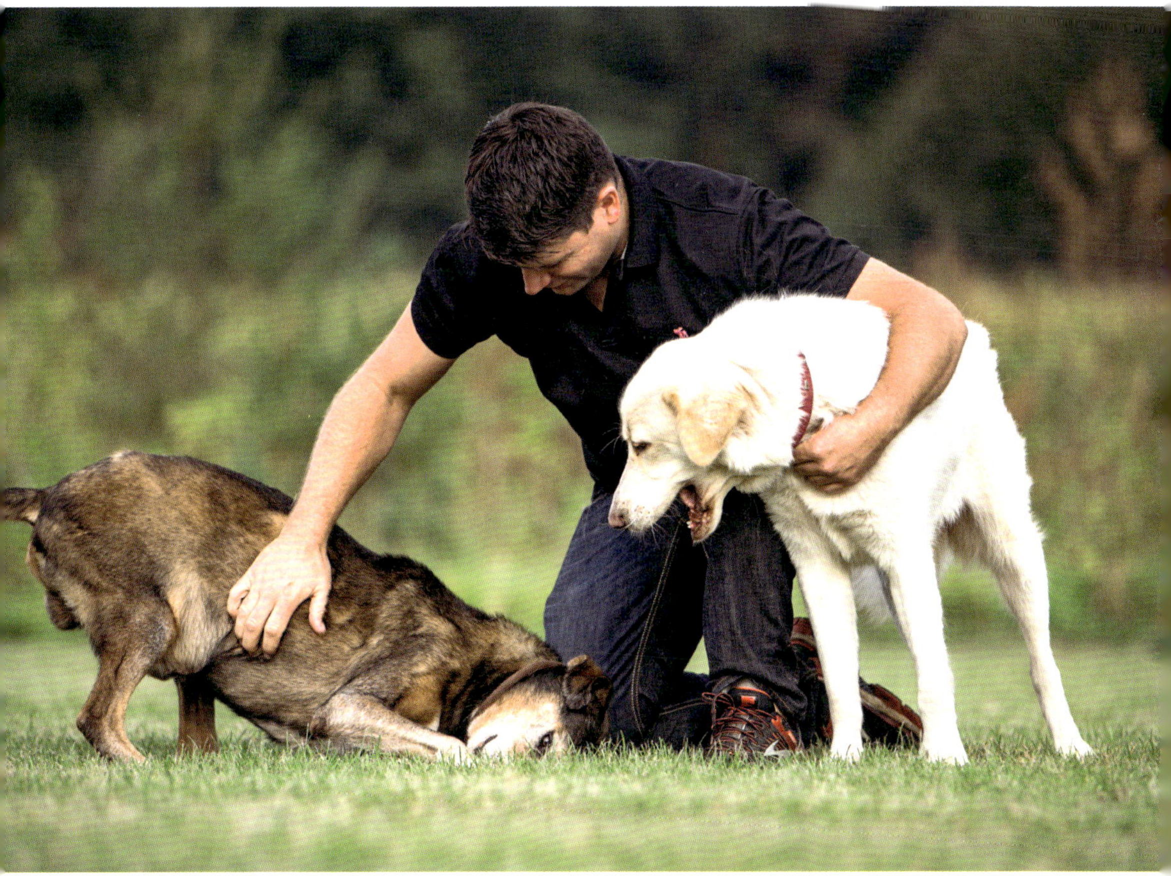

Michael und Robby (der Braune). Während der Studienzeit zum Tierarzt waren die Beiden flott im Bike- und Skijöring unterwegs.

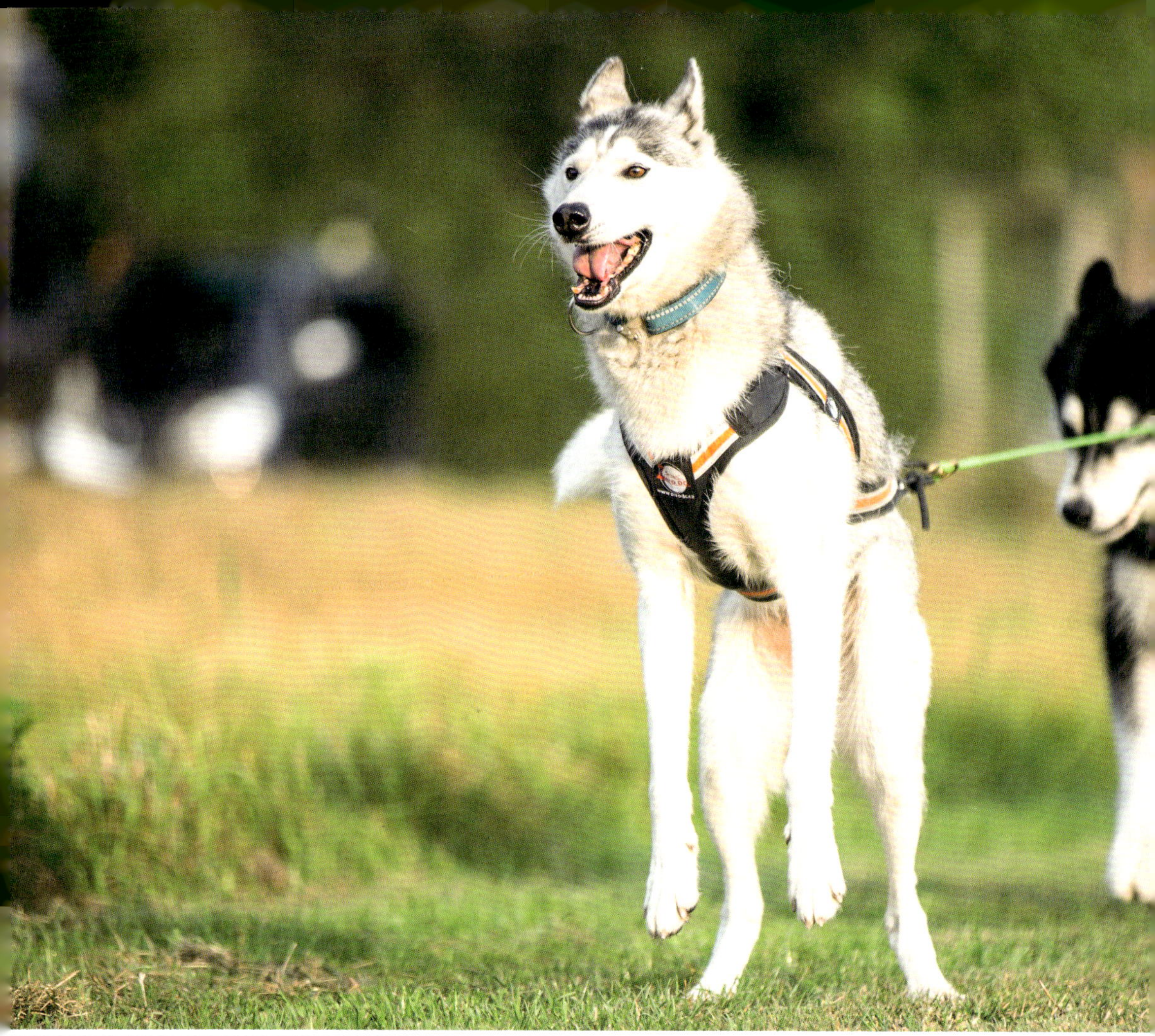

Amper als „Hase" vorweg, ...

MEIN HUND STARTET VOR DEM STARTSIGNAL

Euer Hund soll natürlich erst starten, wenn ihr bereit seid und auch das Startsignal gebt. Ist der Hund zu ungeduldig und triebstark, so läuft er vielleicht einfach mal los. Wenn wir dann noch gar nicht auf dem Scooter stehen, kommt es auch mal vor, dass der Hund mit dem Scooter allein startet. Wenn jetzt ein schreckhafter Hund mit dem Scooter durchstartet, kann hier schnell ein Problem entstehen: Der Scooter poltert hinterher. Der Hund bekommt dadurch Angst und läuft schneller, aber der an ihn geleinte Scooter kommt natürlich noch schneller hinterher. Das kann gefährlich werden!

Die meisten Hunde, selbst ängstliche, halten zum Glück schnell an und lassen sich von uns retten.

Es heißt also: Routine und Kontrolle am Start trainieren. Mit einem ungeduldigen Hund üben wir: Line-out, Line-out und nochmals Line-out (siehe S. 103 ff.).

GEFÄHRT ABSICHERN

Damit ihr euch gefahrlos von eurem Gefährt in Richtung Hund bewegen könnt, ohne dass der Hund die Chance nutzt, könnt ihr euer Gefährt mit einer extra Startleine an einem Baum, Poller, Zaun, einer Anhängerkupplung o. ä. sichern. Nehmt euch für solche Situationen Zeit. Gestartet wird erst, wenn ihr es sagt, nicht der Hund.

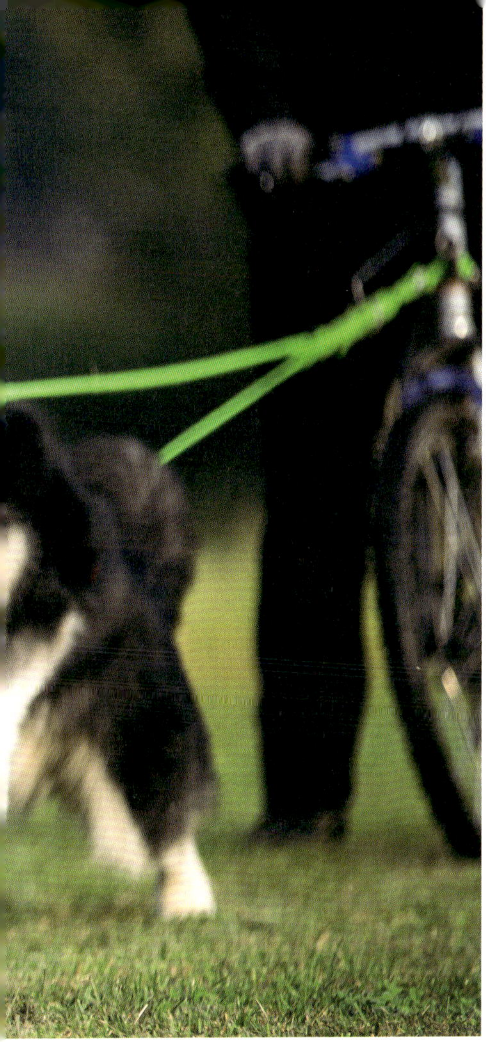

Grund für das Nichtlaufen einfach darin liegt, dass er nicht allein laufen mag.
Seid fair zu euren Hunden ... Fordert nichts von ihnen, was sie nicht können! Sucht nach Alternativen, die euch und eure Hunde glücklich und zufrieden machen. Mag euer Hund nur in der Gruppe laufen – oder neben einem Kumpel – so what, dann plant es ein. Es gibt auch Hunde, die besser laufen, wenn sie allein mit Frauchen oder Herrchen sind – auch das lässt sich planen.
Wieder möchten wir hier auch gesundheitliche Probleme erwähnen, weshalb ein Hund blockiert.
Und wenn euer Hund überhaupt keine Lust auf das Ziehen hat, ganz egal wie lang und intensiv ihr es trainiert – akzeptiert es. Es gibt so viele andere Möglichkeiten, euch und euren Hund auszulasten. Vielleicht nehmt ihr für beide Seiten etwas Druck aus der Sache, lasst einige Zeit verstreichen und versucht es danach nochmal. Oder ihr versucht eine Variante, die immer wieder unterschätzt wird – das Wandern oder Walken mit Hund. Hier ist es sekundär, ob der Hund besonders toll oder ausdauernd zieht – hier ist die Teamarbeit das Ziel!

MEIN HUND STARTET GAR NICHT

Huch, hat euer Hund das mit dem Ziehen doch noch nicht begriffen? Es kann sein, dass ihr mit dem Trainingsaufbau etwas schnell vorangeschritten seid und der Hund noch gar nicht verstanden hat, worum es geht. Also: ein paar Schritte zurück im Trainingsplan und dabei mehr Zeit lassen. Wenn sich abzeichnet, dass der Hund hier wirklich Probleme hat, so solltet ihr noch andere Trainingsansätze probieren. Die Hasen-Methode würde sich hier gut anbieten, es würde sich hierbei auch schnell abzeichnen, wenn der Hund kein geborener Single Leader ist (siehe S. 122) und der

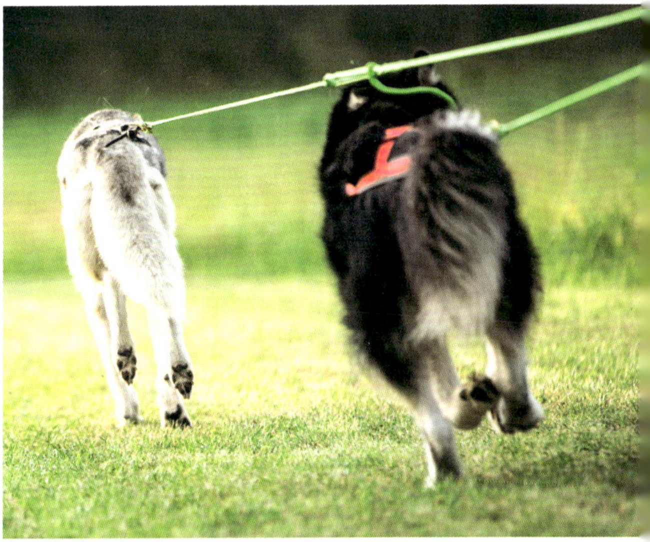

... Manitou als Verfolger hinterher.

SERVICE

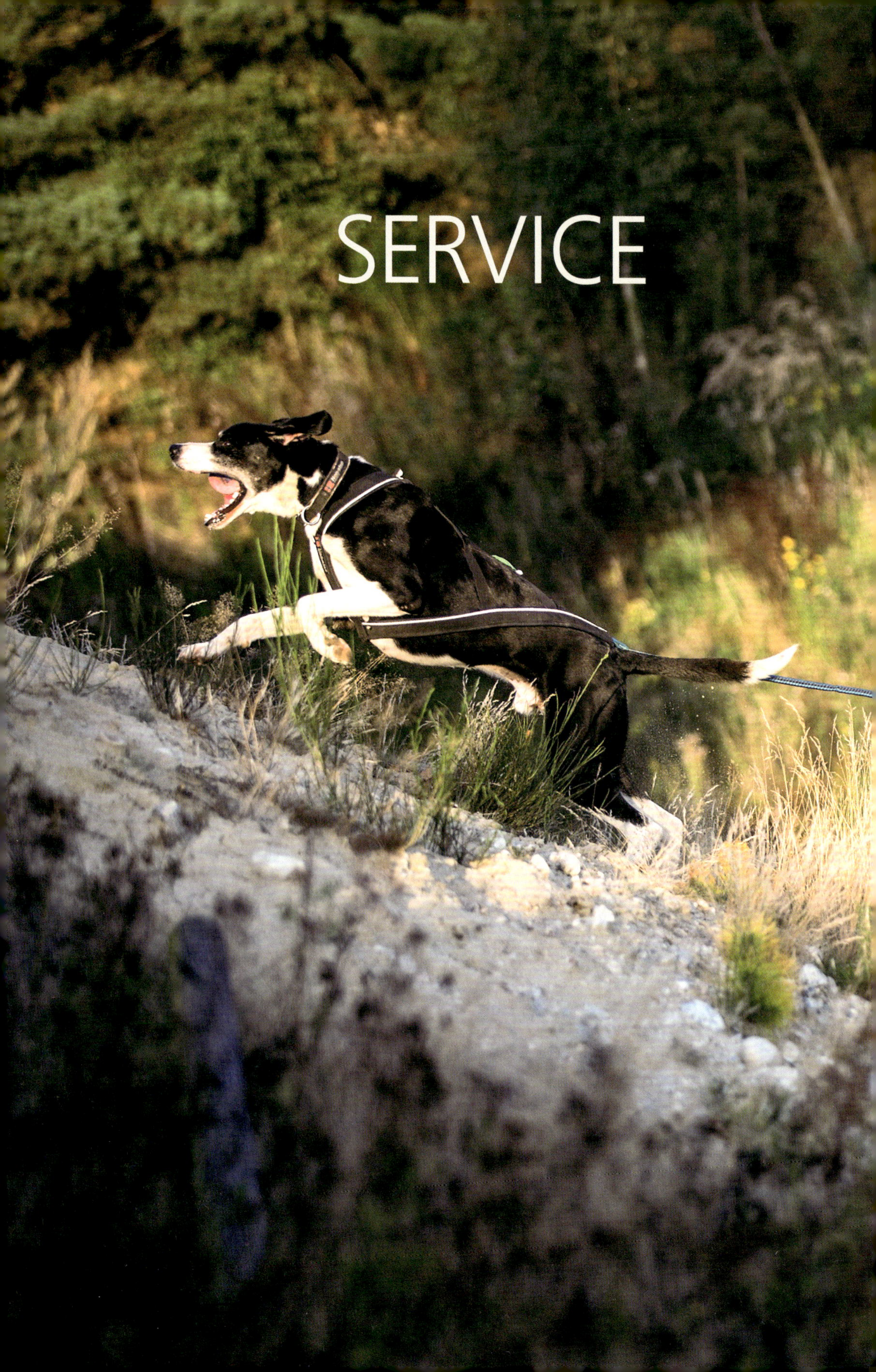

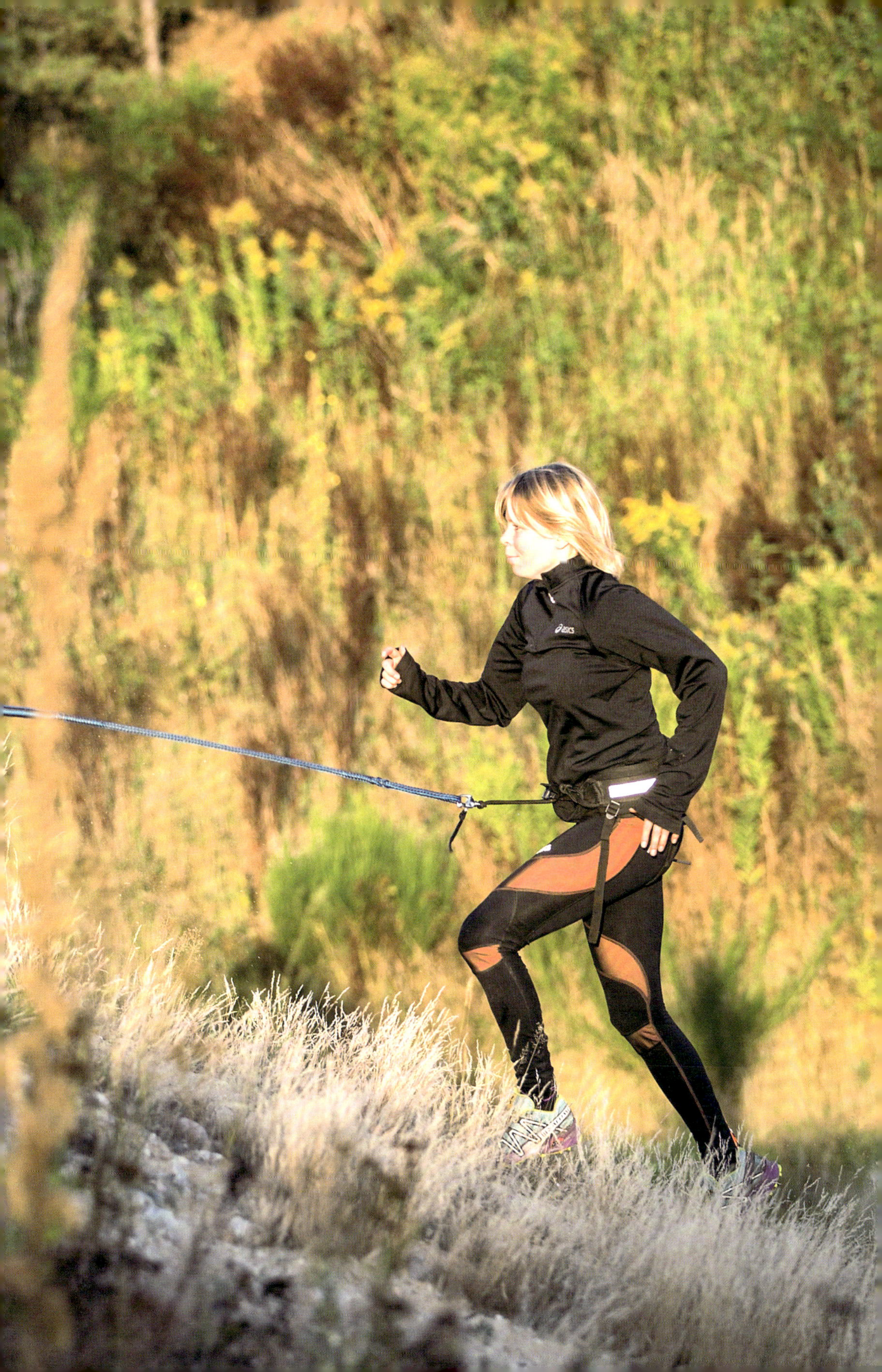

ÜBER DIE AUTOREN

UWE RADANT

Es ist mehr als 35 Jahre her, dass der erste Hund bei uns einzog.
Regina, meine Frau, und ich hatten ein Haus gebaut. Ein Baum war auch schon gepflanzt. Uns stand der Sinn nach Nachwuchs, eine Familie sollte gegründet werden, der Sinn des Lebens jeder Art … die Arterhaltung sollte befriedigt werden. Doch vorher sollte es noch ein Hund sein.
Spontan fuhren wir auf eine Zeitungsannonce hin los, sammelten noch meinen Freund Bernd samt Frau ein und kamen jeweils mit einem Siberian Husky-Welpen zurück. Bernd mit einem Rüden, ich mit Chalwa, einer zarten Hündin. Ein schwerwiegender Schritt, wie ich heute weiß.
Nach anfänglichen ausgedehnten Spaziergängen mit den Hunden kamen Bernd und ich zu der Erkenntnis: Wenn sich jeder noch einen weiteren Hund anschafft, hätten wir zusammen ein 4-Hunde-Gespann.
Gesagt, getan. Anschaffungen wie Trainingswagen und Schlitten wurden gemeinsam getätigt. Wir schnupperten in die Rennszene und bald wurde ein eigener Wurf zur Aufstockung des Rudels in die Tat umgesetzt. Jetzt hatte jeder sein eigenes Gespann und mit den ersten Achtungserfolgen auf dem „Stockerl“ hatte der Virus Schlittenhunderennen unwiderruflich Besitz von uns ergriffen. Mit diesen Hunden erreichte ich 1986 auf der Europameisterschaft in Winterberg eine Bronzemedaille.
Die sportliche Entwicklung in der Szene brachte zu dieser Zeit Hunde aus Übersee auf die Stake-outs in Deutschland, die, anders als die Siberian Huskys, nicht in einem Zuchtverein (VDH) registriert waren. So fanden sich nach dem Tod der Sibirier die sogenannten Alaskan Huskys und Greyster vor meinem Schlitten ein.
Diese speziell für Sprintrennen gezüchteten Hunde führten Regina und mich auf Reisen zu den Stake-outs dieser Welt, an Orte, die bis heute tief in die Seele eingebrannt sind und die wir ohne unsere Hunde niemals erlebt hätten.

SPORTLICHE ERFOLGE

Die sportlichen Erfolge, die meine „Jungs“ in all den Jahren einfuhren, sind dann wohl auch kaum zu toppen und legitimieren die aufwendigen Reisen zu Europa- und Weltmeisterschaften nach Skandinavien und in die Alpenländer mit immerhin 6 × Gold bei Europameisterschaften sowie einigen Silber- und Bronzemedaillen. Die 3 Weltmeistertitel in der 4-Hunde-Klasse erkämpfte das Rudel 1995 in Lake Placid, USA, auf olympischem Boden, 2005 in Dawson City im Yukon Territory, Kanada, auf dem zugefrorenen Yukon River und 2007 in Gafsele, im schwedischen Lappland. Den für mich bedeutendsten Rennerfolg errangen meine Jungs in Fairbanks, Alaska, 2005 bei den Nordamerikanischen Meisterschaften mit Streckenrekorden.
Fahrten zu den Deutschen Meisterschaften in den Bayrischen Wald, Schwarzwald etc. muten da fast als Heimspiel an. Immerhin 16 Mal konnten wir den Deutschen Meistertitel für uns entscheiden.

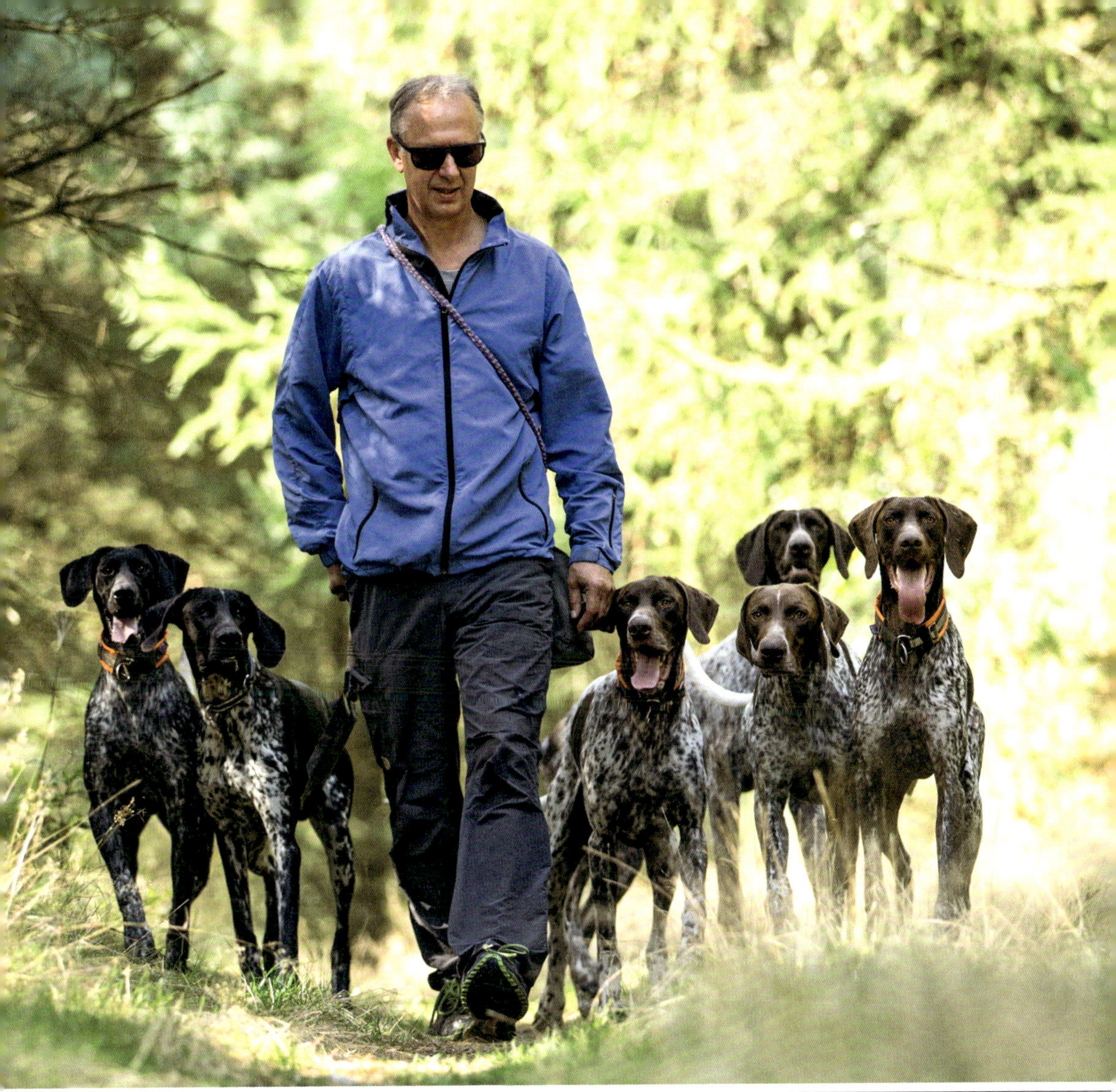

Uwe mit Ringo, Sexey, Pluto, Master, Naess und Jessi.

DEM ZUGHUNDESPORT VERSCHRIEBEN

Nach 35 Jahren als Metaller in der Feinstblechindustrie haben mir all diese Erfolge, sowie das Know-how rund um diesen Sport und letztlich wohl auch das besondere Kommunizieren mit meinen vierbeinigen Partnern bei meinem Berufswechsel sehr geholfen. Seit ca. 10 Jahren vertreibe ich spezielles hochwertiges Equipment für den Zughundesport. Meine berufliche Prägung, Fertigungsabläufe zu optimieren, wurde auch für den Zughundesport umgesetzt. So profitieren viele Hundeschulen und Zughundesportneueinsteiger/alte Hasen von meinen Ausrüstungsverbesserungen. Ein Sprichwort lautet: Ein echter „Hundler" gibt den letzten Euro für seine Hunde! So haben Regina und ich uns entschieden, in wunderbarer Heidelandschaft einen bescheidenen Resthof mit reichlich Abenteuerspielplatz und feinsten Heidewegen für unsere kleine Meute zu erwerben – ein Leben für die Hunde. Einen Link zu der NDR-Sportclub-Story „Kalte Ohren, heiße Pfoten – mit Vollgas auf dem Hundeschlitten" finden Sie unter www.uwe-radant.com

DR. JETTE SCHÖNIG

Über mich – ich bin promovierte Kleintierärztin und habe meinen ersten Hund im Jahr 2003 in einem kleinen Township außerhalb von Phalaborwa, Südafrika, gefunden. Er war halb verhungert und kurz vor dem Tod – und da mein beruflicher Werdegang damals schon klar war, habe ich natürlich alles dafür getan, dass dieses kleine Häufchen Elend überlebt. Mein „Scabby" überlebte – und so entstand meine große Liebe zu Hunden!

SO KAM ICH ZUM BIKEJÖRING

Zum Zughundesport kam ich kurz nach der Überführung von „Scabby" nach Deutschland über den Jagdhundmix „Duke", den Hund meines Schwagers und meiner Schwester. Während mein eigener „Scabby" ganz brav neben dem Rad lief, war es der besagte Jagdhundmix, mit dem es nicht möglich war, normal Fahrrad zu fahren – er wollte rennen und ziehen! Über das Internet erfuhren wir vom Bikejöring und waren sofort Feuer und Flamme. „Duke" gab alles und von ihm und meinem Schwager waren fortan nur noch Staubwolken zu sehen, während mein eigener Hund viel zu faul war zum Ziehen und mich die ganze Arbeit machen ließ …

Meine nachfolgenden Hunde waren ebenfalls Hunde aus dem Tierschutz, diesmal aus den ärmsten Vierteln in Soweto, Südafrika. Dort habe ich in meinen Semesterferien und später im Urlaub bei CLAW (Community Led Animal Welfare), einer Art Tierklinik für die Ärmsten der Armen, ausgeholfen. Wenn einem beim Operieren ein kleiner Welpe auf den Füßen einschläft, verliebt man sich unweigerlich in ihn … Bei den folgenden Besuchen habe ich dann fast immer einen Hund als „Mitbringsel" adoptiert. Anders als beim ersten Hund, war mein Augenmerk von Beginn an auf den Zughundesport ausgelegt und jeder von ihnen hat seinen Spaß an der Zugarbeit entdeckt – gerade unsere kleinste Hündin, gut 5 kg, läuft am liebsten ganz vorne mit und ist kaum müde zu bekommen. Da wir mit ihnen aufgrund ihrer unterschiedlichen Charaktere und Körperformen viel probiert haben, konnte ich viele Erfahrungen im Freizeitbereich mit ihnen sammeln – für Rennveranstaltungen fehlte sowohl ihnen als auch mir jedoch das richtige Feuer.

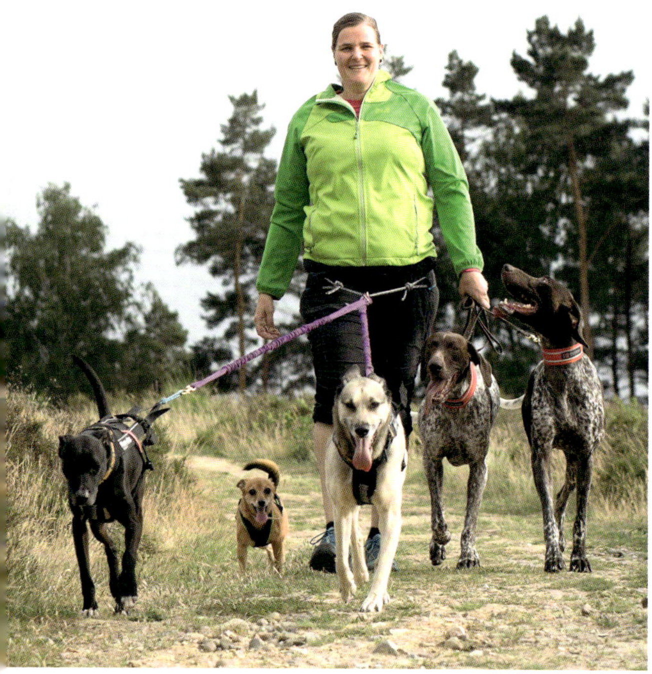

Jette mit Shaka, Tez, Wambo, Pluto und Cato.

VOM VIRUS INFIZIERT

Mit den nun älter werdenden Hunden haben wir vor allem das Weitwandern (Dogtrekking) für uns entdeckt – dabei kann man herrlich den stressigen Alltag hinter sich und die Seele baumeln lassen.

Meinen Wunsch, mal einen „richtigen" Rennhund zu fahren, habe ich mir dann vor 2 Jahren erfüllt und nehme mit ihm auch an Rennveranstaltungen teil. Der zweite Rennhund ist bereits eingezogen …

Zughundesport ist übrigens nicht nur eine Sucht, es ist auch ein Virus, das unter Umständen auch noch gute Freunde ansteckt …

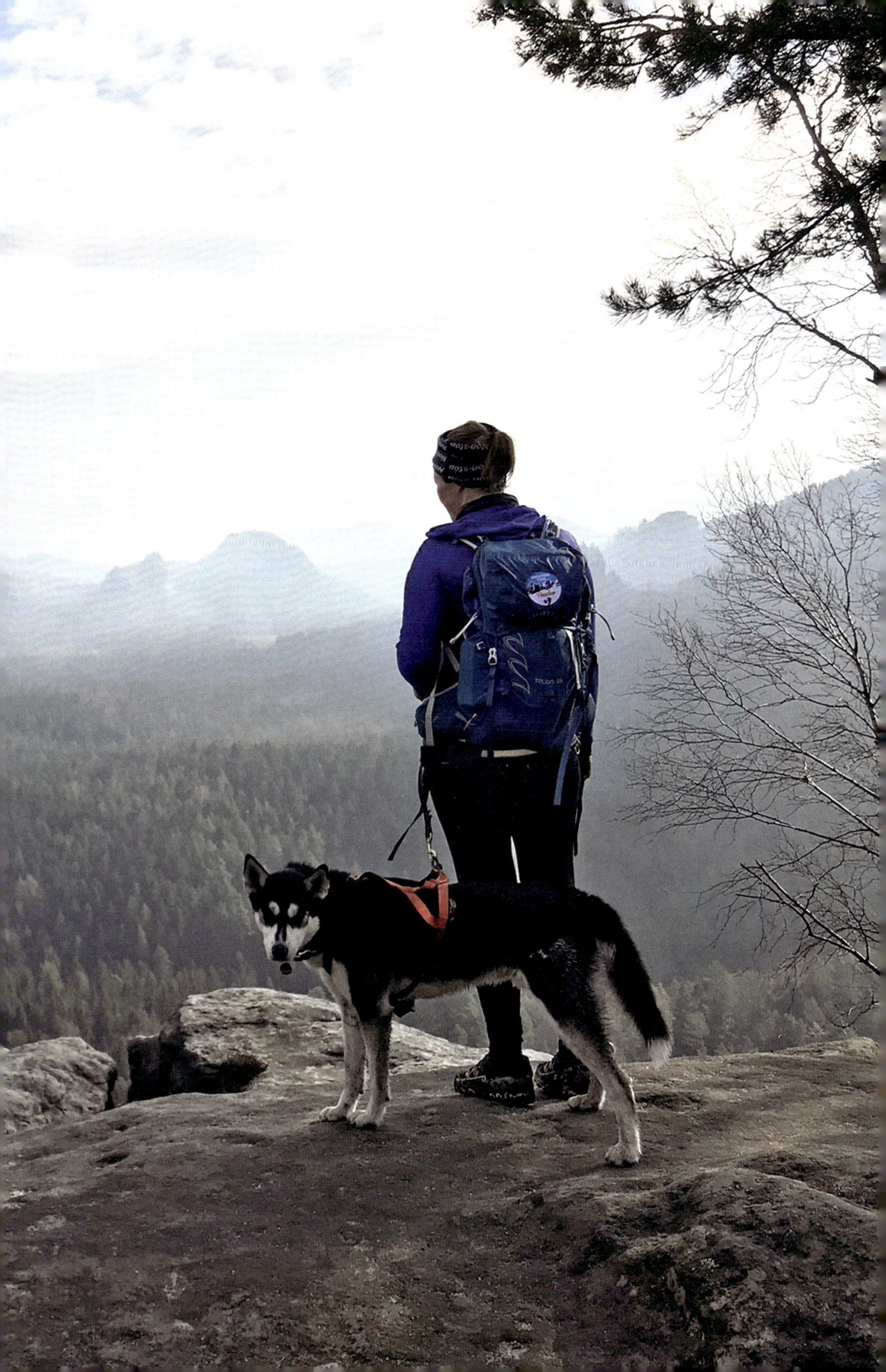

REGISTER

BILDNACHWEIS

127 Farbfotos wurden von Anna Auerbach/Kosmos für dieses Buch aufgenommen.

Weitere Farbfotos von Dirk Strietholt (52: S. 10 / Foto 01 und 02, 11, 25 u., 26, 30, 31, 32, 33, 34, 35, 36, 45 u., 48, 49, 51, 53, 54, 56, 57, 59 o., 66, 67, 68, 148, 149), Iris Brindöpke (1: S. 172) Gabi Dietze (1: S. 146), Danny Harzfuchs (2: S. 132, 135), Stefan Högler/Erlebnisfoto (1: S. 29), K.H. Raubuch (1: 69), Malte Stodt (2: S. 10 / Foto 03 und 04), Rebecca Schindler (2: S. 134, 173).

Mit 14 Illustrationen von Dirk Strietholt (© Uwe Radant).

IMPRESSUM

Umschlaggestaltung von GRAMISCI Editorialdesign/München unter Verwendung von zwei Farbfotos von Anna Auerbach/Kosmos.

Mit 189 Farbfotos und 14 Illustrationen.

Gedruckt auf chlorfrei gebleichtem Papier

ISBN 978-3-440-15500-4
Redaktion: Hilke Heinemann
Gestaltungskonzept: Peter Schmidt Group GmbH, Hamburg
Gestaltung und Satz: Atelier Krohmer, Dettingen/Erms
Produktion: Andrea Hehn
Druck und Bindung: Westermann Druck GmbH, Zwickau
Printed in Germany / Imprimé en Allemagne

FSC www.fsc.org MIX Papier | Fördert gute Waldnutzung FSC® C110508